Mit Anfang dreißig spült das Leben Amy Liptrot zurück an den Ort ihrer Kindheit - die Orkneyinseln, im dünn besiedelten Schottland wohl die abgelegenste Region. Hier schwimmt die britische Journalistin morgens im eiskalten Meer, verbringt ihre Tage als Vogelwärterin auf den Spuren von Orkneys Flora und Fauna und ihre Nächte auf der Suche nach den »Merry Dancers«, den Nordlichtern, die irgendwo im Dunkeln strahlen. Und hier beginnt sie nach zehn Jahren Alkoholsucht wieder Boden unter den Füßen zu gewinnen. Mit entwaffnender Ehrlichkeit erzählt Amy Liptrot von ihrer Kindheit, ihrem Aufbruch in die Stadt, nach Edinburgh, weiter nach London. Vom wilden Leben, dem Alkohol, dem Absturz. Vom Entzug und der Rückkehr zu ihren Wurzeln auf Orkney, wo sie der Natur und sich selbst mit neuen Augen begegnet.

AMY LIPTROT ist auf den Orkneyinseln aufgewachsen. Als Journalistin schreibt sie für verschiedene britische Magazine. Das Memoir »Nachtlichter«, ihr erstes Buch, begeisterte Leser wie Presse gleichermaßen, stand wochenlang auf den britishen Bestsellerlisten und wurde u.a. mit dem Wainwright Prize for Best Nature and Travel Writing sowie dem PEN Ackerley Prize für autobiografisches Schreiben ausgezeichnet.

Amy Liptrot

# Nachtlichter

Aus dem Englischen
von Bettina Münch

btb

Die Originalausgabe erschien 2016 unter dem Titel
»The Outrun« bei Canongate Books Ltd, Edinburgh.

Die Übersetzung des Werkes wurde von der Kunststiftung
Nordrhein-Westfalen und dem Europäischen
Übersetzerkollegium in Straelen gefördert.



MIX
Papier aus verantwortungsvollen Quellen
FSC® C014496

Verlagsgruppe Random House FSC® N001967

1. Auflage
Genehmigte Taschenbuchausgabe September 2019

Covergestaltung: semper smile, München
Covermotiv© Getty Images/Alan Majchrowicz;
Autorenfoto/Lisa Swarna Khanna
Druck und Einband: GGP Media GmbH, Pößneck
MK· Herstellung: sc
Printed in Germany
ISBN 978-3-442-71841-2

www.btb-verlag.de
www.facebook.com/btbverlag

# INHALT

# PROLOG

Unter den wirbelnden Rotorblättern eines Helikopters hält eine junge Frau ihr Neugeborenes im Arm, als man sie im Rollstuhl über die Start- und Landebahn des Inselflughafens einem Mann in Zwangsjacke entgegenschiebt, der im Rollstuhl aus der entgegengesetzten Richtung auf sie zugeschoben wird.

Die beiden Achtundzwanzigjährigen waren an jenem Tag im nahe gelegenen kleinen Krankenhaus behandelt worden. Die junge Frau hatte man von ihrem ersten Kind entbunden. Den schreienden und völlig außer Kontrolle geratenen Mann hatte man eingesperrt und sediert.

Orkney – eine vom Meer umtoste, windgepeitschte Inselgruppe im Norden von Schottland zwischen Nordsee und Atlantik – verfügt über gute Versorgungseinrichtungen: ein Krankenhaus, einen Flughafen, ein Kino, zwei weiterführende Schulen, einen Supermarkt. Was es jedoch nicht gibt, ist eine geschlossene Abteilung für psychisch kranke Menschen, die eine Gefahr für sich und andere darstellen.

Wer in die Psychiatrie zwangseingewiesen wird, muss in den Süden nach Aberdeen gebracht werden.

Von oben betrachtet, aus einem Hubschrauber, der Ölarbeiter zu einer Plattform transportiert, oder einem Flugzeug mit Postsäcken vom schottischen Festland, wirkt die Start- und Landebahn wie ein Schnitt in die offene, baumlose Landschaft. Wegen heftiger Winde oder Seenebels regelmäßig tagelang geschlossen, vollzieht sich hier, zwischen den tief liegenden Inseln und dem weiten Himmel, unter den Augen der Flugsicherung das tägliche Drama von Kommen und Gehen.

An diesem Maiabend, als die Gänseblümchen ihre Blüten schließen, Lummen und Dreizehenmöwen mit Sandaalen zu ihrer Brut in den Klippen zurückkehren und Schafe an den Trockenmauern, die hier *Dykes* genannt werden, Schutz suchen, nimmt meine Geschichte ihren Lauf. An dem Tag, an dem ich in dieser Inselwelt ankomme, holt man meinen Vater aus ihr heraus. Meine Geburt, drei Wochen zu früh, hat eine manische Phase ausgelöst.

Meine Mutter stellt dem Mann – meinem Vater – seine kleine Tochter vor und legt mich für einen kurzen Moment in seinen Schoß, ehe er zum Flugzeug gebracht und ausgeflogen wird. Was sie ihm sagt, wird vom Rotorengeräusch überdeckt oder vom Wind davongetragen.

# 1

# DAS AUSSENFELD

Am ersten Tag nach meiner Rückkehr suche ich unten bei den Brennnesseln neben einer ausgedienten Kühltruhe Schutz und schaue zu, wie die Wetterfront über das Meer heraufzieht. Das Tosen der Wellen klingt nicht viel anders als der Verkehrslärm in London.

Der Hof liegt am westlichen Rand der größten und zugleich Hauptinsel von Orkney, auf demselben Breitengrad wie Oslo und Sankt Petersburg, mit nichts als Klippen und Ozean zwischen hier und Kanada. Mit den Veränderungen der landwirtschaftlichen Methoden wurde der Hof um neue Gebäude und Maschinen erweitert, doch die alten Schuppen und Geräte sind geblieben und rosten in der salzigen Luft vor sich hin. Der kaputte Frontlader eines Traktors dient als Tränke für die Schafe. Boxen, in denen früher Vieh angebunden war, sind nun vollgestopft mit veralteten Maschinen und Möbeln, die früher einmal in unserem Haus gestanden haben. In der Scheune, der *Byre*, wie es hier heißt, hatte ich eine Schaukel an die Balken gebunden und mich an den Knien rückwärts von einem Tor hängen lassen, das jetzt von Rost zerfressen wird.

Im Süden erstreckt sich das Anwesen entlang der Küste bis in sandigeres Gebiet, das zur Bay of Skaill wird, einem anderthalb Kilometer langen Sandstrand in der Nähe des Steinzeitdorfes Skara *Brae*. Im Norden folgt es dem Verlauf der Klippen bis hinauf auf höheres Gelände, wo Heidekraut wächst. Die Felder haben prosaische Namen: das »Vorderfeld«, direkt am Weg zum Haus, oder die »Ablammweide«, die ringsum von schützenden Trockenmauern umgeben ist. Das größte Feld, das »Außenfeld«, ist ein hoch gelegener Küstenstreifen am äußersten Rand unseres Gehöfts, auf dem das tagein, tagaus von Wind und Gischt gepeitschte Gras immer kurz steht. Dort grasen im Sommer die Mutterschafe und ihre Lämmer, nachdem sie von den Lämmerweiden hinaufgebracht wurden. Und dort überwintern die roten, breitgehörnten Hochlandrinder und streifen unter dem weiten Himmel umher.

Einige historische landwirtschaftliche Aufzeichnungen unterteilen das Land in zwei Bereiche: das urbare nah gelegene »Binnenfeld« in der Nähe eines Gehöfts und das entfernter gelegene »Außenfeld«, unkultiviertes, raues Weideland, das häufig an Hügeln liegt. Früher wurde ein Außenfeld mitunter von mehreren Höfen als gemeinsames Weideland genutzt. Es ist das entlegenste Terrain eines Bauernhofes, noch zur Hälfte Wildnis, in der Haustiere und wilde Tiere koexistieren und Menschen nur selten auftauchen, sodass die Geister frei umherstreifen können. Den Sagen von Orkney zufolge hausen *Trowies* genannte Trolle in Gemeinschaften in den Anhöhen und Höhlen der Hügel, und es gibt Geschichten über *Hillyans*, ein kleines Volk, das im Sommer von den rauen Weiden herunterkommt, um Schabernack zu treiben.

Auf einem Foto des Außenfelds aus den frühen Achtzigerjahren sitze ich auf Dads Schultern, während er und Mum einigen englischen Freunden das trostlos wirkende Land zeigen, das sie gekauft haben. Meine Eltern waren auf der Suche nach einem Bauernhof immer weiter nach Norden gereist, bis sie einen fanden, den sie sich leisten konnten. Ihre Verwandten und Freunde waren überrascht und skeptisch gewesen, ob sie der Sache gewachsen sein würden, genau wie die Einheimischen. Die Orkadier hatten schon oft mitangesehen, wie Idealisten aus dem Süden auf die Inseln zogen, nur um sie nach zwei Wintern wieder zu verlassen.

Ich bin hier aufgewachsen, neben diesen Klippen. Höhe hat mir noch nie etwas ausgemacht. Als wir Kinder waren, unternahm Dad mit uns häufig Spaziergänge auf den Klippen. Dort riss ich mich von Mums Hand los und schaute über den Rand in das schäumende Meer unter mir. Senkrechte Abbrüche und gewaltige Felstafeln aus grauem Sandstein säumten unseren Hof; das monumentale Gestein und die erbarmungslosen Elemente bildeten die Grenzen der Insel und meiner Welt.

Einmal hatten wir einen Hund, der hinunterstürzte. Der junge Collie jagte bei Sturm einem Hasen nach, bemerkte die Felskante nicht und wurde nie mehr gesehen.

Es ist ein windiger Tag. Ich verlasse den Schutz der

Kühltruhe und wandere zum ersten Mal seit Jahren schwer atmend zum Außenfeld hinauf. Auf dem Hof stehen keine Bäume, in dieser weiten Landschaft gibt es Raum im Überfluss.

Sämtliche Felsen fallen zum Meer hin ab. Um nicht auszurutschen, laufe ich in meinen Gummistiefeln an den Spalten der Sandsteinplatten entlang. Ein paar Haarsträhnen, die sich aus meinem Pferdeschwanz gelöst haben, wehen mir in Augen und Mund und bleiben in meinem gischtfeuchten Gesicht kleben, genau wie früher, wenn ich als Kind unter Toren hindurch und über Trockenmauern hinweg den Hütehunden nachlief.

Ich komme zu meinem Lieblingsplatz: einer Felsplatte, die in gefährlicher Schräglage oben auf einer Klippe balanciert. Als Teenager bin ich oft hierhergekommen; mit Kopfhörern auf den Ohren, herausgeputzt und frustriert, starrte ich zum Horizont und wünschte mich von hier fort. Von meinem Felsenplatz sah ich zu, wie die Wellen gegen die Klippen brandeten und die Möwen und Düsenjets übers Meer sausten.

An klaren Tagen kann ich von hier aus im Süden, jenseits des Pentland Firth, die Spitzen der Berge auf dem schottischen Festland erkennen: Ben Hope, Ben Loyal, Cape Wrath. Schaut man vom Außenfeld aus nach Westen, liegt etwa auf Höhe des Horizonts die Sule-Schäre mit dem Sule Skerry, der früher einmal der am weitesten vom Festland entfernte bemannte Leuchtturm Großbritanniens war. Draußen auf dem Meer kann ich Wellenenergie-Anlagen auf den Wellen dümpeln sehen, die von Ingenieuren getestet werden. Es ist Ebbe, und unter mir, am Fuß der Klippen, liegen die Felsen frei, auf denen ein Fischerboot strandete, als ich elf war.

Von meinem Platz auf der Felsplatte schaue ich nach Norden zur Landspitze von Marwick und dem zu Ehren von Lord Kitchener errichteten Gedenkturm. Kitchener kam 1916 zusammen mit 634 Seeleuten seiner 655 Mann starken Besatzung ums Leben, als der Panzerkreuzer HMS *Hampshire* zwei Meilen nordwestlich von hier auf die Mine eines deutschen U-Boots lief. Von den zwölf Überlebenden fanden einige Unterschlupf in dem Bauernhaus, das später uns gehören sollte.

Einer der Überlebenden, der Seemann W.C. Phillips liefert in seinem Bericht über den Verlust der *Hampshire* eine lebhafte Beschreibung der Nacht der Tragödie: »Ich sprang, ohne Stiefel, aber ansonsten vollständig bekleidet, und tauchte mit einem letzten Gruß in das tosende Wasser.« Er schaffte es, auf ein großes, aber überladenes Floß zu klettern, und schildert, man habe diejenigen, die Rettungsgürtel trugen, »gebeten, es wieder zu verlassen«: »Mit einigen flapsigen Bemerkungen wie ›Wir kommen als Erste an‹ folgten achtzehn Mann dem Aufruf und sprangen in die Wogen. Sie opferten sich, um ihren Schiffskameraden die einzige Überlebenschance zu geben, die sie hatten.«

Nach vielen Stunden, als die Seeleute schon fürchteten, an den Felsen erschlagen zu werden, landete das Floß im Nebbi *Geo*, einem schroffen Küsteneinschnitt unterhalb des Außenfelds. Während ich an diesem Küstenabschnitt entlanggehe, stelle ich mir das Floß vor, wie Phillips es beschrieben hat: »eingeklemmt zwischen den Klippen, als wäre es von Menschenhand dort hingesetzt worden.« Ich stelle mir die damaligen Bauern vor, die im Dunkeln am Ufer nach Überlebenden suchten und nach den Leichen der auf den Felsen verstreuten Seeleute.

In Orkney ist es praktisch niemals windstill. Auf dem Hof sind die Westwinde am schlimmsten, weil sie das Meer mitbringen und über Nacht Tonnen von Gestein bewegen können, sodass die Landkarte am Morgen nicht mehr die gleiche ist. Am schönsten sind die Ostwinde – wenn der Wind gegen die Strömung anbläst und von den Wellen ein feiner Sprühnebel aufsteigt, der im Sonnenlicht glitzert. Die alten Bauernhäuser sind gedrungen und stabil gebaut, genau wie viele Orkadier, um den stärksten Winden zu widerstehen. Diese Standfestigkeit ist mir nicht gegeben: Ich bin groß und schlaksig.

Während ich der vertrauten Küste folge, versuche ich, keine Unsicherheit aufkommen zu lassen. Es ist mehr als zehn Jahre her, seit ich zuletzt hier gelebt habe, und die Erinnerungen aus meiner Kindheit vermischen sich mit jüngeren Ereignissen, jenen Dingen, die mich nach Orkney zurückgebracht haben. Während ich Mühe habe, ein Drahtgatter zu öffnen, denke ich an das, was ich zu meinem Angreifer gesagt habe: »Ich bin stärker als du.«

Am Ende des Winters ist das Land braun und ausgelaugt, und das Außenfeld wirkt wie eine Ödnis, doch ich kenne seine Geheimnisse. Eine eingestürzte und überwucherte Grenzmauer datiert bis ins Neolithikum zurück, und einige der Steine im sechs Meilen entfernten Steinkreis von Brodgar stammen aus einem nahe gelegenen Steinbruch nördlich von hier. Ein ähnlicher Stein liegt zerbrochen am Hang – vielleicht hat man ihn vor viertausend Jahren auf dem Weg zum Steinkreis fallen lassen. Ich erinnere mich noch an eine Kolonie von Küstenseeschwalben, die hier gebrütet hat. Während der Brutzeit stürzten die Vögel auf uns herab und fegten so dicht an unseren Köpfen vorbei, dass wir ihre Flügel spüren konnten. Im Sommer findet man hier die bedrohte Deichhummel, die den roten Klee bestäubt; im Herbst wachsen Zauberpilze und eine seltene Seetangart, *Fucus distichus*, die nur an rauen, felsigen Ufern im Norden gedeiht, ist hier das ganze Jahr über zu finden.

Am äußersten Punkt des Außenfelds befindet sich ein »The Spord« oder »The Stack o' Roo« genannter einzelner Felsblock. Der turmhohe Felsen war früher ein Teil der Klippen, steht nun aber allein. Im Sommer brüten dort Papageientaucher zusammen mit Sturmvögeln, Kormoranen, Mantelmöwen und Raben. Früher bin ich oft einen Grashang hinuntergestiegen bis zu einem Felsplateau, wobei ich sorgsam darauf achtete, nicht in Kaninchenlöcher zu treten. Dort war der beste Platz, um warm eingepackt zu dem Felsen hinüberzuschauen und die umtriebigen Seevögel zu beobachten – Sturmvögel, die lautstark ihre

Nester verteidigten, und Papageientaucher, die von weit draußen zurückkehrten.

Das Außenfeld hat keine Zäune, um die Schafe von den Felsen und Klippen fernzuhalten. In den Anfangsjahren musste Dad hinunterklettern und Schafe retten, die auf Felsvorsprüngen festsaßen, doch mit dem Anwachsen der Herde wurden die Tiere von einer Generation zur nächsten immer ortskundiger und trittsicherer.

Nach dem jüngsten Regen ist Wasser im *Burn*, einem kleinen Bach, der zum Meer hinunterfließt; dort haben mein Bruder Tom und ich früher gespielt und uns samt Hund unter einer kleinen Steinbrücke hindurchgezwängt. Austernfischer und Brachvögel bauten ihre Nester in den Spurrillen des Traktors, und wir jagten und fingen die Küken, hielten ihre weichen, wild pulsierenden Körper in den Händen, ehe wir sie wieder freiließen.

Ich bleibe an der Stelle stehen, wo ein Nachbar, als ich noch ein Kind war, bei laufendem Motor von seinem Traktor gesprungen war, um ein Gatter zu öffnen, dabei aber vergessen hatte, die Handbremse anzuziehen. Er sah gerade nicht hin, als sich das fahrerlose Gefährt in Bewegung setzte und das abschüssige Feld hinunterrollte. Der Nachbar schaffte es nicht, den immer schneller werdenden Traktor aufzuhalten; mit unaufhaltsamem Schwung kippte die teure Maschine über den Klippenrand und stürzte in den Atlantik.

Am Nachmittag komme ich noch einmal zum Außenfeld herauf, um die Hochlandrinder zu füttern. Wie damals als Kind zwänge ich mich neben Dad in die Traktorkabine. Ich kenne die Buckel und Löcher im Boden immer noch, deshalb kann ich mich festhalten, wann immer es nötig ist. Dad senkt den Frontlader mit dem Silage-Ballen in die Rundraufe, um die sich die *Kye* jetzt sammeln. Es ist schon dunkel, ich bleibe in der Kabine und sehe zu, wie er im Licht der Traktorscheinwerfer die dünne Plastikfolie vom Ballen schneidet und sie wegzieht, damit die Rinder fressen können. Sein Haar ist jetzt fast völlig weiß. Er trägt fast das ganze Jahr über einen gefütterten Overall, braucht aber keine Handschuhe mehr.

Das Außenfeld liegt versteckt hinter einem flachen Hügel an die Küste geschmiegt. Von der richtigen Stelle aus kann man weder Häuser sehen, noch von der Straße gesehen werden. Dad hat mir erzählt, dass er im Rausch einer manischen Phase hier draußen geschlafen hat. Am Ende des Tages, als ich mich zum Schutz vor dem Wind wieder neben die Kühltruhe verkrieche, mir eine Zigarette drehe und den Tieren zuschaue, bin ich zu meinem Vater geworden.

## 2

# DAS ZITTERN

Als ich von meinem Spaziergang zurückkehre, gehe ich nicht ins Haus, sondern zum Maschinenpark und öffne die Tür des Wohnwagens, in dem Dad jetzt lebt. Draußen wartet der Hütehund auf ihn, und die Pferde strecken auf der Suche nach Heu die Köpfe über das Gatter. Der alte Wohnwagen ist zum Schutz gegen den Wind mit Betonklötzen beschwert. Eines der Fenster ist im letzten Winter bei Sturm zu Bruch gegangen und wurde mit einer Holzplatte zugenagelt.

Dad trägt seinen wetterfesten Arbeitsoverall, in dem immer Kordeln und ein Taschenmesser stecken, und darunter einen Pullover, den Mum für ihn gestrickt hat und den er immer noch anzieht, auch wenn er jetzt an den Ellbogen geflickt ist. Er sitzt auf dem gepolsterten Eckplatz vor der großen Plexiglasscheibe mit dem besten Blick über den Garten, die Felder und die Bucht, bis zu einer Landzunge. Die Farben des Himmels und das Licht auf dem Meer verändern sich ständig, mit jeder flüchtigen atlantischen Wetterfront, die über uns hinwegzieht. Wenn die Wolken aufreißen, funkelt das Sonnenlicht auf dem Wasser, wo bei Ebbe ein Felssporn zum Vorschein kommt. Mitunter lässt das Licht sämtliche Einzelheiten der Hügel von Hoy hervortreten, einer weiteren Insel im Süden der Landspitze, die an anderen Tagen komplett im Seenebel, der hier auf den Inseln *Haar* genannt wird, verschwinden.

In einem Strahl der Wintersonne wirbeln hereingetragener Staub und der Rauch von Dads Selbstgedrehten durch die Luft. Bei der Tür liegen Regenkleidung und Gummistiefel, auf dem niedrigen Tisch verteilen sich landwirtschaftliche Unterlagen und der Schein eines Gasfeuers. Am anderen Ende des Wohnwagens befindet sich ein Schlafzimmer, der Hund schläft draußen unter dem Wagen, direkt unter Dad, wie ein Wolf in seiner Höhle.

»Hast du irgendwas gespürt dort oben?«, fragt Dad, bevor er anfängt, mir von dem Zittern zu erzählen, obwohl ich das alles schon gehört habe. Dieser Abschnitt aus Klippen und Stränden, von dem es heißt, der sagenumwobene Mester Muckle Stoorworm sei dort das erste Mal in Erscheinung getreten, wo die Menschen von Skara Brae ihr Dasein fristeten und die HMS *Hampshire* sank, hat seine ganz eigenen Geheimnisse.

Manche Bewohner der Westküste von Orkney, darunter auch mein Dad, berichten von gelegentlichen Vibrationen oder Donnerschlägen, einem tiefen Hallen, das stark genug zu sein scheint, um die ganze Insel zu erschüttern, und doch so leise, dass die Menschen sich fragen, ob es nicht nur Einbildung war. »Du kannst es kaum hören, eher spüren«, sagt Dad. »Es ist ein leiser Schlag wie weit entfernter Donner. Die Erde zittert so sehr, dass die Fenster und Regale wackeln. Es dauert nur einen Moment, wiederholt sich aber oft mehrere Male innerhalb weniger Stunden.« Die Einheimischen sagen, die Donnerschläge seien schon seit Jahren zu spüren, es lasse sich aber kein Muster erkennen. Sie fragen sich, ob es geografische, menschliche oder sogar übernatürliche Gründe dafür gibt – oder ob sie gar nicht wirklich stattfinden.

Um das Zittern zu verstehen, muss ich tief in die Topografie von Orkney eindringen. Ein erster Ansatzpunkt sind die geologischen Verhältnisse an der Westküste von Mainland, mit den hohen Klippen bei Marwick, Yesnaby und Hoy, unzähligen Felsnadeln, steil abfallenden Felsen und gefährlichen Strömungen, die für viele Schiffsunglücke verantwortlich sind. Möglicherweise werden das Zittern und die Donnerschläge von Wellenbewegungen im Innern von Höhlen verursacht, die tief unter den Feldern liegen. Wenn eine große Welle in eine geschlossene Höhle eindringt, schiebt sie die Luft mit hohem Druck vor sich her und presst sie zusammen. Beim Zurückweichen der Welle explodiert die Luftblase und verursacht einen Donnerschlag.

Andere machen das Militär und die von Düsenjets ausgelösten Überschallexplosionen für das Zittern verantwortlich. Etwa sechzig Meilen von Orkney entfernt, auf dem schottischen Festland, führt das Militär auf dem Übungsgelände des britischen Verteidigungsministeriums bei Cape Wrath Manöver zu Wasser und zu Lande durch. Diese spärlich besiedelte Region ist eine der wenigen Gegenden Großbritanniens, in denen man auch die »richtig dicken Dinger« zünden kann. Nur schwere Raketenwaffen sind in der Lage, eine Schallwelle bis nach Orkney zu schicken, aber dafür bedarf es perfekter Windverhältnisse. Auch Hochgeschwindigkeitsflugzeuge können einen Überschallknall verursachen, wenn sie bei Sturzflügen in dichtere Luft abtauchen. Doch obwohl Dad die Flugzeuge manchmal hört oder sieht, trete das Zittern nicht zeitgleich auf, sagt er. Ich frage mich, ob nicht andere, weniger greifbare, womöglich sogar magische Inselkräfte am Werk sein könnten. Die Legende von Assipattle und dem Mester Muckle Stoorworm handelt von einem riesengroßen Meeresungeheuer, das seinen Leib um die Erde winden und mit seiner vorschnellenden Zunge ganze Städte zerstören konnte. Ein Tunichtgut namens Assipattle träumte davon, die Welt zu retten, und er bekam seine Chance, als er dem Stoorworm eine glimmende Torfsode in die Leber stopfte, sodass dieser langsam von innen gebraten wurde. In seiner Qual schwang der Stoorworm den Kopf hin und her und verlor dabei Hunderte Zähne, aus denen die Inseln von Orkney, Shetland und die Faröer entstanden. Dann schleppte sich der Wurm an den Rand der Welt, rollte sich zusammen und starb. Aus seinem glimmenden Leib wurde Island – eine Insel voller heißer Quellen, Geysire und Vulkane. Seine Leber schwelt noch immer, also ist der Stoorworm vielleicht gar nicht tot. Womöglich zuckt eine seiner Tentakel noch an diesen Ufern, und das Zittern ist der Nachhall seines Todeskampfes.

Es macht mich ein wenig nervös, mit Dad über das Zittern zu sprechen. Unsere Gespräche beschränken sich normalerweise auf den Hof – welche Arbeit getan werden muss oder wie es um das Land und die Schafe steht. Ihn über unheimliche Empfindungen und seltsame geologische Verhältnisse sprechen zu hören, weckt in mir die Sorge, dass er vielleicht im Begriff ist, »high« zu werden. Mum hatte mir beigebracht, nach den Warnzeichen Ausschau zu halten. Am Anfang kann es aufregend sein, Dad spricht viel, ist voller Optimismus und Energie, aber irgendwann kippt es, und er fängt an, willkürlich Dinge zu kaufen, teure Schafböcke oder Maschinen; er ist die ganze Nacht wach, treibt um vier Uhr früh Tiere um, dann folgen Allmachtsfantasien, in denen er glaubt, die Zeit verändern oder das Wetter kontrollieren zu können.

Im Wohnwagen steht ein Hocker, den ich noch aus dem Wohnhaus kenne. Dad hat ihn als Teenager im Krankenhaus angefertigt. Er war fünfzehn, als man bei ihm eine manisch-depressive Erkrankung feststellte, die heute als bipolare Störung mit schizophrenen Tendenzen bezeichnet wird. Seit damals durchlebt er in regelmäßigen Abständen Hochs und Tiefs in unterschiedlichster Ausprägung. Unser Familienleben wurde von diesen Wellen, den Zyklen der manischen Depression, auf das Heftigste durchgerüttelt. Neben den Episoden, die mit Einweisungen und Zwangsjacken einhergingen, gefolgt von Aufenthalten in einer psychiatrischen Klinik, gab es Monate, in denen er einfach im Bett blieb, ohne ein Wort zu sagen. Heute ist Dad in Hochstimmung, aber wenn er bei anderen Gelegenheiten bedrückt wirkt, mache ich mir Sorgen, dass es das Signal für eine beginnende Depression und einen seiner langen, in völliger Passivität verbrachten Winter sein könnte.

Als ich ungefähr elf war, wurde Dad so krank, dass er um das Haus herumging und nacheinander alle Fenster einschlug. Der Wind fegte durch die Räume und blies meine Schularbeiten vom Tisch. Als der Arzt mit einem Beruhigungsmittel kam, gefolgt von der Polizei und einem Krankenwagen, schrie ich sie an zu verschwinden. In Dad war etwas hineingefahren, das er nicht kontrollieren konnte. Als das Beruhigungsmittel Wirkung zeigte, kauerte ich mich mit ihm in eine Ecke meines Zimmers, wo wir uns eine Banane teilten. »Du bist mein Mädchen«, sagte er.

Das Rütteln an den Grundfesten meines Lebens durch die psychische Erkrankung meines Vaters, wurde verstärkt durch die extreme Religiosität meiner Mutter und durch die Landschaft, in die ich hineingeboren worden war, das unaufhörliche, spürbare Anbranden des Meeres an seine Ränder. Ich habe vom Shoaling-Effekt gelesen, bei dem die Wellen sich immer höher aufbauen und schließlich brechen, wenn sie das flache Wasser in der Nähe des Ufers erreichen. Energie geht niemals verloren. Die über das Meer transportierte Energie der Wellen verwandelt sich in Lärm, Hitze und Erschütterungen, die vom Land aufgenommen und über Generationen weitergegeben werden.

Dad hat sich seit seiner Pubertät sechsundfünfzig Elektroschocktherapien unterzogen. In besonders schweren Fällen psychischer Erkrankungen wird das Gehirn dabei einem Stromimpuls ausgesetzt, der einen epileptischen Anfall auslösen soll. Niemand weiß genau, wie und warum es funktioniert, aber viele Patienten berichten, dass sie sich anschließend besser zu fühlen. Zumindest vorübergehend.

Am Tag meiner Geburt geriet etwas in Bewegung, und obwohl ich weit wegzog, fühlten sich die Anfälle, die ich erlitt, als mein Trinken eskalierte, so an, als hätte das Zittern auch mich schließlich eingeholt. In einsamen Londoner Schlafzimmern oder Toiletten von Nachtclubs wurden meine Handgelenke und mein Kiefer steif, meine Glieder reagierten nicht mehr wie sonst. Der Alkohol, den ich jahrelang in mich hineingeschüttet hatte, war wie das beständige Einwirken der Wellen auf die Klippen, und er begann, körperlichen Schaden anzurichten. Tief in meinem Nervensystem löste sich etwas auf und sorgte dafür, dass mein Körper von Zuckungen geschüttelt wurde, die so gewaltig waren, dass ich wie gelähmt vor mich hin sabberte, bis sie so weit nachließen, dass ich mir das nächste Glas eingießen oder auf die Party zurückkehren konnte.

# 3

# FLOTTA

Selbst an den schönsten Tagen weht in Orkney immer eine frische Brise über das Meer. Sie erinnert uns daran, dass wir auf einer Insel sind, auch wenn wir Mainland, die größte Insel des Archipels, »Festland« nennen, während alles andere für uns einfach nur »Süden« ist. Mit den Landwirtschaftsschauen Anfang August endet auch der Sommer, und in den restlichen Monaten des Jahres stürmt es regelmäßig. Der Herbst ist kurz, es gibt nur wenige Bäume, und der Winter kommt schnell.

Vor zehn Jahren kam ich während eines Sturms am Tag der Tagundnachtgleiche für einige Monate nach Hause – als Hochschulabsolventin, die es nicht geschafft hatte, in der Stadt einen Job zu finden. Es war das Jahr, in dem sich meine Eltern trennten, wie es viele Leute tun. Und wie die meisten Kinder hatte auch ich nicht geglaubt, dass es meinen Eltern passieren würde, obwohl es eigentlich eher verwunderlich ist, dass ein manisch-depressiver Mann und eine wiedergeborene Christin so lange zusammengeblieben waren.

Ich arbeitete als Putzkraft auf dem Erdölterminal von Flotta und fuhr jeden Morgen bei Sonnenaufgang mit der Arbeiterfähre vom Pier in Houton zur Insel hinüber. Seit den frühen Siebzigern wird mithilfe von Pipelines und Tankern Rohöl von den Ölfeldern der Nordsee zum Terminal transportiert, dunkle Energie aus den Tiefen des Meeresbodens. Die Ölindustrie bescherte Orkney einen Aufschwung und einige der einträglichsten Jobs vor Ort, aber die Putzkräfte standen ganz unten auf der Leiter.

Das Beste an meinem Job war der Weg zur Arbeit. Jeden Morgen fuhr ich bei Sonnenaufgang über die Insel und kehrte bei Sonnenuntergang zurück. Während ich mit dem Fuß auf dem Gas dem Horizont entgegenraste und dabei Radio Orkney oder Drum-and-Bass hörte, legten sich verschwommene Pastelltöne um Mainland und färbten das Wasser von Scapa Flow. Abends flammten Rot- und Orangetöne auf, die ebenso grell waren wie die Flamme, mit der am Terminal das überschüssige Gas verbrannte, und die Lichter der Öltanker draußen auf See.

Nach der Arbeit, wenn ich meinen Kittel auszog, ohne den Geruch des Bleichmittels jemals ganz loszuwerden, verbrachte ich den Abend allein. Mum war vor Kurzem ausgezogen, und Dad war irgendwo anders. Ich saß allein in einem Haus am Klippenrand, rauchte und trank an dem Küchentisch, an dem wir früher als Familie gegessen hatten; ich hatte einen Job, den ich nicht mochte, und telefonierte um Mitternacht mit meinen weit entfernten Freunden, während ich Dads selbst gebrautes Bier trank und meine Familie um mich herum in die Brüche ging.

Manchmal leerte ich eine Flasche Wein und fuhr dann fünf Meilen zum nächsten offenen Laden, um Nachschub zu holen. Am nächsten Morgen bestieg ich völlig verkatert die Fähre, die Kopfhörer auf, wütend und verletzt.

Auf dem Ölterminal musste ich die Schlafzimmer der Arbeiter putzen, Badezimmer wischen, Korridore fegen und Betten machen. Ich lernte verschiedene Arten von Schmutz kennen: vom Schweiß auf Bettlaken, den man nicht sah, aber roch, bis zum getrockneten Schlamm der Fußabdrücke, der sich wunderbar wegsaugen ließ. Zahnpastaspritzer auf dem Spiegel zeugten von einem begeisterten Putzer, und Asche verriet, wer in einem Nichtraucher-Bereich aus dem Fenster geraucht hatte. Trockene und feuchte Kacke, die meine Vorgesetzte fachkundig zu unterscheiden wusste, verlangten jeweils unterschiedliche Reinigungsmethoden, Schamhaare lagen zusammengerollt auf der Klobrille. In den meisten Räumen, die ich reinigte, fanden sich angefangene Flaschen *Irn-Bru* und in einigen auch tief im Teppich vergrabene Finger- oder Zehennagelschnipsel.

Ich kam mir vor wie ein Geist, der mit einem Wischmopp unter summenden Lichtern durch namenlose Korridore streifte. Die Welt draußen, unten im Süden, hatte mich vergessen. Ich saß mit den Müllsäcken auf der Insel fest und plagte mich damit ab, einen Wäschewagen allein durch die Schwingtüren zu bugsieren. Ich war die Wand mit Augen, ich wusste, ob die Arbeiter nachts in ihrem Bett geschlafen hatten. Ich war die schemenhafte Gestalt, die davonhuschte, wenn sich Schritte näherten. Wieder in

Orkney zu sein war ein Fehlschlag, der Job war für mich lediglich ein Mittel, das Geld zu verdienen, um wieder fort zu können.

Mit achtzehn hatte ich es nicht erwarten können fortzugehen. Ich fand das Leben auf dem Bauernhof schmutzig, hart und schlecht bezahlt. Ich wollte Komfort, Glamour und dort sein, wo etwas los war. Ich verstand Leute nicht, die sagten, sie wollten auf dem Land leben, wo sie Tiere in der freien Natur sehen konnten. Menschen waren viel interessanter als Tiere. Im Winter, wenn ich in meinen hässlichen Allwetterklamotten beim Stallausmisten half, träumte ich vom pulsierenden Stadtleben.

In meiner Studentenbude dagegen übertrug ich im Geiste unsere sechzig Hektar Land auf die Innenstadt. Abertausende Menschen auf einer Fläche, auf der es nur meine Familie und die Tiere gab. Es machte mich wahnsinnig, dass ich in einem Wohnblock nur wenige Meter von anderen entfernt lebte und dennoch nicht wusste, wer sie waren. Über und unter, links und rechts von mir schliefen andere Menschen, nichts als dünne Wände zwischen uns. Ich sprach mit meinen neuen Freunden nicht viel über Orkney, aber wenn ich in windigen Nächten im Bett lag, gab mir das Geräusch das Gefühl, wieder in unserem steinernen Bauernhaus zu sein, und ich dachte an die Tiere draußen in der Kälte.

Im Süden war es für mich am einfachsten zu sagen, dass ich »Schottin« sei oder »von den Orkneys« käme, doch zu einem echten Orkadier würde ich das nicht sagen. Auch wenn ich in Orkney geboren bin und dort gelebt habe, bis ich achtzehn war, spreche ich nicht mit orkadischem Akzent, und meine Familie stammt aus England. Meine Eltern begegneten sich mit achtzehn in Manchester auf dem College, wo Dad das Abitur nachholte, das er wegen der ersten Attacken der Krankheit verpasst hatte, während Mum Betriebswirtschaft studierte. Mum war auf einem Bauernhof in Somerset aufgewachsen und Dad der Sohn eines Lehrerehepaars aus Lancashire, jedoch in einer Vorstadt von Manchester groß geworden. Die Besuche auf Mums Bauernhof waren es, die ihn bewogen, Landwirtschaft zu studieren. Meine Eltern leben seit über dreißig Jahren auf den Inseln, mehr als die Hälfte ihres Lebens, trotzdem werden sie immer noch als Engländer aus dem »Süden« angesehen.

Normalerweise halten mich die Engländer aufgrund meines Akzents für eine Schottin, und die Schotten halten mich für eine Engländerin. Die alte orkadische Art, jemanden zu fragen, woher er kommt, lautet: »Wo gehörst du hin?« Das bekamen meine Eltern anfangs oft zu hören. Ich mag von Orkney stammen, aber ich hatte oft das Gefühl, nicht dorthin zu gehören. In der Grundschule war »Engländerin« ein Schimpfwort.

Als ich klein war, verschwand eines Tages das einzige farbige Kind, das die weiterführende Schule besuchte. Es lebte in der Nähe der Klippen von Yesnaby. Sein jüngerer Bruder fuhr in unserem Grundschulbus mit, und an den Bushaltestellen führten die Erwachsenen ernste Gespräche. Ungefähr eine Woche später fand man seine angespülte Leiche am Strand. Aufgrund meiner eigenen Spielplatzerfahrungen nahm ich an, dass ihn der Rassismus zu den Klippen getrieben hatte.

Als Heranwachsende wollte ich mich nicht vereinnahmen lassen von dem, was ich als raffinierte Verschwörung ansah, Orkney als idyllisches Inselparadies zu präsentieren. Das Fremdenverkehrsbüro pries die Schönheit und die Geschichte und zeigte die immer gleichen Bilder der Steinkreise oder der hübschen gewundenen Gasse von Stromness, während ich nichts als langweilige Gebäude und grauen Himmel sah. Doch obwohl ich mich regelmäßig über Orkney beklagte, war ich die Erste, die es verteidigte, wenn sich jemand anderes skeptisch äußerte.

Diese Mischung aus Zuneigung und Ablehnung kennen viele junge Leute von den Inseln. Wir landeten immer wieder hier, wurden ebenso unvermeidlich wieder angespült wie die Flut. Ich wuchs inmitten des Himmels auf, mit einem gewaltigen Raumgefühl und doch eingeengt von den Grenzen der Insel und des Bauernhofs. An einem Tag, an dem ich nicht putzen musste, fuhr mir unten im Hafen von Kirkwall der Wind durch die Haare, der nach Fisch und Diesel roch; draußen auf dem Meer funkelten Lichter auf den flachen Hügeln der nördlichen Inseln Shapinsay und Sanday und dahinter, jenseits des Horizonts, Papa Westray. Nachdem ich anderswo gelebt hatte, war ich in dieser Stadt unzufrieden und stach hervor.

Als Teenager machten wir uns über die Touristen lustig. Diese Weltkulturerbe-Stätte war unsere Heimat und nicht nur ein Ort, an dem man sich eine Eintrittskarte kaufte, um ihn sich anzusehen. Nach Geschäftsschluss, wenn die Busse wieder fort waren, stiegen mein Bruder und ich mit Freunden in die steinzeitlichen Häuser und Grabstätten ein, fingerlose Handschuhe und Wegwerfkameras im Gepäck. Am Morgen fanden die Aufseher dann abgebrannte Teelichter und leere Weinflaschen.

Ich war ein wagemutiges, draufgängerisches Kind. Ich kletterte auf Trockenmauern und Schuppendächer. Ließ mich von hohen Balken ins Heu fallen oder auf Säcke mit Schafswolle. Später stürzte ich mich ins pralle Leben – Alkohol, Drogen, Beziehungen, Sex –, ich wollte die Extreme auskosten, machte mir keine Gedanken über die Konsequenzen, war ständig auf der Suche nach einem Hochgefühl und wehrte mich gegen die Warnungen all jener, die mich vom Rand wegholen wollten. Mein Leben war rau, stürmisch und verworren.

Wer im Wind aufwächst, wird stark, windschlüpfrig und gewieft darin, Schutz zu suchen. Ich war weit weg, als das Wohnhaus verkauft und der Wert von Haus und Hof zwischen meinen Eltern geteilt wurde. Dad behielt den Hof und stellte sich für die Nächte, in denen er nicht bei seiner Freundin schlief, einen Wohnwagen hin. Mom hingegen kaufte sich ein Haus in der Stadt und kam nur noch selten auf den Hof.

Mum war die Frau eines Bauern und die Tochter eines Bauern, aber sie war auch selbst eine Bäuerin. Sie erledigte nicht nur das Kochen und die gesamte Hausarbeit der Familie, sondern fuhr auch Traktor, mistete Ställe aus, errichtete Zäune und Trockenmauern und füllte wieder und wieder die Schlaglöcher in den Feldwegen auf. Sie und Dad entwurmten zusammen die Schafe, schnitten ihnen die Klauen, wenn sie Fußfäule hatten, lasen nach dem Pflügen die Steine von den Äckern, die sich jedes Jahr an die Oberfläche schoben, um dann die Gerste zu säen. Dad schor die Schafe, und Mum rollte die Wollvliese zu festen Bündeln zusammen. Sie vermisste den Bauernhof schrecklich nach der Scheidung, aber hinzufahren fiel ihr einfach zu schwer.

Alle Reinigungskräfte waren Frauen, und alle Räume, die wir putzten, wurden von Männern bewohnt. Die Frauen putzten, schrubbten und wuschen den ganzen Tag, fuhren nach Hause und taten das Gleiche für ihren Ehemann und die Kinder, und das seit Jahren. Sie waren Expertinnen. Während ich zusah, mit welcher Kunstfertigkeit meine Vorgesetzte den Wischmopp handhabte, wenn sie ihn so eintauchte und auswrang, dass er das Optimum an Wasser und Schaum aufnahm, wusste ich, dass ich eine solche Geschicklichkeit niemals erlangen würde. Ich fand, die Feuerwehrmänner auf der Insel hätten ihre Wäsche auch selbst waschen und ihre Bettwäsche selbst wechseln können.

Während ich vergilbte Socken zusammenrollte, alte Pornohefte wegwarf und Toiletten reinigte, fragte ich mich, ob ich mich glücklicher fühlen würde, wenn ich niemals weggegangen wäre. Ob es leichter wäre, wenn ich einen Schulkameraden geheiratet hätte und ich mich vom Internet fernhalten würde, ob die Kluft zwischen meinen Ambitionen und der Wirklichkeit dann kleiner wäre? Ich dachte an meine Mutter. Vielleicht hatte auch sie sich mehr erhofft. Sie war nicht viel älter als ich gewesen, als sie mit zwei Kindern dastand, allein gelassen am Tag ihrer Niederkunft und viele Male danach. Sie war eine kompetente und fürsorgliche Frau, die mitten auf einer fremden Insel, auf einem Hof an den Klippen, an ihre Grenzen gebracht worden war.

Mum wandte sich der Kirche zu, als mein Bruder und ich noch klein waren und sie sich um einen Bauernhof und zwei Kleinkinder kümmern musste, während ihr Mann auf der anderen Seite des Meeres, dreihundert Kilometer entfernt, in einer psychiatrischen Anstalt saß. Einmal musste sie die gesamte Schafherde verkaufen, weil sie allein nicht damit fertigwurde und nicht wusste, wann Dad zurückkommen würde. Sie hatten befürchtet, es könnte für den Hof das Ende bedeuten, aber sie schafften es, ihn wieder in Gang zu bringen. In vielerlei Hinsicht war es der Glaube meiner Mutter, der die Familie lange Zeit zusammenhielt, später jedoch war er ein Teil dessen, was sie zerstörte.

Dad würde behaupten, die evangelikalen Christen hätten Mum gefunden, sich an sie herangemacht und sie einer Gehirnwäsche unterzogen. Mum würde sagen, dass sie gerettet wurde. Wem ich beipflichte, hängt davon ab, mit wem ich rede. Ich erinnere mich, dass uns Leute von der Kirche aushalfen und unser Wohnzimmer dekorierten, während Dad im Krankenhaus war. Er erinnert sich daran, dass er nach Hause kam und überall neue Bibeln und religiöse Bücher fand, selbst in ihrem Schlafzimmer.

Als die Tage kürzer wurden, war es morgens dunkel, wenn ich das Haus verließ, um nach Flotta zu fahren, und wenn ich abends zurückkehrte, ebenfalls. Am Ende des langen, trostlosen Orkney-Winters war ich dabei, im Schatten zu verwelken. Eines Nachmittags trug ich meinen Staubsauger eine Glastreppe hinauf und lief direkt in einen Sonnenstrahl. Ich vergewisserte mich, dass mir niemand zusah, und legte mich dann auf den Teppich, wo mir das Licht die Haare wärmte.

An einem anderen Tag gab mir meine Vorgesetzte, nachdem sie mich nicht zum ersten Mal weinend in der Toilette gefunden hatte, mit aller Freundlichkeit zu verstehen, dass ich gehen müsse: Dies war offensichtlich nicht der Ort, an dem ich sein wollte. Mit meinem nächsten Lohnzettel schickten sie mich zum letzten Mal mit der Arbeiterfähre nach Hause. Wenige Tage später ging ich im Haus von einem Zimmer zum nächsten, um Abschied zu nehmen, dann machte ich mich mit einem Rucksack und einer einfachen Fahrkarte auf den Weg nach London.

# 4

# LONDON FIELDS

Mai ist mein starker Monat, voller Veränderungen und Möglichkeiten: Er ist mein Geburtsmonat und mein zweiter Vorname. Eine wilde Frische liegt in der Luft: Ich schneide mir die Haare, nehme um sechs Uhr morgens ein Bad, male Bilder, trage merkwürdige Kleider, bewerbe mich um Jobs und nehme Drogen. Es gibt neue Leute, in die ich mich verlieben kann, und ich habe etwas an mir, das anziehend wirkt, ich brauche weniger Schlaf und Essen. Dafür trinke ich mehr. Mein Körper fühlt sich gut an, ich laufe aufrecht und energiegeladen durch die Stadt. An diesen Tagen, an denen es mich nach Erfahrungen dürstet, sage ich zu allem Ja und ziehe mir erregt und unruhig die Stiefel wieder an.

Wir nannten es ein Picknick, obwohl niemand wegen des Essens kam, von dem es nur wenig gab – ein paar Schälchen mit Dips vom Laden an der Ecke, die in der Sonne austrockneten, und ein Körbchen Cherry-Tomaten. Unsere Gruppe saß um eine gestreifte Decke in Regenbogenfarben. Es war einer der ersten richtig heißen Tage im Jahr, und die Sonne auf meinen nackten Füßen war eine Wohltat. Immer wieder fuhr ich mir unter dem langen Rock mit den Händen über die Beine.

In London lebten wir mit unseren Netzkarten, Pendlerstrecken und hohen Mieten mitunter sehr isoliert und mussten neue Wege finden, eine Gemeinschaft zu bilden. Daher gingen wir, wenn die Sonne schien, an jedem Wochenende zu den London Fields. Ein ungeschriebenes Gesetz besagte, dass alle, die sich für cool hielten, zu diesem Flecken aus schmutzigem Gras kamen, wo es Pubs, Schnapsläden und Geldautomaten gab, während die Familien und Spaziergänger mit Hunden sich bei den Spielplätzen tummelten.

Das hier war der Ort, an dem die Fantasien der Modezeitschriften aus den Vorstadtschlafzimmern wahr werden konnten. Während ich mit Electro-Pop in den Kopfhörern nach meinen Freunden Ausschau hielt, spazierte ich an Grüppchen von Gothic-Ballerinas und Jungs in Segelklamotten vorbei, die sich auf dem Rasen räkelten. Jedes einzelne Mädchen im Park hatte sein Outfit gründlich durchdacht: Es gab Fünfzigerjahre-Hausfrauen mit Gingham-Kleidern und Kopftuch, Aerobiclehrerinnen aus den Achtzigern in Bodys und Leggins, aristokratische Hippies. Die Jungs sahen aus wie Mods, Skateboarder oder untergewichtige Holzfäller. Es war so heiß, wie es auf Orkney noch nie gewesen war. Ich befand mich in einem fremden Land.

Als ich nach London zog, warf ich mich mitten ins Getümmel. Ich war hochgradig nervös, als ich ankam, hatte keinerlei Gewissheiten außer einem gewissen Glauben an mich selbst. Mehrmals in der Woche stieg ich abends in den Bus, der mich zu den Nachtclubs in Soho und Shoreditch brachte, von denen ich in Zeitschriften gelesen hatte. Ich färbte meine hellen Augenbrauen mit rotem Eyeliner oder schlitzte mit der Schere die Rückseite eines Kleides auf und ging mit einer Flasche in der Hand zur Bushaltestelle. Ich lernte viele Leute kennen in diesem ersten Jahr, Typen, die ich von Online-Message-Boards wiedererkannte und ansprach, während wir darauf warteten, dass die Band auf die Bühne kam. »Ich bin neu hier und abgebrannt, kann ich für deinen Blog schreiben?«, »Ich habe dich auf Friendster gesehen«, »Ich habe deine Online-Kolumne gelesen.«

Es war eine Erlösung, wenn der Erste aus unserer Picknickgruppe vorschlug, Alkohol zu besorgen. Geldscheine wurden herausgekramt und Cider und Wein bestellt. Der Rest von uns wartete; die Mädchen machten Ketten aus Gänseblümchen und flochten sich gegenseitig die Haare, die Jungs drehten abwechselnd eine Runde mit irgendeinem Fahrrad. Wir waren keine Männer und Frauen, sondern übergroße Kinder, die sich kopfüber ins Vergnügen stürzten. Per SMS wurden weitere Leute eingeladen, sich zu uns zu gesellen, die nächste Party versprach Besseres und mehr. Ein Wochenende war chaotischer als das nächste. Wir rasten durch die Gegend, nahmen Taxis und kauften Getränke, die wir uns nicht leisten konnten.

Neben uns lagerte eine Runde hohläugiger Clubbesucher, darunter einer mit Löwenperücke; sie hatten die ganze Nacht nicht geschlafen, fotografierten sich gegenseitig und lachten.

Unsere Gespräche drehten sich um Jobmöglichkeiten, ob das Praktikum die Chance auf eine bezahlte Arbeit bot, die Namen von Modedesignern, Zeitschriftenverlagen und Plattenlabels schwirrten durch die Luft. Jemand, der Strumpfhosen trug wie ein Lord aus dem achtzehnten Jahrhundert, beklagte sich lautstark, dass das Budget seines Projekts nur zehntausend Pfund im Jahr betrage. Ich hörte ein Mädchen nach LSD herumfragen, und es fühlte sich an wie der endlose letzte Tag eines Festivals. Ein Typ am Handy sagte: »Hier kann jemand einen Riesenreibach machen.«

Als der Nachmittag in den Abend überging, bewegten wir uns mit der Sonne, bis sich alle Gruppen in der selben Ecke auf dem Rasen drängten, der mit Zigarettenstummeln und leeren Dosen übersät war. Ganz in der Nähe tranken Männer Lagerbier aus Dosen, die sie aus dünnen blauen Plastiktüten holten, sie boten ein kurioses Sammelsurium aus Büchern und Kram feil, der auf dem Fußweg ausgebreitet war: ein pinkfarbenes Plastiktelefon und ein Fondue-Kochbuch, ein paar Kinder-Rollerskates und einen Wasserkessel ohne Deckel. Sogar eine Tüte Gras ließ sich auftreiben, wenn man die richtigen Leute fragte.

Es war Glorias Geburtstag, und irgendjemand hatte Poppers dabei. Wir taten desinteressiert, Erinnerungen an Brummschädel aus der Teeniezeit wurden wach, schnüffelten aber dennoch daran, wenn wir nicht gerade einen Schluck aus Flaschen mit pinkfarbenem Sekt nahmen.

Meg trug winzige Shorts, ein Neckholder-Top und eine Lolita-Sonnenbrille und hatte einen Fuß um den Schenkel ihres Freundes geschlungen, auch wenn ihr Körper in die andere Richtung wies. Jemand in einem Anzug, der für dieses Wetter viel zu heiß war, kam zu uns und fragte, ob er sie fotografieren dürfe. Es wäre für eine »Streetstyle-Internetseite«. Sie machte ein genervtes Gesicht, willigte dann aber ein und warf sich geübt in Pose.

Eine Gruppe Eltern schob Buggys an uns vorüber, eine fremde Spezies, und Meg meinte, wir sollten uns normal benehmen. »Aber ich will nicht normal sein«, sagte Gloria. Sie trug einen leuchtend türkisfarbenen Overall. Meg schmierte sich den Honig, mit dem wir unsere widerlichen Cocktails mixten, auf den schlanken Fußknöchel, der aus ihrer Keilsandalette mit Korkabsatz herauslugte. Ameisen begannen, an ihr heraufzuklettern. Beschwipst sahen wir zu, wie die winzigen Tiere auf ihr süßes Verhängnis zueilten, während Gloria aus einem Fläschchen Seifenblasen blies. Jemand fand, das sei grausam, aber Meg bestand darauf, dass die Insekten Spaß hätten. Sie war so wunderschön, ich hätte sie am liebsten geschüttelt.

Die Ausflüge zum Schnapsladen häuften sich, das Kreischen wurde lauter, und die Popper-Fläschchen machten die Runde. Irgendjemand, es könnte auch ich gewesen sein, ließ die Flasche fallen, und der Inhalt floss auf die Regenbogendecke. Mit gesenkten Köpfen fielen wir über den feuchten Fleck her, schnaubten in den Stoff, schnieften und quiekten wie Schweine am Trog, die Brust gesenkt, Fußknöchel in der Luft. Es war dumm, erbärmlich und witzig, ich atmete die Lösung ein, rollte mich auf den Rücken und schaute in den Himmel. Als der Horizont zur Seite kippte, hob ich, vom warmen Licht umhüllt, mit meinen Freunden ab, Arme und Beine, Sonnencreme, Honig und Ameisen, alles klebrig und süß, die Sonne blendete, und ich war noch nie so high.

Die Sonne sank tiefer. Die Gruppe rückte näher zusammen; durchgebogene Fußknöchel stießen gegen schlaffe Handgelenke und Hände, die Zigaretten hielten. Es gab versteckte Blicke unten im Gras und trunkene Träumereien irgendwo dort oben, wo sich die Kondensstreifen der Flugzeuge trafen. Mein nackter Zeh berührte seinen Dreitagebart. Ich bemerkte den blauen Fleck an seiner Schulter und spürte mein pochendes Verlangen.

Später, auf der Party im Lagerhaus, hatte ich die anderen verloren, aber es störte mich nicht, allein zu sein. In meinem langen Kleid, die Haare zusammengedreht und hochgesteckt, mit einem Drink in der Hand und dem wummernden Bass schwebte ich über allem. Ich wurde immer mehr ich selbst, die weißen Schultern und der rote Mund leuchteten in der Menge, eine weggeblasene Rauchwolke driftete nach oben.

Hin und wieder sah ich ein bekanntes Gesicht und genoss das Gefühl, Leute zu kennen. Alle, die dort waren, »machten« irgendwas – sie produzierten Musik, führten einen Club, entwarfen Klamotten –, verdienten aber noch nicht ihren Lebensunterhalt damit. Wir alle glaubten, dass wir in fünf Jahren irgendetwas am Laufen haben würden.

Ein Haufen Kunsthochschulabsolventen, knapp unter dreißig, lebte in dem umgewandelten Lagerhaus, wo sie in Gartenhütten schliefen und den Rest der hohen Halle nutzten, um Musikvideos und Experimentalfilme zu drehen. Beim Vorglühen für die Clubnacht übertrumpften sie sich gegenseitig mit Kritik. Clubs machten häufig schon kurz nach der Eröffnung wieder zu, aber wenn das geschah, erinnerte man sich mit glühender Nostalgie an sie. Fehler zu finden zeugte von erlesenem Geschmack und überlegener Erfahrung.

Das Lagerhaus wurde als »coole Party-Location« für Filme genutzt, was den Vermieter auf die Idee brachte, die Miete zu erhöhen, sodass die Bewohner gezwungen waren auszuziehen und es keine coolen Partys mehr gab. Das hier war eine Auszugsparty. Es gab so viele Feiern. Ein Besucher aus Skandinavien fragte sich, wo er hier gelandet war und warum zum Teufel alle so viel tranken. »Ihr könnt doch nicht die ganze Zeit tanzen«, sagte er, und ich verstand nicht, was er meinte.

Dann lief ich draußen allein den Bürgersteig entlang – die Jacke über dem Arm, eine Flasche Bier in der Hand – und genoss die Nachtluft auf meiner nackten Haut. Ich war betrunken, aber ich wollte mehr. Ich wollte mir die Stadt in die Haut reiben, die Straßen inhalieren. In meinen ausgetretenen Stiefeln lief ich schneller, als die Busse fuhren. Die Drogen, die ich am Abend genommen hatte, beschleunigten meinen Atem und ließen meine Wangen kribbeln. Ich biss mir ins Fleisch meiner Wangen und hätte es am liebsten zerkaut. Mein Gesicht fühlte sich heiß an, genau wie meine Lippen, meine Brustwarzen, meine Klitoris. Ich klappte die Zigarettenschachtel auf und holte mir mit dem Aufblitzen des Feuerzeugs und einem wohltuenden Schluck Bier im Mund den nächsten Kick. Ich konnte spüren, wie es in mich hineinglitt, atmete tief, damit der Alkohol schneller in mein Blut gelangte, sog den Rauch ein und hielt ihn in der Lunge, holte aus jedem Moment das Maximum heraus.

Ich war so lange durch die Stadt gelaufen, dass ich nicht mehr wusste, wo ich mich befand. Ich würde auf jedes Licht zuhalten, auf den höchsten Punkt. Ich wollte hinaufreichen bis über die Gebäude und jenem Teil von mir folgen, der Klippen und Luft brauchte, um klarer zu werden.

Als ich es nach Hause geschafft hatte, legte ich mich bei offenem Fenster aufs Bett. Es war noch Wein da, und ich hörte traurige Songs, während ich mir auf Wikipedia unbewohnte Orkneyinseln ansah. Die Nachtluft war noch warm, mein Haar stank nach Rauch, und meine Haut war schmutzig. Draußen klapperten Mülleimer – beim Takeaway, der bis spätnachts geöffnet hatte, räumten sie zusammen –, und Betrunkene stiegen aus Bussen.

Vor dem Haus lagen Hochbahngleise und eine versmogte Kreuzung. Wenn Autos mit starken Boxen an der roten Ampel hielten, vibrierte das ganze Gebäude im Takt. Obwohl das Meer Hunderte Kilometer entfernt war und es Leute gab, die es noch nie gesehen hatten, trieben sich hier Möwen herum. Einmal sah ich eine mit einem Stück Terry's Chocolate Orange davonfliegen.

Mein Zimmer auf der Rückseite des Hauses überblickte den Biergarten eines der berüchtigtsten Pubs von Hackney, der seinen Ruf der Tatsache verdankte, dass er noch geöffnet hatte, wenn die Clubs zumachten, und Gangstern wie Alkoholikern Zuflucht bot. Sein Ruf machte den Laden auch bei den Twens beliebt, die in mehreren Wellen in die Gegend gezogen waren, in Apartments – ehemalige Sozial- oder Ladenwohnungen –, aus denen sich zuerst die Cockney-Familien und nun auch einige der Bengalis verabschiedet hatten, die sich weiter östlich, dort, wo London in Essex übergeht, nach etwas Besserem umsahen.

In dieser Nacht fand im Pub das allwöchentliche Karaokespektakel statt; die lautstarken, aber schiefen Versionen von »Mustang Sally« und »My Way« verfolgten mich bis in den Schlaf. Manche Leute machten sich einen Spaß daraus, andere sangen ernsthaft, aber alle waren dermaßen betrunken, dass es keinen Unterschied machte. Das Gejaule driftete in mein Zimmer und vermischte sich mit dem Gelächter und den Zankereien im Biergarten, in dem es weder Erde noch pflanzliches Leben gab, nur Aschenbecher und Sonnenschirme, die Werbung für Lagerbier machten.

Der Himmel ging von Schwarz zu Blau und schließlich zu Orange über. Bei den Nachbarn musste der Kühlschrank kaputt gegangen sein: Sie lagerten ihr Tonicwasser und Fleisch auf der Fensterbank. Die neuen Büros gegenüber waren hell erleuchtet, aber leer. In einer Fabrik mit einem Schornstein, an dessen Funktion sich keiner mehr erinnerte, wohnten jetzt Kunststudenten, die in ihren Zimmer gerade die Laptops zuklappten und das Licht ausmachten – hundert passwortgeschützte WLAN-Netzwerke, tausend Menschen auf viertausend Quadratmetern, die ihre Geldbörsen dicht bei den Genitalien trugen.

Morgens konnte ich am Verkehrslärm erkennen, wie spät es war. Ich hörte den von der Moschee erschallenden Gebetsruf. Wenn mein Wecker klingelte, war ich ein paar Sekunden lang wurzellos, ohne Körper oder Geist, trotzdem empfand ich keine Panik in diesen Momenten, ehe das Begreifen einsetzte.

Unter meinen Mitbewohnern herrschte ein ständiges Kommen und Gehen, es war schwer, sich zu merken, wer hier lebte und wer welchen Job hatte, wenn überhaupt. In letzter Zeit schienen sich tagsüber mehr und mehr Leute bei uns aufzuhalten, und zusammen mit den unbezahlten Rechnungen rutschten Briefe vom Sozialamt in Hackney durch den Briefschlitz.

Wer nach London kommt, findet hier seinen Meister. Leute, die in ihrer Provinzdisko die Coolsten oder in der Schule die Schlauesten waren, treffen hier auf noch Coolere und Schlauere. Kaum gewährt man ihnen ein kleines Häppchen, ein Praktikum oder ein gutes Partywochenende, beschließen sie herzuziehen. Wir entscheiden uns für Unsicherheit und Enge mit der Aussicht auf Erfolg und Spaß.

Einer meiner Mitbewohner war ein Musiker, der in einer Bar arbeitete. Bei den wenigen Malen, die er mir in der Küche über den Weg lief, teilte er seine kleinen Erfolge mit mir, wie den Empfang einer E-Mail von einem potenziellen Manager, aber es war schwer, die guten Feen von den bösen zu unterscheiden. Die Göttin auf dem Tanzboden mit Bikini und Cleopatra-Perücke setzte am nächsten Morgen ihre Brille auf und saß an der Rezeption einer Versicherungsgesellschaft, wo sie im Internet surfte. Eine Stripperin führte an ihrem freien Abend einen Techno-Club. Ich jobbte im Straßenverkehrsbüro eines Bezirksamts auf der anderen Seite der Stadt und schrieb Plattenbesprechungen, die ich unter meinen Formularen versteckte.

Der afghanische Ladenbesitzer unter uns war der Einzige, der auch nur eine Ahnung davon hatte, wie viel ich trank. Während die Abende und Monate ins Land gingen, häuften sich meine Besuche in seinem Laden, in dem mit Sonderangeboten beschriftete Leuchtsterne das Schaufenster verdunkelten. Vor der Haustür schnorrte mich jeden Tag derselbe Mann um Geld, eine Zigarette oder eine Umarmung an: »He, Süße, Süße, hast du ’n bisschen Kleingeld?« Am nächsten Tag waren seine Augen trüb, und er erkannte mich nicht.

In Orkney hatte mir meine Freundin Helga erzählt, westlich der Insel Rousay liege eine geheimnisvolle verschollene Insel namens Hether Blether. Obwohl einige Orkadier behaupten, sie gesehen zu haben, ist kein Mensch jemals dort gewesen.

Der Legende nach verschwand eines Tages ein Mädchen von Rousay, das man nach einiger Zeit für tot hielt. Jahre später waren der Vater und der Bruder des Mädchens draußen beim Fischen, als ihr Boot von einer Nebelwolke eingehüllt wurde. Sie landeten auf einer seltsamen, wunderschönen Insel, wo sie das Mädchen begrüßte, das jetzt eine Frau war. Sie erzählte ihnen, dass dies Hether Blether sei, sie habe einen Mann von der Insel geheiratet und diese zu ihrer Heimat gemacht. Dann gab sie den beiden einen Holzspieß und erklärte, dass er es ihnen ermöglichen werde, die Insel wiederzufinden, doch auf der Rückfahrt nach Rousay fiel der Spieß ins Wasser.

Es gibt viele verschiedene Versionen der Geschichte und andere orkadische Sagen über imaginäre oder verschollene Inseln – das magische Hildaland wird mit der Insel in Verbindung gebracht, die wir heute als Eynhallow kennen –, zudem gibt es ähnliche Geschichten von anderen Orten, in denen es häufig um Seenebel geht. In Orkney tauchen Nebelbänke auf dem Meer ebenso schnell auf, wie sie wieder verschwinden, vielleicht liegt darin der Ursprung der Geschichte.

Inseln gehen auch heute noch verschollen. Letztes Jahr reisten Geologen mit einem australischen Forschungsschiff in den Südpazifik, um zu beweisen, dass eine auf

Karten und selbst bei Google Maps verzeichnete Insel gar nicht wirklich existiert. Sandy Island wird bei Wikipedia nun als »nicht existierende Insel« definiert. Sie wurde wieder un-entdeckt. Kartografen sind der Ansicht, dass die Phantominsel durchaus noch in der Nähe »auftauchen« könnte – das Korallenmeer ist schließlich groß und abgelegen –, womöglich war die falsche Ortsangabe ein Versehen, oder aber die Insel hat niemals existiert, und das Ganze war ein Scherz oder eine Falle, um Kartenplagiate aufzudecken.

Es gibt Inseln aus Seetang, aus Plastik, aus Müll und anderen menschlichen Abfällen. Nach Vulkanausbrüchen können Bimssteinteppiche, die aussehen wie Inseln, jahrzehntelang über die Meere treiben. Es gibt Inseln aus Vögeln: Papageientaucher schützen sich gegenseitig, indem sie zusammengedrängt monatelang auf offener See überwintern, ohne auch nur einmal an Land zu kommen.

Hether Blether ist immer noch verzaubert und kommt nur sehr selten zum Vorschein. Manche behaupten, sie sei nur in Schaltjahren sichtbar. Wer die Insel entdeckt, sollte mit einem Stück Stahl in der Hand direkt darauf zurudern und das Ufer nicht aus den Augen lassen. Gelingt es, Hether Blether zu betreten, wird der Zauber gebrochen und die Insel wieder für das menschliche Auge sichtbar.

Als ich Orkney mit der Fähre verließ, war es neblig; die Ankunft auf dem britischen Festland war, als tauche man in einer anderen Welt wieder auf. Die Grenze, die ich überschritten hatte, war nicht nur die des Meeres, sondern auch die der Fantasie. Weil ich von einer Insel kam, war London für mich ein Ort der Fantasie und die London Fields mein Hether Blether. Ich gewöhnte mich an ein unhaltbares, verzaubertes Leben aus Sommertagen, die ich mit wunderschönen Menschen im Park verbrachte, und Partynächten, in denen ich sturzbetrunken war. Ich rechnete nicht damit, dass der Zauber gebrochen werden könnte, und ich wollte nicht wieder durch den Nebel nach Hause zurückkehren.

5

# NACHTFAHRTEN

Als er mich das erste Mal sah, kletterte ich gerade auf eine Telefonzelle. Wir befanden uns vor einem leeren Laden in der Kingsland Road, im dem ein Gig stattfand, bei dem sich eine Rap-Band aus Südlondon mitten in den Raum stellte und die Menge drum herumstand. Im Publikum zog ein Model in Entenkostüm eine Schnute, und ich bemerkte einen jungenhaften Amerikaner, dem der Schalk aus den Augen blitzte. Später saß ich auf dem Bürgersteig und erzählte den Vorübergehenden, ich sei auf dem Weg zum Strand. Ich konnte das Zittern spüren.

Obwohl wir in dieser Nacht kein Wort wechselten, fand ich später heraus, dass er im Netz über mich geschrieben hatte. Er machte sich Sorgen um mich, fand mich aber interessant. Ich war fasziniert, also tauchte ich am folgenden Wochenende in dem Club auf, von dem ich wusste, dass er dort sein würde. Ich ging zu ihm, berührte ihn leicht am Arm und sah mein Spiegelbild in seinen sich weitenden Pupillen – eine dunkle Flut des Begehrens. Als er den Mund aufmachte, war meine Haut im Alarmzustand.

Wir gingen zusammen weg und nahmen ein Taxi zu einer Hausparty, von der wir wussten, dass dort ein französisches DJ-Duo auflegen würde. Wir saßen auf der Türschwelle und küssten uns. Als meine Freunde nach Hause gingen, sagte ich zu ihnen, sie könnten mich ruhig hier bei ihm lassen. Auf dem Weg zu meiner Wohnung löste sich die Sohle von meinem Stiefel. Ich weiß nicht mehr viel von dieser Nacht, aber ich erinnere mich noch genau an die Nacht, die wir am folgenden Wochenende miteinander verbrachten, und an die zehn darauffolgenden Nächte, in denen es stürmte und wir uns von seinem Fenster aus die Gewitter über London ansahen.

Die Blitzschläge über den Wolkenkratzern in der City waren anders als zu Hause, wo es über dem Meer blitzte und hinterher manchmal der Strom ausfiel und die Telefonleitungen nicht mehr funktionierten. Einmal gab es Berichte über Kugelblitze oder Elmsfeuer, die bei Gewittern in West Mainland in Häuser eingedrungen waren.

Mit wilder Verbissenheit suchte ich Verbindung zu ihm, den Geheimnissen in seinen Augen, während ich, die Beine um ihn geschlungen, lachend seinen Namen rief. Mein Herz schlug von Mal zu Mal schneller, und am Morgen radelte ich lächelnd durch Dalston und Hackney zur Arbeit. Wir schickten einander den ganzen Tag Textnachrichten, bis wir auf schnellstem Weg wieder zueinandereilten.

Wenn wir zusammen unterwegs waren, führte er mich unvermittelt über andere Strecken und Nebenstraßen. Morgens sah er manchmal aus wie ein Igel, der aus dem

Winterschlaf erwacht. Er reagierte sensibel auf heiß und kalt und viele andere Reize – ob er durch windige Straßen radelte oder zum Abkühlen die Füße aus dem Bett streckte. Wir erzählten uns, woher wir kamen. Er sprach sachlich und präzise über seine Arbeit und unterschied sich von den meisten Hipstern in Hackney, denn er hatte einen richtigen Job. Er hatte einen Fluchtweg.

In jenen ersten Wochen legte ich auf dem Weg zu ihm einen Zwischenstopp im Pub ein und beschrieb ihm bei zwei Gläsern Bier in einem Brief meine Angst, dass sich der Alkohol zwischen uns drängen werde. Obwohl wir uns mühelos über Kleinkram unterhalten konnten, gab es diese Lücken, in denen ich wegtrat. Ich trank, bis ich wie tot vor mich hin stierte. Damals hatte er Geduld für meine Tränen und Aussetzer.

Wir lebten in einer Seifenblase. Eines Nachts sagte ich ihm um zwei Uhr morgens in seinem Zimmer in Dalston, ich sei so glücklich, dass ich diesen Augenblick niemals vergessen werde. Wir hatten unsere Familien noch nicht kennengelernt, als wir nach sechs Monaten in eine Zweizimmerwohnung über einem Wettbüro in Hackney zogen.

Es folgten noch viele weitere Wochenenden und Feierabende im Park, an denen immer mehr Leute auftauchten. Wir hatten das Gefühl, im Zentrum des Geschehens zu sein. Dieser Teil von London galt als extrem cool und angesagt, alle hatten Angst, etwas zu verpassen. Nachdem wir uns begegnet waren, nahm ich ihn ebenfalls mit und gab vor der Gruppe mit unserer Beziehung an. Wenn ich mir heute Bilder aus dieser Zeit anschaue, halten wir uns viel zu fest, sämtliche Finger, Arme und Beine sind ineinander verschlungen, und wir schauen nicht in die Kamera.

Ich hatte erklärt, dass ich nie nach Orkney zurückkehren würde. Ich ignorierte Anrufe und Briefe. Das Wohnhaus wurde verkauft, doch ich wollte nichts davon wissen. Mein Bruder war ebenfalls weggezogen und mir an die Universität gefolgt. Ich war auf Mum und ihren Glauben genauso wütend wie auf Dad und seine Freundin – die Frau, mit der er schon vor Jahren ein Verhältnis gehabt hatte. Aber manchmal erinnerte mich ein Geruch in der Luft eindringlich daran, dass ich in England lebte. Dieses belaubte Land mit seiner Skyline aus Ziegelsteinen war nicht mein Zuhause. Ich verzehrte mich nach der Weite des Himmels und dem grauen Gestein von Orkney. Ich vermisste die Brachvögel und Austernfischer, ja selbst die Mantelmöwen. Manchmal ging ich die Bethnal Green Road entlang und wunderte mich selbst über die stummen Tränen, die mir über das Gesicht liefen.

Auf der Insel war *ich* groß. Sie war sicher und selbstverständlich, aber ich hatte einfach nur fortgewollt. Und nun hatte ich mich in die Großstadt gezwängt mit ihrem Dauerbetrieb und ihrem Dauerprogramm, und es gab niemanden sonst, den ich verantwortlich machen konnte. In London war es nicht möglich, jedem ins Gesicht zu sehen, dabei wollte ich alles berühren. Ich hatte meine Augen überall. Es schien unmöglich zu sein, an einem Ort, der so groß war, irgendwelche Spuren zu hinterlassen, aber ich würde es tun.

Ich habe nicht besonders früh mit dem Trinken angefangen, mit fünfzehn oder sechzehn auf Teenie-Partys und bei Tanzveranstaltungen auf dem Auktionsgelände, die im selben Raum stattfanden, in dem vor den Auktionen die Pferche mit dem Vieh standen. Ich liebte es zuzusehen, wie meine Freunde und Klassenkameraden - die in der Schule schüchtern und unbedarft waren - auftauten und ihre Hemmungen ablegten. Aus irgendeinem Grund war oft ich diejenige, die allein mit unserer halb ausgetrunkenen Wodkaflasche abzog. Ich wollte trinken, vögeln und alles fotografieren, aber ich endete in schrecklichen Zuständen, heulend, um mich schlagend, und meine Eltern verständigt. Ich wollte etwas erleben, und keine Strafe würde mich davon abhalten.

Mit gleichaltrigen Freunden aus Orkney aß ich vertrocknete Zauberpilze, die wir auf den Feldern gepflückt hatten, und lief mit ihnen über den Friedhof in die Hafenstadt. Den Mund an eine der roten Steinsäulen gedrückt, versuchte ich, den Dom zu beißen oder zu küssen. Dann fuhr ich die zwanzig Meilen zurück zum Hof und hielt immer wieder an, weil ich Scheinwerfer sah, die gar nicht da waren. Zu Hause schrieb ich hastig in mein Notizbuch, um die verblassenden Eindrücke festzuhalten.

Als ich von zu Hause fortging, war mein Alkoholkonsum für eine Studentin nicht ungewöhnlich, die Kater nicht allzu schlimm. So wie Pfadfinderlager oder Schulausflüge keinen Reiz haben für Bauernkinder, die es gewöhnt sind, auf Dächer zu steigen oder an den Klippen in schmale Felsnischen hinunterzuklettern, reichten mir die Feiern an der Uni nicht. Ich suchte mir verruchte Clubs und Outdoor-Raves, zu denen mich mein Bruder häufig begleitete. Die »Partydrogen«, die ich am Wochenende nahm, glich ich unter der Woche aus, indem ich las und Hausarbeiten schrieb und diese oft bei einer Flasche Wein fertigstellte. Doch es wurde von Jahr zu Jahr schlimmer. Während die Leute um mich herum allmählich weniger tranken und feierten, trank ich mehr und feierte allein.

In London vergingen Monate, in denen ich nicht aus der Innenstadt herauskam. Jahre, ich denen ich wie im Nebel darauf wartete, dass das Wochenende kam, dass einer meiner Artikel veröffentlicht wurde oder mein Hangover verschwand. Das Trinken ergriff von mir Besitz. Während andere arbeiteten und auf Pubabende verzichteten, um die nächste Stufe hinaufzuklettern, leerte ich Bierdosen am Telefon und unterdrückte das Geräusch beim Öffnen, während ich von unerfüllten Ambitionen erzählte.

Auf einem Foto wurde ich kalt erwischt. Er meinte, ich würde häufig so aussehen: unerklärlich und unendlich traurig.

Während ich einmal mehr auf unbekannten Wegen mit dem Bus zu einem neuen Aushilfsjob fuhr, fragte ich mich, ob ich mich jemals wieder zu Hause fühlen würde oder ob ich ewig weiter in neue Lichter würde blinzeln müssen.

Ich lief tagelang durch die Gegend, den Kopf voller Satzhülsen. Nachts stemmte ich die Füße gegen die Wand und hatte das Gefühl zu fallen. Es gab kurze Glücksmomente, eine wilde, offene Lebensfreude über Kleinigkeiten, die mich froh machten und einhüllten. Ich fühlte mich beschenkt, aber ich konnte dieses Gefühl nie lange festhalten. Ein weiterer Sonntag eingemummt und verkatert im Bett, öliges Make-up in den Augen, irgendwo knallten Türen, während die dunklen Wellen oben im Norden endlos weiterrollten und das Polarlicht den Himmel zum Leuchten brachte.

Wenn ich nicht genug getrunken hatte, um schlafen zu können, schlich ich manchmal gegen zwei oder drei Uhr morgens aus unserer Wohnung. Ohne Licht zu machen, trug ich mein Fahrrad die schmale Treppe hinunter, tastete mich an den Wänden entlang und schlüpfte hinaus auf die Straße. Die Nachtluft war erfrischend nach so viel Heizungsluft und muffigen Körperausdünstungen. Sie war kühl und klar, genau wie mein Kopf.

Wenn ich auf dem Fahrrad saß, war ich nie traurig. Ich benutzte weder Licht noch Helm und kannte jede Tankstelle und jeden Schnapsladen, die im Umkreis von acht Kilometern rund um die Uhr geöffnet hatten – fluoreszierende Oasen in der abgeschalteten Stadt.

Ich stand wartend vor den Ampeln, den Fuß über der Pedale, bereit, mich mit einem Stoß in Bewegung zu setzen und um die Ecke in den Wind zu gleiten. Ich verließ die Hackney Road, bog ab nach Bethnal Green – nur ich, die einsamen Taxis und die Nachtbusse. Ich schreckte eine Katze auf, die über nassen Zement davonsprang und für immer ihre Pfotenabdrücke hinterließ.

Der Kanal bot einen anderen Blick auf die Stadt. Ich hatte ihn noch nie mit so wenig Wasser gesehen. Neben den üblichen Dosen und Plastiktüten lagen dort eine Digitalkamera, eine Säge, Zitrusfrüchte und ein BMX-Rad. Ich radelte schneller, Insekten und Zweige streiften mich. Ein aufgedunsener toter Fuchs trieb im schwarzen Wasser.

An meinem Geburtstag im Mai war ich mit bunten Heliumballons am Sattel und einem Blumenstrauß im Korb das gerade Wegstück von meinem Büro gegenüber der Tower Bridge durch die City und Shoreditch geradelt, dann die Hackney Road entlang zu unserer Wohnung, um ihm zu sagen, dass ich meinen Job verloren hatte. Im Smog der Hauptverkehrszeit war es warm, und die Fahrer der Lieferwagen schrien und hupten, aber nachts glitt ich schnell ungehindert dahin.

Ich versuchte, beim Fahren nicht an die verlorenen Jobs und die vielen Enttäuschungen zu denken. Die Luft erwärmte sich allmählich. Lieferfahrzeuge fuhren die Morgenzeitungen und in Plastik verpacktes Brot aus. Sämtliche Ampeln waren auf Grün geschaltet, und an der Bushaltestelle schlief ein hübscher Junge mit Zylinder seinen Rausch aus. Der Polizeihubschrauber über mir war nicht auf der Suche nach mir. Ich versuchte, die Dämmerung in mich aufzusaugen, und merkte, dass ich den Himmel vermisste.

Auf der Jagd nach dem Gefühl des Entkommens radelte ich weiter. Ich fühlte mich wie in jener Nacht als Teenager, als der Vollmond über dem Meer so verlockend geleuchtet hatte, dass ich mich aus dem Haus schlich und zum Strand hinunterging. Ich brauchte keine Taschenlampe: Das sich in den Pfützen spiegelnde Mondlicht zeigte mir den Weg. Die Flut war auf dem höchsten Stand, das Meer drängte in die Bucht. Ich suchte hinter einer Sanddüne Zuflucht vor dem Wind und sah zu dem vollkommen runden Mond hinauf. Sein Licht spiegelte sich auf den Wellen und wies als leuchtender Pfad aufs Meer hinaus. Als ich zu unserem Hof zurückschaute, wurde die dunkle Insel nur vom Mond erhellt, die einzigen anderen Lichter waren die Sterne, die leuchtenden Fenster einiger gemütlicher Häuser und mein Feuerzeug, das kurzzeitig aufflammte, gefolgt von der rot glühenden Spitze meiner Zigarette. Auf dem Rückweg hinauf zum Hof zeichnete sich die Silhouette einer Schar Wildgänse vor den mondhellen Wolken ab.

In einer warmen Nacht versuchte ich überdreht und hoffnungsvoll, vor Sonnenaufgang nach Hampstead Heath zu gelangen. Ich fuhr zu schnell für den Treidelpfad und geriet ins Schleudern, als ich eine Brücke über den Kanal unterqueren wollte. Ich stürzte und spürte, wie ich seitlich mit dem Gesicht aufs Wasser schlug. Wie in Zeitlupe drückte mich das Gewicht meines Fahrrads sekundenlang unter Wasser, ehe ich wieder an die Oberfläche kam und mich klitschnass ans Ufer zog, wo ich dalag wie ein zappelnder Fisch, ohne meinen rechten Schuh, der im dunklen Wasser verloren gegangen war.

Ich zog mein Fahrrad heraus und dann mein Tagebuch, dem ich den Kanal aus den Seiten wrang. Mit nur noch einem Schuh an den Füßen schob ich mein Fahrrad zurück und kam blutend und weinend zu ihm nach Hause. Es sollte nicht mehr lange dauern, bis er es nicht mehr ertrug.

## 6

# DIE FLATTER MACHEN

In London, so erzählt man sich, sei man immer entweder auf der Suche nach einem Job oder nach einer Wohnung oder nach einem Lover. Mir war nicht klar, wie leicht ich alles zusammen verlieren konnte.

Ich wachte weinend auf. Es war der erste Mai. Eigentlich hätte ich glücklich und hoffnungsvoll sein sollen, doch irgendetwas, irgendeine finstere Unruhe, war in der Nacht ins Zimmer und in meine Träume gekrochen. Obwohl ich gewarnt worden war, hatte ich es nicht kommen sehen. Ohne es mir zu sagen, hatte er sich den Tag freigenommen, um seine Sachen zu packen, unsere Teller, Papiere und Klamotten auseinanderzusortieren und unsere seit zwei Jahren verwobenen Leben wieder auseinanderzudröseln. Als ich von der Arbeit nach Hause kam, waren nur noch meine Sachen da und die staubigen Stellen, an denen seine gestanden hatten.

Nachdem er gegangen war, verbrachte ich eine Woche allein in der Wohnung und quälte mich stumpf durch den Tag im Büro. Man hatte mir gekündigt, ich saß nur noch die Kündigungsfrist ab. Unser Schlafzimmer war verwüstet – die Möbel gewaltsam verschoben, Gedichtzeilen an den Wänden, Bücher und Fotos auf dem Boden. Ich konnte es mir nicht leisten, dort allein weiterzuleben.

Ich warf einen Apfel gegen die Wand, der auf dem Boden verrottete, bis er vorbeikam, um für die Nachmieter sauber zu machen. Er sagte, es wäre das letzte Mal, und ich zog hinterher seine Brusthaare aus dem Schweiß, der sich in meinem Nabel angesammelt hatte, und klebte sie mit Tesafilm in mein Tagebuch.

Er hatte einen Fluchtweg und er nutzte ihn. Es war nie seine Absicht gewesen, sich mit dem wilden Mädchen von der Telefonzelle derart in einer Beziehung zu verstricken. Ich hatte mich um ihn gewickelt wie eine verknotete Strumpfhose in der Waschmaschine.

Wir waren beide betrunken, als wir uns trafen, dann hatten wir zusammen weitergetrunken, doch ab einem gewissen Punkt taten wir das nicht mehr. Es gab keinen Wein mehr zu den Mahlzeiten. Er fasste mich nicht mehr an, wenn ich getrunken hatte. Er kam spät von der Arbeit, und ich lag auf dem Boden. Er versuchte, mir das Glas abzunehmen und den Rest der Flasche in den Ausguss zu schütten, doch ich weinte und beteuerte, dass ich nichts falsch gemacht hätte. Es sei okay für mich zu trinken, sagte ich. Er trank mit seinen Freunden, wenn er ausging, ich trank mich weg – von ihm und allen anderen. Ich zerstörte mich. Ich versuchte, ihm weiszumachen, es sei meine erste Flasche, dabei wusste ich, dass er gehört hatte, wie ich zum Laden gegangen war, um Nachschub zu kaufen.

Wir sahen uns kaum noch an. Ich presste das letzte Quäntchen Liebe aus ihm heraus.

Jener Mai, so hatte ich damals das Gefühl, war der schlimmste Monat meines Lebens: Ich saß zitternd im Büro, umgeben von machtlosen Kollegen, rauchte in der Mittagspause neun Zigaretten, wurde regelrecht besessen von meinem Handy, ging auf Shoppingtour, um mir kleinere Klamotten zu kaufen – gelbe Skinny Jeans aus dem Shopping Center in Dalston –, ließ mir die Wimpern färben und reagierte allergisch darauf. Ich hatte vier Vorstellungsgespräche und bekam vier Absagen.

Ich erinnere mich, dass ich in einer trendigen Hotelsuite teuren Wodka aus der Flasche kippte, ehe ich an einer Bushaltestelle einschlief; dass ich über Zäune kletterte und im seidenen Partykleid an den Fußknöcheln über einen polierten Boden geschleift wurde; dass ich versuchte, zu einem Treffen der Anonymen Alkoholiker zu gehen, und stattdessen in einem »Spiritualitäts-Workshop« landete, umgeben von Frauen in mittlerem Alter, die sich Glöckchen an den Saum ihrer langen Röcke genäht hatten.

Ich verbrachte mit Mum acht Tage in Südspanien, wo ich vergeblich versuchte, mir von der Sonne das Hirn ausbrennen zu lassen, hielt meine Not mit einem roten Kugelschreiber in meinem Tagebuch fest, trank Bier für einen Euro und hörte mir in einer andalusischen Bar den Eurovision Song Contest an, überzeugt davon, ein richtiges Gespräch zu führen, obwohl ich kein Wort Spanisch sprach.

Beim Versuch, einen Nachmittag totzuschlagen, verplemperte ich mein Arbeitslosengeld, indem ich auf untragbare Weise mit Eiskaffees und Politmagazinen posierte und mir einen türkischen Auflauf an meinen Einzeltisch bringen ließ, auf dem ich Zettel, Tagebuch und Handy ausgebreitet hatte, damit ich aussah wie jemand, der beschäftigt war. Am Nebentisch mampften sechs Frauen stumm und freudlos ihr herzhaftes Frühstück. Sie trugen allesamt Häschenohren.

Mit leerem Blick durchsuchte ich das Internet nach einer Lösung, die nicht kam, und radelte im Zustand völliger Verwirrung ziellos durch Ostlondon. Ich trank mehr, als ich aß.

In Orkney bedeutet das Wort »flitting« so viel wie »wegziehen« oder auch »die Flatter machen«. Ich höre darin einen Hauch Mitleid oder Missbilligung mitschwingen: das versponnene englische Paar, das keine Wurzeln schlagen konnte, die Familie, die wegen Geldproblemen bei Nacht und Nebel »die Flatter machen« musste. In London musste ich unentwegt die Flatter machen, aber ich war zu fertig, um es als Chance zu sehen. Ich wollte mich schnell verdrücken, damit es niemand mitbekam, wenn ich von einem Schatten zum nächsten huschte.

Ich packte meine Habseligkeiten in Kisten, brachte sie in einen angemieteten Lagerraum und blieb bei meinem Bruder, der mit seiner Freundin in Dalston lebte. Er half mir, meine Sachen umzuziehen, aber im Umgang mit meinem bodenlosen Schmerz und meinem zunehmend außer Kontrolle geratenden Verhalten konnte er mir nicht helfen.

Tom ist zwanzig Monate jünger als ich. Als Kleinkinder wurden wir in Anoraks und Gummistiefel gesteckt und fuhren zusammen auf dem Traktor mit. Als Kinder bauten wir zusammen Verstecke oben in den Heuschobern, im Giebel über den Heuballen, wo es süß und staubig roch und Mäuse herumhuschten. Wir spielten zusammen in der Getreidehandlung, die Körner waren wie Treibsand. Im Sommer schwammen wir mit unseren Freunden in den Gezeitentümpeln, in denen das Wasser immer frisch und kalt war. Wir zogen verwaiste Lämmer mit der Flasche auf, ehe sie zur Herde kamen – immer ein wenig anders, kleiner und unförmiger.

Zwischen den Balken des großen Stalls befindet sich, ein wenig erhöht, eine Bude, die je zur Hälfte aus einem Wohnwagen und dem Ruderhaus eines Fischerboots besteht. Von dort sprangen wir während der Schafschur hinunter auf die weichen, öligen Wollsäcke. Als Teenager schrie ich ihn oft an, dass er aus meinem Zimmer verschwinden sollte, aber manchmal ritten wir auch die Bay of Skaill entlang, galoppierten über den Sand und in die Wellen, während uns die Touristen bei Skara Brae fotografierten. Ich konnte noch nie Menschen nachahmen, aber er schon, und ich bat ihn oft, irgendwelche Orkadier zu imitieren: den mürrischen Busfahrer unserer Grundschule, der Schlangenlinien fuhr, um Hasen zu erwischen, und in seiner Freizeit ein Schlachthaus führte; die Frau an der Essensausgabe, die immer »Noch jede Menge Nachschlag da!« rief; den Mann, der auf Radio Orkney den Marktbericht vorlas.

Tom folgte mir an die Universität, wo wir zusammen auf Raves gingen, und dann nach London, wo wir viele gemeinsame Freunde hatten. Später bekam er mit, wie ich betrunken im Internet postete, und ging ans Telefon, wenn ich ihn spätnachts verzweifelt anrief. Tom war es auch, der mich in der Nacht, als ich von einem Fremden angegriffen wurde, vom Krankenhaus abholte.

Dass ich auf Toms Sofa schlief, war nur ein vorübergehendes Arrangement. Ich wusste, dass ich mir eine Bleibe suchen musste, und sah im Internet die Angebote für WG-Zimmer durch. Die Inserenten beschrieben ihre Wohngemeinschaft als »chillig« oder »kreativ«, was Euphemismen für die von ihnen bevorzugten Drogen sein mochten. Ich saß mit einer Flasche im Park oder mit einer Bierdose im Internet-Café und rief wie betäubt die Nummern an, nannte meine Eckdaten oder vereinbarte Besichtigungstermine. Ich markierte die Adressen mit einem grünen Filzstift in meinem 150 Seiten dicken »A to Z«-Stadtplan und erstellte auf den Seiten 68/69, Hackney und Tower Hamlets, eine Art Punktraster meiner Suche.

Ich sah mir etwa zwanzig Zimmer und Wohngemeinschaften an – Freunde wie Fremde –, die so gern in London leben wollten, dass sie bereit waren, die hohen Mieten zu bezahlen und in einer Wohnung zu leben, in denen sich fünf wildfremde Menschen eine Küche teilten. Manche erzählten mir voller Stolz, dass sie ein Wohnzimmer besäßen, auch wenn nur mit knapper Not ein Sofa hineinpasste. Ein Lagerhaus hatte man in Wohnungen unterteilt, und in dem kleinen Zimmer, das man mir zeigte, gab es ein Hochbett und keine Fenster. Ich stellte mir vor, mich dort drinnen mit Büchern und Whisky zu verschanzen und sagte, ich würde es nehmen. Sie entschieden sich für jemand anderen.

An einem Samstagnachmittag hatte ich einen Besichtigungstermin in einem Hochhaus in Haggerston, in dem die meisten Fenster entweder eingeschlagen oder verrammelt waren. In der Wohnung waren die Vorhänge zugezogen, es lief laute Trance-Musik und roch nach Cannabis. Ich sagte, ich würde mich melden. In Homerton zogen zwei Mädchen, die sich beide als Schauspielerinnen bezeichneten, gerade in eine große, helle Wohnung. Ihre gut aussehenden Freunde trugen ihre Umzugskisten mit Klamotten und antike Möbel die Treppe hinauf. Sie schenkten mir Pfefferminztee ein und wollten wissen, warum ich eine Wohnung suchte. Ich murmelte meine Geschichte. Sie entschieden sich für jemand anderen.

An einem Sommerabend fuhr ich mit dem Fahrrad zu einer Zimmerbesichtigung nach Clapton, der billigsten Gegend von Hackney, wo Reihenhäuser mit dunklen Fenstern den letzten Hügel vor dem Olympiastadion säumten. Die Bewohner waren Freunde von Freunden und jünger als ich, in den Neunzigern geboren. Es war ein kleines Zimmer in einem viktorianischen Reihenhaus, und als ich das Schiebefenster neben dem Bett sah, wusste ich, dass ich dort drinnen in Ruhe rauchen und trinken konnte. Wenige Tage später zog ich ein.

Ich rang mit der Frage, wie ich es geschafft hatte, einen weiteren Job zu verlieren. Ich hatte es kommen sehen, hatte die Gründe dafür genauestens dokumentiert, mich aber dennoch so verhalten, dass es passierte. Und dann war es passiert. Ich war außer Kontrolle.

Ich hatte gedacht, ich hätte den Bogen raus: einen Job in irgendeiner obskuren Nische des Verlagsgewerbes, wo ich mich verkatert durch den Tag schleppte, moderate Abgabetermine hatte und jeden Morgen mit einem anderen Stempel auf der Hand aus irgendeinem Nachtclub auftauchte. Ich schrieb wohlwollende Porträts von Wirtschaftsgrößen, zog den Kopf ein, kam spät und ging pünktlich, schlug am Wochenende über die Stränge und versuchte, die Dinge während der gespenstischen Arbeitswoche wieder auf die Reihe zu bekommen.

Und dann war ich wieder arbeitslos, kämpfte mit den Tränen, als ich einmal mehr aus einer Zeitarbeitsagentur kam und mich fragte, wie weit ich in dieser erbarmungslosen Stadt mit meinem restlichen Geld kommen würde. Ich war eine Touristin, nutzlos und krank vor Heimweh. Ich sehnte mich nach dem Horizont und dem Klang des Meeres, doch wenn ich zur Tower Bridge ging, verschlug mir London wieder den Atem.

Niemand trug im Arbeitsamt den Kopf so hoch wie ich. Nicht einmal die Jungs, auf die draußen Wagen mit wummerndem Hip-Hop warteten, oder der Mann, der startklar im Anzug erschien, oder die Frau, die neben mir saß und so säuerlich roch, dass ich mir mit dem Ärmel Mund und Nase zuhalten musste.

Auf die meisten Bewerbungen erhielt ich keine Antwort. Manchmal hatte ich das Gefühl, es gebe einfach zu viele Menschen in der Stadt. Ich fühlte mich ungewollt, als hätte ich es versäumt, mir meinen Platz zu suchen. Meine Freunde waren nun über die ganze Stadt und auf verschiedene Cliquen verteilt, oder ich hatte den Kontakt verloren, als ich mit meinem Freund zusammengezogen war. Ich war nicht mehr im Zentrum des Geschehens.

Ich hatte ein Vorstellungsgespräch im höchsten Gebäude Großbritanniens und war froh, dass ich keine Höhenangst kannte. Nach dem Termin kaufte ich mir ein Bier und schaute den Turm hinauf: Er erinnerte mich an eine Klippenwand, besonders an die von St. John's Head auf Hoy – die höchsten Klippen in Großbritannien, die ich immer gesehen hatte, wenn ich mit der Fähre aufs schottische Festland gefahren war. An der Canary Wharf war es immer windig. Die von der Themse wehende Brise wurde zwischen den hohen Gebäuden wie durch einen Trichter gelenkt und gab mir das Gefühl, zu Hause zu sein. Wanderfalken nisten an Klippen wie an Hochhäusern, und wenn es Nacht wurde, wirkten die blinkenden Lichter der Flugzeuge und auf den Hochhausspitzen wie Leuchttürme auf den Inseln.

Obwohl ich fortgegangen war und fortgewollt hatte, ließen mich Orkney und die Klippen nicht los; wenn ich nicht dort war, verspürte ich irgendwo im Innern stets ein unterschwellig vibrierendes Gefühl der Unruhe und des Verlusts. Ich trug das wilde Meer, den endlosen Himmel und den Höhensinn in mir. Ich erinnerte mich daran, wie ich auf meinem Lieblingsfelsen gesessen, nach Stack o' Roo hinübergeschaut und von oben den Seevögeln zugesehen hatte. Die Kolonie der Küstenseeschwalben auf dem Außenfeld war kleiner geworden und schließlich verschwunden, aber auf dem Meer sah man immer mehr Basstölpel. Am Klippenrand wuchsen robuste Grasnelken, und dort, wo die Papageientaucher nisteten, sah ich weiße Schwänze in den Kaninchenlöchern verschwinden. Der Felsvorsprung fühlte sich sehr solide an, doch aus einem anderen Blickwinkel sah man, dass er überhängend war. In meiner Haltlosigkeit in London hatte ich das Gefühl, mich in gefährlich ausgesetzte Lage über den anbrandenden Wellen zu befinden.

Normalerweise begann ich zu trinken, sobald ich von der Arbeit nach Hause kam. Manchmal stieg ich auch auf halber Strecke aus dem Bus und trank ein paar Dosen im Park. Ich konnte es einfach nicht abwarten, und als ich arbeitslos wurde, musste ich es nicht mehr.

Ich warf in betrunkenem Zustand einen Aschenbecher um und saugte, ohne es zu merken, eine noch glimmende Zigarette auf; der Gestank von schwelendem Staub, Hautzellen und Haaren im Staubsaugerbeutel hing wochenlang in der Wohnung.

Auf dem Dachboden knackte und kratzte irgendetwas und war, wie wir vermuteten, die Ursache für die ungewöhnliche Menge an Fliegen um diese Jahreszeit. Schließlich schickte der Vermieter jemanden vorbei, der nachschauen sollte. Im Dach war ein Loch, durch das Tauben herein-, aber nicht mehr hinausgekommen waren. Über unserem Wohnzimmer, direkt über unseren Köpfen, verfaulte ein Haufen Vögel.

In diesem Sommer hatte ich das Gefühl, einfach nur Zeit totzuschlagen, aber nicht zu leben. Monatelang befand ich mich in einem Zustand geistiger Leere, flatterte von einem Gedanken zum nächsten, während ich darauf wartete, mich wieder normal zu fühlen. Es war warm, ich hatte juckende Handflächen und verschwitzte Schenkel. Die Tage waren einsam und leer, und ich stand um vier Uhr morgens auf, um zu rauchen.

Die Alarmanlage eines weit entfernten Autos hielt mich bis zum Morgengrauen wach, bis ich das unaufhörliche Fiepen nicht mehr vom Vogelgezwitscher unterscheiden konnte. Es war eine laue Julinacht in London, doch ich sah mich in diesen Stunden in sämtlichen Betten, in denen ich je geschlafen hatte, und fragte mich sogar, wann er wohl aus irgendeinem Nachtclub nach Hause kommen würde. Es war, als würde ich alles, was ich je getan oder empfunden hatte, gleichzeitig erleben. Ich erinnerte mich daran, wie wir einmal auf dem Dach der Kunsthochschule geschlafen hatten, zwischen Zementblöcken und weggeworfenen Skulpturen. Ich erinnerte mich an die allnächtlichen Gewitter in jener ersten Woche, die wir zusammen verbracht hatten, und an das Zimmer ohne Vorhänge, in dem wir vom Bett aus die Flugzeuge beobachteten, die über London hinwegflogen, und eine neue Sprache erfanden.

Am Morgen fiel es mir dann mit Schrecken wieder ein. Meine Basslinie war verloren gegangen. Als er mich verließ, hatte ich die Luft angehalten und seitdem nicht mehr ausgeatmet.

# 7

# GESTRANDET

An einem Januarnachmittag, dem zehnten Geburtstag meines Bruders, spielten wir im Wohnhaus, als das Telefon klingelte. Beim Außenfeld war irgendetwas passiert.

Mum, Dad, Tom und ich liefen hinaus, quer durch den Garten, durch das Tor in Richtung Ufer und trafen unterwegs Nachbarn, die in dieselbe Richtung liefen. Wir verfielen in nervöses Schweigen, während wir unsere Schritte beschleunigten. Als wir den Klippenrand erreichten, sahen wir es: Tief unten balancierte ein großes Fischerboot auf einem abschüssigen Felsvorsprung. Bei jeder herankommenden Welle bewegte sich das Schiff, als wüsste es nicht, ob es ins Meer zurückgespült oder in die andere Richtung, gegen die Klippen gedrückt werden sollte.

Es war noch mitten am Nachmittag, aber die Dämmerung hatte bereits eingesetzt, und das Wasser stieg. Die nächste Welle kam und mit ihr ein abscheuliches Knirschen, gefolgt von einem gewaltigen Schlag. Das Boot hatte sich in die falsche Richtung geneigt, und sein Rumpf war aufgeplatzt. Es saß fest. Kein Schleppkahn würde es jetzt mehr vom Felsen ziehen können.

Unserer Gruppe auf den Klippen kam es wie eine Katastrophe vor, doch dann gesellte sich jemand von der Küstenwache zu uns und erzählte, dass sich die Fischer, die an Bord gewesen waren, weniger Sorgen machten. Sie waren vor Stunden vom Schiff auf den Felsen gesprungen, hatten sich über den unteren Teil der Klippen vorangearbeitet und waren schließlich hinaufgeklettert. Statt bei einem Bauern anzuklopfen, waren sie geradewegs zum Flughafen gelaufen und hatten Orkney mit dem ersten Flieger verlassen.

Im Odalsrecht, dem altnordischen Eigentumsrecht, das in Orkney und Shetland in manchen Fällen noch Anwendung findet, weicht die Regelung der Besitzverhältnisse in Bezug auf den Küstensaum vom restlichen Großbritannien ab. An anderen Orten erstreckt sich Landbesitz nur bis zur Hochwassermarke, in Orkney hingegen reicht er weiter, bis zum tiefsten Stand der Ebbe. Andere Interpretationen des Grenzverlaufs im Odalsrecht sind: So weit man einen Stein werfen kann, so weit ein Pferd ins Wasser waten oder so weit man ein Lachsnetz auswerfen kann. Nach diesem Recht geht alles, was im Uferbereich angespült wird, in den Besitz des jeweiligen Eigentümers über.

Die Bauern wussten, dass sie nicht lange fackeln durften, und kletterten am nächsten Tag auf demselben Weg die Klippen hinab, den die Fischer heraufgekommen waren. Ich sah zu, wie Dad mit seinen langen Beinen den Anfang machte, das Boot erklomm und dann anderen heraufhalf. Wir hielten den Atem an, dass sie das Boot nicht mit ihrem Gewicht zum Kippen brachten, bevor wir zusahen, wie sie in der Kajüte verschwanden. Wenige Minuten später tauchten sie wieder auf, und obwohl sie zu weit entfernt waren, um es richtig erkennen zu können, sah ich, dass sie strahlten und jede Menge Computerausrüstung in den Armen trugen.

Während die Arbeit auf dem Hof weiterging, diente einer unserer Ställe in den nächsten Tagen als Ausstellungsraum für elektronische Navigationsgeräte und Fischereiausrüstung. Aus ganz Orkney kamen Fischer vorbei, um sich umzusehen und zu kaufen. Die Bauern einigten sich mit der Versicherung auf eine Einmalzahlung von fünfhundert Pfund und durften dafür alles verkaufen, was sich auf dem Boot zu Geld machen ließ, einschließlich des Fangs. Der Profit belief sich auf ein Vielfaches davon.

Wenige Tage später frischte der Wind auf und stieß das Boot von seinem Thron. Das Meer zerschmetterte es über Nacht auf den Felsen, sodass nur noch Kleinholz auf den Wellen trieb und in die Felsnischen gespült wurde.

Fast zwanzig Jahre später befand ich mich, genau wie das Boot, in einer gefährlichen Lage. Die Trennung zwischen meinem Alltagsleben, in dem ich den Schein zu wahren suchte, und den Geheimnissen meiner Nächte geriet ins Wanken. Die Risse wurden sichtbar. Vor lauter Sorge aufzufliegen, bekam ich Rückenschmerzen, und meine Hände zitterten, wenn ich mir Zigaretten drehte.

Ich steckte in einer gefährlichen Endlosschleife, weil ich mich inzwischen bewusst betrank, um die Scham darüber zu betäuben, was ich in der Nacht zuvor in betrunkenem Zustand angestellt hatte.

Was ich in meinen Wohngemeinschaften anstellte, war weniger schlimm oder dramatisch als ärgerlich und dumm: Ich veranstaltete eine Schweinerei bei dem Versuch, betrunken zu kochen; futterte das Essen meiner Mitbewohner, weil ich selbst nie genug dahatte; trank und ersetzte unentwegt ihre Alkoholvorräte; ich lieh mir zehn oder zwanzig Pfund, um die Zeit bis zum nächsten Zahltag zu überbrücken, nur um sofort zum Schnapsladen zu gehen und mich in mein Zimmer zurückzuschleichen, wo ich die Tür zumachte und das Fenster öffnete.

Ich warf eine vertretbare Anzahl Flaschen und Bierdosen in den Recyclingbehälter und verschnürte den Rest in Einkaufstüten, die ich irgendwo auf der Straße in Mülleimer stopfte. Es klirrte und roch nach abgestandenem Fusel, wenn ich aus dem Haus ging. Der Boden meines Schranks stand voller leerer Flaschen, und an den Fußleisten meines Zimmers reihten sich leere Dosen.

Mein Verhalten verursachte Spannungen im Haushalt: unberechenbarer Lärm; mitten in der Woche stattfindende Partys mit wildfremden Männern, die ich abgeschleppt hatte; meine Handtasche stand vergessen vor der Haustür, ihr Inhalt lag auf den Treppenstufen verteilt. Auf diese Episoden folgte die bleierne Schwere meiner verkaterten Tage im Bett.

Ich geriet von einem schrecklichen Zustand in den

nächsten, doch was die anderen Menschen nicht verstanden, war, dass ich das alles gar nicht wollte. Ich habe Respekt vor denjenigen, die mutig genug waren, mit mir über das Trinken zu reden. Ich nickte und weinte dann, doch nach der Trennung war ich voller Selbstmitleid und Selbstgerechtigkeit. »Du hast völlig recht, dir Sorgen um mich zu machen«, pflegte ich zu sagen. »Ich leide.« Er hatte mich wegen meiner Trinkerei verlassen, also konnte ich jetzt trinken, so viel ich wollte.

Es war nicht die Trennung, die meinen Alkoholkonsum außer Kontrolle geraten ließ, auch wenn ich sie als Ausrede benutzte. Als ich noch mit meinem Freund zusammen war, besuchte ich die Geburtstagsparty eines Freundes in einer Bar mitten in London. Nach etwa einer Stunde und ein, zwei Gläsern verabschiedete ich mich wieder und gab vor, müde oder krank zu sein oder noch etwas schreiben zu müssen, obwohl ich in Wirklichkeit nach Hause ging, um dort weiterzutrinken – nur schneller, als die Drinks in der Bar serviert wurden. An diesem Abend hatte ich dem Alkohol den Vorzug vor meinen Freunden gegeben und eine Grenze überschritten. Danach überschritt ich die Grenzen immer schneller und schneller; ich entschied mich zu trinken, trotz der Warnungen am Arbeitsplatz, von Ärzten, Verwandten und juristischer Seite.

Während ich wach lag und dem Gekreische und Gewummer unten auf der Straße lauschte, wünschte ich, es gäbe einen Reset-Knopf für meine Gefühle, meine Geschichte und meine Zwänge, damit ich vergessen könnte, was ich verloren hatte. Ich schmiedete Pläne, wieder unter Leute zu gehen, es mir zurückzuholen, schon frühmorgens E-Mails rauszuschicken, fit zu werden, mir eine völlig neue Frisur zuzulegen und die Worte zu tippen, die mich retten würden. Doch nichts davon passierte, und ich landete immer wieder am selben Ort.

Ich lag angetrunken im Bett, sehnte mich nach ihm und flüsterte laut vor mich hin: »Ich lasse über der Stadt ein Licht für dich leuchten. Halte dich warm, pass auf dich auf, wo immer du auch bist.«

Allmählich wussten alle, dass ich Schwierigkeiten machte. Ich wurde seltener zu Partys eingeladen. Ich war eine Last, das Mädchen, das ständig weinte. Und nach jenem Samstag wusste auch ich, dass ich in Schwierigkeiten steckte. Ich hatte dem Mädchen die Flasche nicht an den Kopf geworfen, auch wenn es für alle anderen im Pub so aussah, als sie sich umschauten und das Klirren und der Schrei ertönten. Ich hatte die Flasche lediglich nach unten auf den Tisch geworfen, doch sie war abgeprallt und hatte das unschuldige, jetzt schreiende Mädchen getroffen. Ich begriff, dass der Unterschied keine Rolle spielte.

Es gab viele Situationen, in denen ich einsah, dass ich ein Problem hatte, und mir vornahm, es zu lösen. Ich ging zu einigen AA-Treffen. Auf der Eingangsstufe einer Kirche in Holborn, wo ich einen Milchshake trank und vorüberfahrenden Mietfahrrädern hinterherschaute, überkam mich ein unerwartetes Gefühl der Ruhe. Doch schon am folgenden Wochenende geriet ich wieder in eine fürchterliche Verfassung, trank von zwei Uhr nachmittags bis zwei Uhr nachts und kletterte über Mauern. Aus lauter Verzweiflung zog ich mich eines Abends in der Wohnung eines Fremden splitternackt aus.

Im Laufe eines Monats wurde ich in Ereignisse verstrickt, für die ich zweimal vor Gericht erscheinen musste, beim ersten Mal als Angeklagte, beim zweiten Mal als Opfer. Zuvor hatte ich einen Gerichtssaal nur als Zeitungsreporterin von innen gesehen.

Dank der Überweisung eines Arztes begann ich, freitagnachmittags eine Therapeutin aufzusuchen; sie ließ mich ein »Trinktagebuch« führen, und ich versprach, meinen Konsum zu drosseln. Wenige Stunden später kaufte ich im Spirituosengeschäft nur zwei Dosen Bier, ging aber eine halbe Stunde später zurück, um Nachschub zu holen. Es blieb nie bei nur zwei Dosen, auch wenn ich es mir Hunderte Male vornahm. Ich verbrachte die Abende damit, mich in meinem Zimmer zu betrinken, weil immer weniger Leute Lust verspürten, mit mir zu reden, und die Tage in einem weiteren nichtssagenden Job. Ich dachte, nun, wo ich Single war, sei es eine gute Gelegenheit, »Dinnerpartys zu geben« und »einigen Redakteuren mein Portfolio vorbeizubringen«, doch stattdessen endete ich heulend in Arztpraxen und erwachte von Tag zu Tag niedergedrückter und mit weiteren geheimnisvollen blauen Flecken.

Ein Teil von mir genoss meine wilden Ausflüge durch London, allein mit einer Dose Lagerbier auf dem Oberdeck eines Busses, doch am Ende der Nacht, wenn ich einsam vor mich hin lallte, war es selten lustig. Ich gab mich niemals völlig auf – ich bemühte mich weiter, am Arbeitsplatz zu funktionieren, vernünftig zu essen, mit anderen in Kontakt zu bleiben und nicht unterzugehen –, doch es war ein schmerzhafter und anstrengender Kreislauf, das Ringen darum, nicht gänzlich das Gleichgewicht zu verlieren und immer wieder verzweifelt meine Ecken und Kanten zu glätten.

In einem weiteren Haus, einer Wohnung in einem ehemaligen Sozialbau in Tower Hamlets, stellten mich meine Mitbewohner zur Rede, als ihnen aufging, dass ich mich in meinem Zimmer betrank und in den unterschiedlichsten Stimmungslagen wieder herauskam. Ich bekam eine inzwischen vertraute Wir-müssen-reden-E-Mail, gefolgt von einem widerlich flauen Gefühl im Magen. Es war nicht das erste Mal, dass ich Leute enttäuscht hatte, und ich ertrug es nicht, die Sache schon wieder zu vermasseln. Da ich pleite war und mir Geld lieh, um Alkohol zu kaufen, oder den Verkäufer überredete, mir ein paar Dosen auf Pump zu geben, vermied ich es, meinen Mitbewohnern zu begegnen oder den Nachbarn im Flur über den Weg zu laufen, weil ich wusste, dass sie mich nachts weinen hören konnten.

Das Schlimmste war nicht das äußere Chaos – die Probleme mit anderen Leuten oder Geld, die verlorenen oder kaputt gegangenen Sachen. Das Schlimmste war der Zustand in meinem Kopf. Die Selbstmordgedanken nahmen an Häufigkeit und Intensivität zu. Ich hatte meine Gefühle nicht unter Kontrolle. Meine Gedanken und mein Verhalten waren wirr und nicht zu bremsen. Er liebt mich nicht mehr. Ich vermisse ihn. Ich weiß nicht, was ich tun soll. Ich habe keine Ahnung, wie ich weitermachen oder darüber hinwegkommen soll. »Du musst das Alkoholproblem angehen«, rieten sie mir, aber wie sollte das gehen, wenn ich so empfand? Ich fühlte mich wie ein Schaf, das hilflos auf dem Rücken liegt: Ich wusste, dass ich ersticken würde, aber es war leichter, einfach im Loch liegen zu bleiben.

Die Monate vergingen: ein Winter, eine katastrophale Reise nach Orkney, wo ich einige Zeit in einer Polizeizelle verbrachte, ein weiterer Sommer mit wechselnden Jobs. Ich konnte kaum glauben, dass die Traurigkeit schon so lange anhielt. Die schwelende Panik war etwas, das ich nicht beeinflussen konnte, und ich ignorierte sämtliche Regeln und Sicherheitsvorkehrungen, um ihr nachzugeben, ich war eine Sklavin meines Schmerzes. Ich hatte ständig Tränen in den Augen, litt zwei Wochen lang unter Kopfschmerzen, schlechten Träumen, aus denen ich nicht erwachen konnte. Ich war abgedriftet und wusste nicht, wie ich zurückfinden sollte. Ich sah das Muster der Vorhänge meines Zimmers in Orkney vor mir. Ich spürte das Zittern, und der Wind der Erinnerung fegte so schnell durch mich hindurch, dass ich ihn nicht zu fassen bekam.

In den Jahren, die ich in London verbrachte, war alles immer schneller geworden, bis ich mich schließlich nicht mehr unter Kontrolle hatte. Ich musste in dieser Stadt so vieles ausfiltern: Gesichter, Werbung, Ereignisse, Armut, und mein Verstand hatte diesen Filter immer undurchlässiger werden lassen, bis nur noch ein rauschendes Nichts zurückblieb. Ich war überwältigt, unfähig mich zu entscheiden, wohin ich gehen, wen ich treffen oder welche Meinung ich haben sollte, und diese Leere füllte ich mit Alkohol und Ängsten.

Ich jammerte, dass ich den Halt verloren hätte, dem irrationalen Verlangen, der Sehnsucht hilflos preisgegeben sei. Ich fiel, ich trudelte, während ich nach etwas suchte, woran ich mich festhalten konnte, doch sobald ich zugriff, rückte es weiter weg.

Mir gingen die Optionen aus. Auch wenn ich noch tiefer fallen konnte, ich mir noch mehr Ärger einhandeln, noch weiter ausgestoßen werden könnte: Ich hatte genug. Eines Nachts überkam mich für einen Moment eine flüchtige Ahnung, die dennoch tief und verlockend war, so als würden die Scheuklappen vorübergehend angehoben und mein Blickfeld mit Licht geflutet, dass ein Leben ohne Alkohol nicht nur möglich sein könnte, sondern voller Hoffnung, ja geradezu überwältigend. An dieser Vision hielt ich fest, und ich sagte mir, dass es meine letzte Chance sei. Wenn ich mich nicht änderte, würde mein Weg nur noch tiefer in den Schmerz hineinführen.

## 8

# THERAPIE

Ich lag mit durchgedrückten Rücken platt auf dem Bauch, die Arme nach hinten gestreckt, die Finger verschränkt, und versuchte, die Luft anzuhalten. Der Lehrer, der sich bemühte, uns mit unserem Urselbst in Verbindung zu bringen, sagte: »Du bist dazu geboren, das zu tun«, und zusammen mit allen anderen brach ich in meiner Pose lachend zusammen.

War mein ganzes Leben tatsächlich darauf zugelaufen, mit einem Haufen Säufer und Junkies in unterschiedlichen Stadien des körperlichen und geistigen Verfalls auf einem Büroteppich Kundalini-Yoga zu betreiben? Eine besonders schwierige Bewegung mussten wir dreißigmal wiederholen, doch der Lehrer versprach uns: »Am Ende werdet ihr fliegen.« Suchtkrank, wie wir waren, gierten wir nach diesem High.

Auch wenn der Hangover im Vergleich zu vielen anderen in meiner Sammlung nichts Besonderes war, hatte ich eines Morgens etwa einen Monat zuvor beschlossen, jede Hilfe in Anspruch zu nehmen, die gerade angeboten wurde, um meine Trinksucht ein für alle Mal anzugehen. Ich war spät dran, verzweifelt bemüht, mich zusammenzureißen, dehydriert und panisch wie an vielen anderen Tagen, doch an diesem Tag brach etwas in mir zusammen. Ich konnte so nicht mehr weitermachen. Ich erinnerte mich an das Hochgefühl in jener Nacht, in der sich mir in einer flüchtigen Ahnung die überwältigende Möglichkeit offenbart hatte, trocken zu werden. Ich rief vom Bus aus meinen Chef an und sagte ihm, dass wir reden müssten.

Ich hatte lange gebraucht, um an diesen Punkt zu gelangen und zu akzeptieren, dass die Situation war, wie sie war. Es hatte nicht zu meinem Plan gehört, mich mitten im Entzug zu befinden, wenn ich dreißig wurde. Die Tatsache, dass mir gerade erst klargeworden war, dass das Leben sich nicht nach den eigenen Erwartungen oder Wünschen richtet, zeigte, welches Glück ich bis dahin gehabt hatte.

Ich hatte in einigen alten Tagebüchern gelesen. Kurz bevor ich Orkney mit achtzehn verließ, hatte ich großspurig eine Liste mit all den Dingen angefertigt, die ich erreichen wollte, aber auch scharfsinnig festgehalten: »Diese Welt der Kunst/Mode/Literatur/Rockmusik, die mich so anzieht, könnte mein Verderben sein.« Zehn Jahre später hatte ich jede Menge Spaß gehabt und Geschichten zu erzählen, aber dafür war ich auch Jahr für Jahr und Tag für Tag tiefer in die Unzufriedenheit und Einsamkeit und in ein zerstörerisches Zwangsverhalten abgerutscht.

Seit Jahren war ich mir meiner Probleme immer wieder bewusst geworden, aber nicht in der Lage gewesen, die notwendigen Maßnahmen zu ergreifen, um sie anzugehen. In betrunkenem Zustand konnte ich mich eloquent über mein Alkoholproblem auslassen. Nach jedem fürchterlichen Saufgelage beschloss ich am nächsten Tag, neu anzufangen.

Ich unternahm drei ernsthafte Versuche, mit dem Trinken aufzuhören, und hielt jedes Mal ungefähr einen Monat durch: Einmal war es das vergebliche Bemühen, meinen Freund davon abzuhalten, mich zu verlassen; einmal der Versuch, meinen Job nicht zu verlieren, bei dem ich Antabus-Medikamente einnahm, die eine allergische Reaktion auf Alkohol hervorriefen (aber nicht funktionierten); und im letzten Sommer der vergebliche Versuch, meine Mitbewohner davon abzuhalten, mich vor die Tür zu setzen. Dieses Mal hatte ich den Freund, den Job und die Wohnung bereits verloren und war gezwungen, es für mich selbst zu tun, was im Grunde der einzige Weg ist. Diesmal beschloss ich, das Trockenwerden an die erste Stelle zu stellen. Ich gab meinen neuen Job auf, ging zum Arzt und wurde an die örtliche Drogenberatung weiterverwiesen.

Es waren nicht die abgelegene Lage, die schmuddeligen Stühle oder die seelenlosen bürokratischen Abläufe, die mich im Wartezimmer der Entzugseinrichtung aufschluchzen ließen: Es war der Geruch. Der gleiche säuerliche Geruch hatte auch meine Zimmer erfüllt. Es war der Geruch eines kranken Schafes, dem man ein rotes X würde aufsprühen müssen, um es dann dem Schlachter zu übergeben. Es riecht nicht nach Alkohol, sondern nach den kränklichen Ausdünstungen eines Geschöpfs, dessen innere Organe, wie Leber und Nieren, damit beschäftigt sind, Giftstoffe abzubauen und diese durch die Haut, die Fingernägel und Augäpfel wieder auszuscheiden.

Ich kenne den Geruch noch aus meiner Kindheit, wenn ein Schaf im Sterben lag. Eines Morgens fand Dad auf einem Feld über zwanzig Mutterschafe, die aufgebläht wie Luftballons auf der Seite oder auf dem Rücken lagen; andere taumelten herum, als wären sie betrunken. Sie waren am Abend zuvor auf ein neues Feld gebracht worden, wo sie sich an der Vogelmiere im Gras gütlich getan hatten. Pilze, die zwischen den Pflanzen wuchsen, hatten in ihrem Magen Schaum produziert, der die Blähungen verursachte und verhinderte, dass sie das Futter wiederaufstießen. In ihrem Innern bildete sich Gas und ihre Speiseröhren waren verstopft. Im verzweifelten Versuch, sie zu retten, gingen Mum und Dad zwischen den kranken Tieren herum, schütteten einigen Speiseöl in die Kehle, um den Schaum aufzulösen, während sie anderen Schläuche direkt in den Magen schoben, um das Gas freizusetzen. Tom und ich sahen ihnen dabei voller Entsetzen zu. Auf diese Weise wurden viele Schafe gerettet, doch fünf starben auf dem Feld und zwei weitere in den nächsten Tagen.

Ich bat darum, in eine stationäre Entzugseinrichtung verlegt zu werden – ich wollte eingeschlossen werden –, aber da ich auf der Beratungsstelle irgendwo zwischen Alkoholmissbrauch und Alkoholabhängigkeit eingestuft wurde, befand man, dass es passender und billiger wäre, wenn ich ein »Tagesprogramm« besuchen und weiter zu Hause leben würde, was zu diesem Zeitpunkt ein möbliertes Zimmer über einem Pub in Hackney Wick war. In den zwei Wochen vor Beginn der Therapie – meiner letzten Chance – trank ich, was das Zeug hielt, und rief in angetrunkenem Zustand meine skeptische Familie an, um ihnen meine Pläne zu erklären. Als ich Dad erzählte, dass es drei Monate dauern würde, sagte er mitfühlend: »Ich war drei Jahre meines Lebens in psychiatrischer Behandlung. Ich hoffe, bei dir geht es schneller.«

Nach einer Woche »gemeinsamen Entgiftens«, in der ich täglich in die Einrichtung ging und das Entspannungsmittel Librium erhielt, das gegen die Entzugserscheinungen helfen sollte, außerdem einen Atemtest und weitere Tabletten, die ich mit nach Hause nehmen durfte, begann das zwölfwöchige Programm. Es war und wird bis heute zu hundert Prozent aus öffentlichen Mitteln finanziert, wird ausschließlich von hauptberuflichen Therapeuten geleitet und nimmt bis zu zwanzig Klienten auf. Als ich dort anfing, verzeichnete das Entzugsprogramm trotz einer sehr hohen Aussteigerrate seit 2006 mehr als einhundert »Absolventen« – Leute, die die zwölf Wochen durchlaufen hatten, ohne irgendwelche Drogen oder Alkohol zu konsumieren.

Der erste Tag im Behandlungszentrum war seltsam. Ich musste eine Urinprobe abliefern und dabei die Toilettentür offen lassen. Es dauerte nicht lange, bis ich meine Hemmungen ablegte, denn es galt zweimal in der Woche einen Pinkeltest zu bestehen und ins Röhrchen zu pusten. Kaffee war in der Einrichtung nicht erlaubt, und obwohl ich jeden Abend nach Hause fuhr und morgens wieder hinradelte, musste ich mich in den ersten Wochen begleiten lassen, wenn ich in der Mittagszeit das Gebäude verließ, für den Fall, dass mir die Gruppentherapie und das Händchenhalten zu viel werden sollten und ich zum nächsten Pub oder Coffee Shop rannte.

In der zehnköpfigen Gruppe, mit der ich anfing, waren außer mir zwei weitere Teilnehmer »nur« wegen Alkohols in Behandlung; alle anderen waren auch Kokain-, Heroin-, Crack-abhängig oder anderweitig süchtig. Es gab ein paar ältere Cockneys, die sich in waschechtem gereimtem Londoner Slang unterhielten, und muslimische Rude Boys mit einem für mich unverständlichen Jargon (und Ausdrücken wie »Druffis«). Allerdings waren die Leute oft ganz anders, als es auf den ersten Blick den Anschein hatte. So fiel mir auf, dass jemand ein Pflaster in der Ohrmuschel trug, was ich eine ganze Woche lang für eine »Gang-Sache« hielt, bis ich erfuhr, dass es ein Überbleibsel der Akupunktursitzung in der vergangenen Woche war.

Wir trafen uns montags, dienstags, donnerstags und freitags von neun Uhr dreißig bis sechzehn Uhr dreißig. Abgesehen von einem wöchentlichen Einzelgespräch waren die Tage ein intensives Gruppenerlebnis. Die vier täglichen Sitzungen umfassten eine Gruppentherapie, den wöchentlichen Austausch über unsere »Trockenzeit«, Gespräche über Dinge wie Ernährung oder durch Blut übertragene Viren sowie Workshops zu Themen wie »Rückfallprävention« und »Selbstachtung«.

Mittwoch war unser freier Tag, an dem wir Arzttermine wahrnehmen, unsere Beihilfen klären, Bewährungshelfer treffen oder auf andere Weise den Schlamassel beseitigen sollten, den Abhängige so gern verursachen. Außerdem sah das Programm vor, dass wir außerhalb der Einrichtung pro Woche drei Treffen der Anonymen Alkoholiker oder Narcotics Anonymous besuchten.

An meinem ersten Nachmittag hatten wir eine Sitzung mit einer wunderbaren Nonne, die schon in den Siebzigern war und jahrelang mit suchtkranken Gefängnisinsassen gearbeitet hatte. Irgendwann suchte sie ihren blauen Marker, obwohl er direkt vor ihr lag, und einer der »Oldtimer« (der seit sechs Wochen dort war) flüsterte mir zu: »So was von blau!« Das ist ein abgedroschener Witz in Entzugseinrichtungen, aber ich konnte trotzdem kaum aufhören zu kichern.

Mindestens viermal am Tag standen wir im Kreis, hielten uns an den Händen und rezitierten das »Gelassenheitsgebet«, das ich, trotz meiner Abneigung gegen Religion und obwohl es mir zuerst seltsam vorkam, bald zu genießen begann. Dennoch stand ich unter Schock. Und ich fühlte mich oft verwirrt und traurig darüber, dass es mich hierhin verschlagen hatte. Ich war ein Bauernmädchen auf einer Insel gewesen, dann war ich aufgewacht und hatte festgestellt, dass zwölf Jahre vergangen waren und ich mich aus irgendeinem Grund in einer Londoner Entzugseinrichtung befand oder in Zentren der Heilsarmee oder in Kirchensälen, wo ich mit irgendwelchen Sonderlingen zusammenhockte, Tee aus angeschlagenen Bechern trank und mir Geschichten über Leute anhörte, die ins Bett schissen, während wir uns dabei kaputtlachten.

Basierend auf dem Programm der Zwölf Schritte der Anonymen Alkoholiker mussten wir Arbeiten verfassen, die wir der Gruppe vorlasen. In allen Einzelheiten schilderten wir unsere Vergangenheit, und ich gab dunkle, beschämende Dinge preis, die ich noch nie jemandem erzählt hatte – das taten wir alle. Es schuf Vertrauen und eine Verbindung zwischen uns, wie ich es noch nie erlebt hatte. Und im Gegensatz zu irgendwelchen nächtlichen Geständnissen im Suff konnte ich mich am nächsten Tag noch daran erinnern.

Ich gab mir alle Mühe, die Fragen der Suchtberater ehrlich zu beantworten und den anderen zuzuhören. Ich wollte die Vorzeigeschülerin der Einrichtung sein. Das Anfertigen der Listen mit unerwünschten Auswirkungen meiner Trinkerei führte mir vor Augen, dass ich wirklich ein Problem hatte und am richtigen Ort war.

Der Entschluss, völlig abstinent zu werden, kam mir zwar extrem vor, aber ich hatte durch schmerzliche Erfahrungen gelernt, dass meine Versuche, das Trinken einzuschränken und zu kontrollieren, unweigerlich fehlschlugen. Wenn ich einmal anfing, konnte ich nicht mehr aufhören. Das grundlegende Prinzip von AA zielt darauf ab, das »erste Glas« stehen zu lassen, weil es den Alkoholiker »machtlos« macht, sich das »nur für heute, nur für 24 Stunden« vorzunehmen und Tag für Tag fortzusetzen.

Der Theorie zufolge haben mich zwei Dinge begleitet – und werden es auch weiterhin tun: die Besessenheit und das Verlangen. Die Besessenheit zeigt sich in dem Drang zu trinken, der völlig unerwartet in mir aufflammt, wie die Beben auf dem Hof, einem fast unmerklichen Grollen, das immer da ist und drohend im Hintergrund lauert. Vermutlich wird sie mich mein Leben lang begleiten. Ich muss wachsam bleiben und darf das erste Glas nicht trinken, mit dem das Verlangen ausgelöst wird – meine Unfähigkeit aufzuhören. Wenn ich einen Tropfen durchlasse, werde ich ganz schnell wieder überflutet.

Beim Trinken wird Alkohol, genauer gesagt Ethanol, durch die Magenschleimhaut ins Blut geleitet. Im Gehirn stört Alkohol die Signalübertragung der Neurotransmitter und wirkt berauschend, beruhigend oder entspannend. Für diejenigen von uns, die suchtanfällig sind, wird Alkohol schnell zum Standardmittel, um Ängste und Anspannung zu lindern und Stresssituationen zu bewältigen. Durch den wiederholten Konsum der Droge werden unsere neuronalen Strukturen so sehr geprägt, dass sie sich nie wieder regenerieren. Ich werde mein Leben lang anfällig bleiben für Rückfälle und andere Formen von Sucht.

Den ganzen Tag über wurden wir ermuntert, zu allem, was innerhalb der Gruppe gesagt oder getan wurde, unsere »Gefühle« zu äußern. Suchtmittel verzerren und unterdrücken die emotionalen Reaktionen von Suchtkranken, daher war es wichtig für uns, unsere Gemütsverfassung wieder verstehen und begreifen zu lernen, zu welchen Handlungen wir von diesen Gefühlen getrieben wurden. Aufgefordert, ein »Gefühl« zu benennen, mit dem er ein im Drogenrausch begangenes Delikt beschreiben sollte, horchte einer meiner AA-Freunde (wie wir uns hier nennen) tief in sich hinein und kam auf: »Es war ein wilder Ritt!« Auch wenn es nicht unbedingt ein »Gefühl« war, brachte es uns zum Lachen und löste die Spannung im Raum, die sich durch das permanente Wiederholen von »Scham« und »Trauer« aufgebaut hatte; es wurde zu einem geflügelten Wort innerhalb unserer Gruppe.

Jeden Tag geschahen lustige und erhellende Dinge. Einmal unterhielten wir uns beim Mittagessen über Vitaminergänzungsmittel (den meisten von uns Alkis wurden verschiedene Typen von Vitamin B verschrieben), welchen Nutzen sie hatten und ob es besser sei, die Vitamine über Obst oder Gemüse zu sich zu nehmen. »Ich meine, wenn du einen Salat gegessen hast, spürst du dann sofort, dass es dir guttut?« Ich begriff, dass sich unser Gespräch, weil es unter Suchtkranken stattfand, ganz schnell um die Frage drehte, wie viel Kick man aus einer Karotte herausholen konnte.

Ein andermal tauchten in der Einrichtung zwei uniformierte Polizisten auf, woraufhin einem Großteil der Männer – ich war eine Zeit lang die einzige Frau – augenblicklich der Schweiß ausbrach und sie nach ihren Jacken griffen. Wie sich herausstellte, handelte es sich um einen Routinebesuch, die Polizisten suchten nach niemand Bestimmtem, aber ich lernte einiges über meine neuen Freunde.

Eines Morgens erschien einer von uns in einem Jack-Daniel's-T-Shirt und wurde gebeten, es nicht wieder zu tragen. Es war ihm gar nicht in den Sinn gekommen, dass es unpassend sein könnte. Ich versprach ihm – einem rekonvaleszenten Junkie –, am nächsten Tag mein Heroin-T-Shirt anzuziehen.

Allerdings gab es Gründe dafür, warum wir wachsam bleiben mussten. Irgendwie gelangte ein Bierglas mit einem Red-Stripe-Aufdruck in den Küchenschrank (einem meiner alten Lieblingsgetränke), und es dauerte nicht lang, bis wir uns über unsere bevorzugten Biersorten unterhielten: echtes obergäriges Ale in großen Gläsern oder lieber Dosen mit superstarkem Lagerbier. Es reichte aus, um das Verlangen zu wecken. Im Behandlungszentrum »Na, dann prost« statt einfach nur »So ein Mist« zu sagen, war eine riskante Sache.

Zweimal durften wir die Einrichtung verlassen: zum Besuch einer Stadtfarm und für eine Tagung der Narcotics Anonymous. Es fühlte sich an wie eine Mischung aus Schulausflug und Gefängnisausbruch: ein Haufen kichernder Druffis, die man ohne Aufpasser auf den Londoner Nahverkehr losgelassen hatte. Einer solchen Gruppe hätte ich mich anderswo niemals angeschlossen, und doch erlebte ich neben den Qualen des Entzugs Momente echter Freude. Auf der Stadtfarm mussten wir alle lächeln beim Anblick eines ehemaligen Crackheads, der ruhig auf einem Stein saß und drei Schäfchen zu sich lockte; ein anderer Drogenkumpel zeigte mir seinen eingedrückten vierten Fingerknöchel, mit dem er vor Jahren eine Kuh geboxt hatte. Mir fiel auf, dass die Lämmer schmuddeliger und die Felder kahler wirkten als in Orkney, und ich verdrängte einige unwillkommene zärtliche Gedanken an zu Hause.

An manchen Tagen wollte mein Kopf einfach nicht stillstehen, und ich wäre am liebsten vor mir selbst davongelaufen. Damals legte ich mir die bis heute anhaltende Gewohnheit zu, massenweise Coca Cola zu trinken, was, zusammen mit Zigaretten, der Sache zumindest halbwegs nahekam. Ich wollte meine eigenen, von Cola knirschenden Zähne zermahlen, bis mir schlecht wurde. Ich wollte, dass man mich in ein künstliches Koma versetzte. Ich wollte die Zukunft jetzt. Ich wollte für andere Menschen sorgen und nicht länger allein leben. Ich wollte nichts mehr, als trocken zu bleiben, und ich wollte einen gottverdammten Drink.

Wenn ich abends aus dem Behandlungszentrum in mein möbliertes Zimmer zurückkam, war ich erschöpft. Zum ersten Mal seit Jahren bemühte ich mich, ehrlich zu mir zu sein. Ich trank nicht, auch wenn mir oft danach zumute war, ich lag auf meinem Bett und surfte bei offenem Fenster. In diesen Sommernächten konnte ich nicht glauben, dass es so etwas wie Winter gab. Ebenso erging es mir mit Orkney, das mir wie ein Traumland erschien, wenn ich daran dachte.

Eines Tages besuchte ich nach dem »Unterricht« zwei Männer, die das Programm verlassen hatten (einer hatte die zwölf Wochen beendet, der andere war nach acht Wochen ausgeschlossen worden). Sie lebten jetzt mit etwa zwanzig anderen suchtkranken Männern in einem Wohnblock für Betreutes Wohnen. Es war ein merkwürdiger Ort: die miteinander verbundenen Zimmer, der gesicherte Eingang und der Geruch nach abgestandenem Rauch fühlten sich an wie eine Mischung aus Hotel, Gefängnis und Studentenwohnheim.

Said war im selben Alter wie ich, und trotz aller Unterschiede hatte sein Leben in den letzten zehn Jahren aus einem ähnlichen Katalog voller gescheiterter Beziehungen und verlorener Jobs bestanden. Er hatte jahrelang Crack und Heroin genommen, doch bei meinem Besuch, fünf Wochen nachdem er das Entzugsprogramm beendet hatte, war er seit vier Monaten clean.

Er erzählte mir, dass er vorzeitig von der Schule abgegangen sei, nachdem er zuerst wegen Prügeleien und Vandalismus und dann wegen Drogenverkaufs in Schwierigkeiten geraten sei. Er hatte schon oft versucht, clean zu werden, etwa durch die Einnahme von Methadon und einen Aufenthalt in Bangladesch, war aber jedes Mal rückfällig geworden. Dieses Mal, sagte er, würde er nicht vor seinen Problemen davonlaufen. Nachdem er im Februar zum letzten Mal Heroin konsumiert hatte, durchlief er eine dreiwöchige Entgiftung, ehe er in unsere Gruppe kam. Saids Erfolg war eher die Ausnahme als die Regel. Das Entzugsprogramm selbst lieferte keine Statistiken, aber von den zehn Teilnehmern, die das Programm durchliefen, als ich anfing, haben nur zwei erfolgreich abgeschlossen. Eine Frau schied aus, weil es ihr zu »intensiv« war, eine andere wurde gebeten zu gehen, weil sie »im Programm nicht mitarbeitete«, und fünf wurden entlassen (gefeuert), weil sie rückfällig geworden waren (sie tranken oder nahmen Drogen).

Bei den Leuten, die hinzukamen, während ich dort war, sah die Rückfallquote ähnlich aus. Das Entzugsprogramm war hart. Obwohl es das gleiche Prinzip verfolgte wie stationäre Zentren, hundertprozentige Abstinenz und Null-Toleranz, wurden wir jeden Abend und am Wochenende ins wahre Leben zurückgeschickt, mit all seinen Belastungen und Versuchungen.

Während ich Said besuchte, kam ein Mann in die Küche, den man in meiner zweiten Woche vom Programm ausgeschlossen hatte, weil er rückfällig geworden war. Die Verschlechterung seines Zustands war schockierend. Er hatte Gewicht und Zähne verloren, und seine Hände und das Gesicht waren mit Wunden übersät, von denen mir die anderen später erzählten, dass es Zigarettenbrandmale seien. Er berichtete mir, dass er nach seinem Rauswurf auf eine Sauftour gegangen sei, die in einem fünftägigen Aufenthalt in der psychiatrischen Abteilung des Mile End Hospitals endete. Er gehe wieder zu AA-Treffen, versuche, die Finger vom Alkohol zu lassen, und fühle sich »besser«, erzählte er weiter, aber sein wilder Blick sprach eine andere Sprache.

Als ich dreiundsiebzig Tage trocken war und mehr als zwei Monate des Programms geschafft hatte, war eine meiner stärksten »Empfindungen« ein Glücksgefühl. Den ganzen Tag lauschte ich den Geschichten der anderen und war traurig darüber, wohin ihre Sucht sie getrieben hatte. Während der Gruppentherapie erzählte einer der älteren Teilnehmer von seiner Familie, die aufgrund seiner chronischen Trinksucht seit über zehn Jahren von ihm getrennt lebte. Er sagte, er hätte gelernt, nicht allzu häufig an sie zu denken, und dass er sich vor dem Einschlafen ermahne, nicht von ihnen zu träumen, von seinem Sohn, seiner Tochter und seiner Frau. »Aber dann gibt es niemanden, von dem ich träumen kann.«

Ein anderer AA-Freund, ein Mann in den Fünfzigern, der früher Heroin genommen und gedealt hatte, las seine Hausaufgabe vor, in der er berichtete, wie sehr er als Kind Segeln, Fischen und das »offene Meer« geliebt habe, und von seiner früher so zärtlichen Beziehung zu seiner Frau, die sich in den Achtzigerjahren von ihm hatte scheiden lassen. Alle im Kreis, auch die Therapeuten, die schon so vieles gehört, und Männer, die fast ihr halbes Leben im Knast gesessen hatten, kämpften mit den Tränen über so viele verschwendete Leben, durchkreuzte Ambitionen und gebrochene Herzen.

Ich war nie anschaffen gegangen, hatte nie Drogen gespritzt, in Gegenwart meines Babys Crack geraucht, acht Jahre in einem russischen Gefängnis gesessen, einen alten Mann im Park überfallen oder sechs Entgiftungen und vier Entzüge mitgemacht, um anschließend jedes Mal einen schmerzhaften Rückfall zu erleben. Meine Familie sprach noch mit mir, und ich war nicht gelb geworden. Als ich mich im Raum umsah, wurde mir klar, dass alle, die einmal verheiratet gewesen waren, entweder geschieden oder getrennt waren. Ich war froh, dass ich zu diesem Zeitpunkt aufgehört hatte. Ich wollte durch mein Trinken nicht auch noch anderen Menschen das Herz brechen.

Außerdem schätzte ich mich glücklich, dass es mir vergönnt war, auf Staatskosten und mit Unterstützung der ausgezeichneten Therapeuten des Programms drei Monate lang eine Auszeit von der »wahren Welt« zu nehmen, um mein Leben wieder auf die Reihe zu bekommen. Durch die von der Koalitionsregierung vorgenommenen Einschnitte im öffentlichen Sektor sahen stark förderungsbedürftige Projekte wie dieses einer ungewissen Zukunft entgegen. Der Premierminister klopfte markige Sprüche und pickte Suchtkranke und Menschen mit Gewichtsproblemen heraus (wie es aussah erhielten 80 000 Suchtkranke Invalidenrente, darunter 42 360 Alkoholiker. Meine Kollegen staunten, dass es nur so wenige waren), um zu behaupten, die Öffentlichkeit wolle Steuergelder nur für Menschen ausgeben, »die ohne eigenes Verschulden arbeitsunfähig waren«.

Ich dachte unentwegt ans Trinken. Der Gedanke saß in meinem Hinterkopf wie ein Tinnitus, das Verlangen strömte regelmäßig durch meinen Geist und meinen Körper. Und dann waren da noch die Träume. Die Trinkerträume. Ich ließ eine Flasche Wein auf die Küchenfliesen fallen und schleckte ihn auf wie ein Hund, zusammen mit dem Schmutz und den Scherben, die auf dem Boden lagen. Ich war unendlich erleichtert, als ich aufwachte und merkte, dass es nicht real war.

Eines Nachmittags hatten wir Akupunktur. Wir rangen ungeschickt mit unserer imaginären Qi-Lichtkugel, Nadeln in den Ohrläppchen und unserem dritten Auge, und bemühten uns, die Panflötenmusik ernst zu nehmen. Ganz und gar nicht zenmäßig eilte ich auf eine Zigarette nach draußen, saugte dann den Übungsraum (wir hatten jede Woche andere »therapeutische Pflichtaufgaben«), ehe ich mich auf mein Fahrrad schwang, um zu einer Bank am Kanal zu sausen, die ich entdeckt hatte. Der Wind wirbelte duftende Blütenblätter um mich herum, ich winkte irgendwelchen unbekannten Kontrolleuren in orangefarbenen Booten zu, während unter dem mit Kondensstreifen überzogenen Ostlondoner Himmel von irgendwo das Gedudel eines Eisverkäufers herüberschallte und ich, von einem leichten Schwindelgefühl gepackt, dachte: Das ist echt verrückt. Ich stellte fest, dass man auch nüchtern auf einer Art Trip sein konnte – es war wirklich ein wilder Ritt.

# 9

# DRIFT

Wir wohnten zu sechst in Einzelzimmern über dem Pub in Hackney Wick, der Vermieter hatte das Stockwerk in kleinstmögliche Wohneinheiten unterteilt, um aus dem Gebäude so viel Miete herauszuholen, wie er nur konnte. Obwohl die Räume nur durch dünne Wände getrennt waren, hörte ich kaum Geräusche von den anderen Bewohnern, weder Gespräche noch Gelächter, nur Fernseher. Im Gang stand eine Waschmaschine für alle, aber ich sah nie jemanden, der sie sonst noch benutzte. Wir alle warteten, bis im Gang die Luft rein war, ehe wir in unser Zimmer huschten oder herauskamen. Arbeitsmigranten, frisch Geschiedene oder Alkoholiker, niemand, der vorhatte, lange in dieser Situation zu bleiben; sechs einsame Menschen auf engstem Raum, aber unbeständig und unfähig, miteinander in Kontakt zu treten.

Ich hatte mich entschlossen, dort zu leben, weil ich in ganz Ostlondon keine billigere Bude für mich allein hatte finden können. Ich durfte es nicht riskieren, mich auf andere Leute zu stützen oder sie wieder zu enttäuschen.

Meine früheren Versuche, trocken zu werden, waren allesamt fehlgeschlagen, und mir fehlte die Zuversicht, auf diesen zu vertrauen. Ich lebte einfach von einem Tag auf den nächsten, saß eingezwängt zwischen meine Habseligkeiten am Fußende meines Bettes, rauchte aus dem Fenster und schaute angespannt und frustriert über den Kanal zum neu gebauten Olympiastadion hinüber.

Ich hatte meinen Job aufgegeben, um an dem Entzug teilzunehmen, daher war ich wieder einmal arbeitslos, als meine drei Monate im Behandlungszentrum zu Ende gingen. Meine Abstinenz behandelte ich mit äußerster Vorsicht; als wäre ich ein zartes, frisch geschlüpftes Küken, war ich nicht gewillt, mich schütteln oder zerdrücken zu lassen. Ich gab mir Mühe, auf meine Bedürfnisse und Gefühle zu achten, Angespanntheit, Müdigkeit, Einsamkeit, Hunger, auf die ich früher mit unmäßigem und alles andere als hilfreichem Alkoholkonsum reagiert hatte. Ich nahm an AA-Treffen teil und mied einige alte Orte und Leute, während ich mich mit einer weiteren und schwer zu erklärenden Lücke im Lebenslauf um einen Job bewarb.

Ich driftete auf meinem Rad durch Ostlondon und hoffte, wenn ich mir nur lange genug vormachte, damit zufrieden zu sein, schwimmen und einkaufen zu gehen, Textnachrichten mit AA-Freunden auszutauschen und Unmengen von Cola zu trinken, dann würde es irgendwann auch so sein. Alkohol war jahrelang mein Begleiter gewesen, und obwohl er mir großen Ärger eingebracht hatte, vermisste ich ihn.

Nach der Trennung von meinem Freund hatte ich lange

Zeit das Gefühl gehabt, dass es müßig sei, nur für eine Person zu kochen. Was sollte es bringen, sich allein einen Film anzusehen oder den Boden zu wischen, wenn ich die Einzige war, die darauf herumlief? Ich vermisste ihn immer noch – bei jedem Flugzeug, das über Ostlondon flog, dachte ich an ihn –, aber nach und nach rückte er weiter in die Ferne. Nun erlebte ich etwas Ähnliches mit dem Alkohol. Was brachten Picknicks ohne Sprit? Sollte ich mich mit Freunden etwa auf »(k)ein Glas Bier« verabreden?

Ziellos, zittrig und nach Alkohol lechzend, nahm ich mir jede Kleinigkeit, die schieflief, zu Herzen und drehte durch. Die Mechanismen der Stadt und meines Geistes waren freigelegt worden, und die Dinge ergaben noch weniger Sinn als zuvor. Alles wurde immer komplizierter, und ich ertrug es nicht mehr. Ich radelte durch den Kreisverkehr unterhalb von Canary Wharf, wo sich die Lieferanteneingänge der darüberliegenden glitzernden Büroblocks befinden. Chinesische Kellner rauchten, und ich atmete die stickige, abgasschwangere Luft ein. Ich fuhr durch Hackney Wick, auf der einen Straßenseite stand ein Lagerhaus, angefüllt mit den Habseligkeiten von Menschen, auf der anderen Seite ein neu gebauter, leer stehender Apartmentkomplex.

Ich freundete mich allmählich mit dem Gedanken an, dass Alkoholismus eine Form von Geisteskrankheit ist und nicht nur eine schlechte Angewohnheit oder ein Mangel an Kontrolle. Ich wusste, dass alles Gute, das in meinem Leben geschah, davon abhing, dass ich trocken blieb: das Vertrauen meiner Familie wiederzuerlangen, die mich viele Male hatte Besserung geloben hören und versagen sehen, neue Arbeitsmöglichkeiten, ein kleiner zuversichtlicher Schritt. Dennoch kam mir, als ich in der Gewissheit, einen freien Nachmittag vor mir zu haben, im Sonnenschein die Eastway-Brücke überquerte, der Gedanke, dass es nicht nur eine gute Idee wäre, jetzt zwei Bier zu trinken, sondern das Einzige, was mich befriedigen könnte. Auch wenn ich mich im Allgemeinen nicht für verrückt hielt, waren diese Gedanken Wahnsinn. Ich musste wachsam bleiben.

Immer wieder dachte ich an eine Bloody Mary, obwohl ich kaum je eine getrunken hatte. Allein vor einer Bar zu sitzen und mit einem Strohhalm eine Bloody Mary mit viel Wodka zu schlürfen. Wenn mich das Verlangen überkam, hatte ich alles andere beiseitegeschoben und mich bis zur Besinnungslosigkeit betrunken. Doch allmählich lernte ich, was es mit solchen Gelüsten auf sich hatte und dass sie auch wieder vergingen: Ich saß es aus, und eine Stunde später fragte ich mich, was eigentlich über mich gekommen war.

In einem seltsam gestalteten Park mitten in Canary Wharf, im Schatten des Number One Canada Square, trank ich einen überteuerten Kaffee, beobachtete Männer in Anzügen und Frauen in Wickelkleidern und Highheels, die in Handys sprachen und Sicherheitsausweise um den Hals trugen. Noch vor wenigen Monaten hatte ich schicke Klamotten getragen und war in Konzernzentralen eingelassen worden, doch nun fühlte ich mich im Abseits. Ich trug ein schlecht sitzendes, grellbuntes Kleid, war schlecht frisiert, zittrig und den Tränen nahe. Ich hatte das alles freiwillig aufgegeben und war froh darüber, aber es gab Momente, in denen ich mich fragte, was zum Teufel ich getan hatte.

Abgesehen davon, dass ich nicht mehr trank, hatte mich der Entzug auch auf andere Weise verändert und meine Prioritäten verschoben. Ich war froh darüber, mich der Therapie unterzogen und alle diese durchgeknallten, unberechenbaren Leute kennengelernt zu haben. Die Zusammenarbeit mit Menschen, die kaum lesen und schreiben konnten und die sich dennoch häufig mit einer Eloquenz auszudrücken wussten, dass es mir fast das Herz brach, ließ meine Sorgen um etwas wie Grammatik belanglos und absurd wirken. Zu hören, wie Leute im Gefängnis gelebt hatten, in Krankenhäusern, unter fahrendem Volk, in Großfamilien in Russland oder in Stepney Green zeigte mir Erfahrungswelten, die Lichtjahre entfernt waren von denen mediengesättigter Hochschulabsolventen und ihrem Genörgel auf Twitter. Meine alten Freunde, die immer noch dieselben Bars und Partys aufsuchten, mit den immer gleichen Gesprächsthemen, wirkten nun anders auf mich. Entschuldigt mich bitte, ich muss mal kurz den Kopf gegen die Wand schlagen.

Wenn ich auf dem Fahrrad saß, ging es mir gut, und ich unternahm lange Rundtouren durch die Stadt und meine Vergangenheit, um aus dem Haus zu kommen. Ich radelte am Regent's Canal entlang, vorbei an der Stelle, an der ich hineingestürzt war. Ich blieb am Trafalgar Square stehen, wo ich eine Tüte mit brandneuen Klamotten und Make-up stehen gelassen hatte, weil ein Shoppingtrip in einer einsamen Sauftour geendet hatte. Ich radelte durch Soho, wo ich die vertrauten Eingänge zu Clubs und Nachtlokalen passierte, die Brick Lane hinunter, auf der Jahr für Jahr neue Ladungen aufgetakelter Zweiundzwanzigjähriger in Dreiergrüppchen entlangflanierten.

Während ich mich mit wehenden Haaren auf die Pedalen stellte, fühlte ich mich wie damals als Kind – uncool und ungeschützt. Die frische Luft und der Wind waren mein Zuhause, und obwohl ringsum Gebäude standen, trug ich die offene Landschaft von Orkney immer noch in mir; in gewisser Weise war ich mit dem Fahrrad immer auf dem Weg zu einem verborgenen Horizont.

Es war Herbst, aber es gab nach wie vor noch warme Tage, und als ich bei den London Fields um die Ecke bog, erlebte ich das, was man bei AA eine »euphorische Erinnerung« nennt. Es war ein Kampf, mir ins Gedächtnis zu rufen, dass die guten Zeiten dort, die spontanen Picknicks nur in den ersten beiden Jahren stattgefunden hatten. Später war ich meist allein mit ein paar Dosen Kronenbourg, meinem Notizbuch und meinem Handy dort gewesen, das ich zu hassen begann, weil es niemals klingelte.

Die teuflischen Gedanken kamen immer wieder hoch. Ich hatte Angst, mein Leben sei vorbei und ich würde nie wieder Spaß haben. Wenn ich es schon zu nichts brachte, dachte ich, könnte ich ebenso gut trinken. Ich wollte auf dem Bürgersteig vor einer neu eröffnenden Kunstgalerie mit angesagten, stylishen Leuten ein Glas Champagner trinken, von denen mich vielleicht einer mit nach Hause nehmen würde, wenn wir uns nur genug betranken. Ich wollte Kokain. Ich vermisste den Moment, in dem die Hemmungen fielen, mein Herz sehnte sich nach dieser kurzen Belebung. Ich hatte ganz bewusst Hürden zwischen mir und dem Alkohol aufgebaut, und dennoch fiel es mir schwer, mich zu beherrschen.

Ich stellte das Fahrrad ab, setzte mich mit einer Flasche kaltem Mineralwasser auf eine Bank am Kanal und las in *Moby Dick* vom brechenden Herzen eines Wals. Zwei Jungen mit Rastalocken und langen Shorts spannten in der Nähe der Eisenbahnbrücke ein Seil zwischen zwei Bäumen. Sie riefen mir zu, ob ich einen Versuch wagen wollte, also lief ich hinüber und zog die Schuhe aus. »Du kannst dich am Baum oder an mir festhalten, aber am besten ist es, wenn du die Kraft beim Hochstemmen nutzt, um dich auszubalancieren«, erklärte mir einer der beiden. Meine Beine wackelten so sehr, dass das ganze Seil vibrierte. Während über uns die Züge der Central Line hinwegdonnerten, versuchte ich, den Rücken gerade zu halten und die Augen auf den Horizont zu richten. Ich fiel fast augenblicklich herunter.

Freitag- und samstagabends saß ich angespannt in meinem Zimmer und rauchte aus dem Fenster, während ich den Geräuschen aus dem Pub unter mir lauschte und mich fragte, ob das alles war, was das Trockensein zu bieten hatte. Ich hatte das Gefühl, mich auf etwas vorbereitet zu haben, von dem ich gar nicht wusste, was es war. Ich war fit, gesund, clean und das ganze Wochenende zu Hause, weil ich zu viel Angst hatte, irgendwo hinzugehen. Wenn das die Zukunft war, wollte ich sie nicht.

Einen Entzug abzuschließen, ist nicht das Ende einer Geschichte, sondern der Anfang. Es ist eine Sache, trocken zu werden – das habe ich hundertmal getan –, aber trocken zu bleiben, bedeutet jeden Tag aufs Neue eine Herausforderung, mit Momenten, in denen alles stimmt und ich mir sicher bin, das Richtige getan zu haben, aber auch mit Zeiten, in denen es unglaublich hart ist.

Während ich an der Flasche hing, hatte es für mich keine große Rolle gespielt, doch nun spürte ich die Entfernung zwischen mir und meiner Familie, die zwölfhundert Kilometer weit weg lebte. Ich sprach häufiger mit meinen Eltern. Dad brauchte Hilfe auf dem Hof, und auch Mum ermunterte mich, für einen Besuch heraufzukommen. Obwohl es fast Winter war, würde mir ein kurzer Aufenthalt an der Inselluft vielleicht helfen, wieder zu Kräften zu kommen und meinen Appetit zurückzugewinnen, während ich mich um Jobs bewarb.

London war nicht mehr dasselbe. Ich fühlte mich unzufrieden und fremd in meinem alten Leben. Allerdings waren oben in Orkney Sachverständige und Geschäftsleute bei Dad auf dem Hof aufgetaucht, und es war von viel Geld die Rede. Was blieb mir dort, wenn der Hof verkauft wurde? Was kam als Nächstes? Wofür sparte ich mein Leben auf?

Ich entwickelte einen Plan. Ich teilte Mums Ansicht, dass mir ein bisschen Abstand guttun würde, aber die Trinkerin in mir hatte andere Vorstellungen. Die Rückkehr nach Orkney würde eine Prüfung sein. Wenn es mir gelang, ein Jahr lang trocken zu bleiben, ich bis dahin aber immer noch keine anständige Arbeit gefunden hatte und immer noch frustriert war, würde ich mir irgendwo einen nichtssagenden Job suchen, als Putzfrau vielleicht, wieder ein möbliertes Zimmer beziehen und weitertrinken. Es würde so guttun zu kapitulieren.

## 10

# DYKES

Je weiter der Zug nach Norden fährt, desto größer wird der Himmel. Die Temperatur verändert sich in umgekehrtem Verhältnis, und ich ziehe bei jeder weiteren Reiseetappe – London, Edinburgh, Aberdeen, Orkney – eine weitere Schicht Kleidung an.

Ich gab meinen Zimmerschlüssel ab, indem ich ihn in den Briefkasten des Pubs warf, zerrte meinen Koffer in den Bus und fuhr in aller Frühe zum Bahnhof King's Cross. Ich finde keine Ruhe, bis der Zug losfährt und wir endlich in Bewegung sind. Obwohl ich inzwischen gut darin bin, über Buchungsportale die günstigsten Preise ausfindig zu machen, ist die Fahrt teuer und nimmt einen ganzen Tag in Anspruch. Ich hätte in deutlich kürzerer Zeit und für weniger Geld in jede beliebige europäische Hauptstadt fliegen können. Ich döse viel während der Zugfahrt und erwache jede halbe Stunde mit kribbelnden Gliedern und in einer neuen Landschaft. Andere Reisende steigen an ihrem Fahrtziel aus – Peterborough, Durham, Newcastle –, doch ich fahre immer weiter nach Norden.

Irgendwo hinter Berwick-upon-Tweed strömt Licht in den Wagen, als Himmel und Meer sich weiten. Ich bin in Schottland, aber noch nicht einmal auf halbem Weg nach Hause.

Hinter Edinburgh überqueren wir die Forth Rail Bridge und fahren durch Dundee. Um die kürzere Fährstrecke von John O'Groats nach Orkney zu nehmen, hätte ich eine Übernachtung in Kauf nehmen müssen, deshalb steige ich heute in Aberdeen aus, wo mir nicht viel Zeit bleibt, um vom Bahnhof zum Kai zu laufen. Riesige Ölschiffe liegen im Hafen, und Möwen schwirren durch die Luft. Ich bin gehetzt und zerknautscht und kämpfe mit meinem Gepäck, aber die Seeluft und eine frische Brise wecken mich auf. Es ist eine Weile her, seit ich das letzte Mal einen solchen Wind gespürt habe. Auf einem Hinweisschild steht »Nördliche Inseln«, aber ich kenne den Weg. Um fünf Uhr nachmittags besteige ich das Schiff, das bei Anbruch der Nacht auslaufen wird.

Die Fähre von Aberdeen nach Orkney gibt sich den Anstrich eines Hotels, kann die Realität der täglichen Fahrten durch die launische Nordsee aber nicht verleugnen, ein Hauch von Erbrochenem liegt in der Luft. Die Teppiche sind gemustert, um Kotzflecken zu verbergen, und die Stühle sind festgekettet, damit sie bei rauer See nicht quer durch den Raum fliegen. Als der Kapitän über Lautsprecher ankündigt, dass es »ein bisschen schaukeln« wird, kenne ich die orkadische Neigung zur Untertreibung gut genug, um lieber nichts zu essen und eine Tablette gegen Reisekrankheit zu schlucken. Ich habe gelernt, den Blick auf den Horizont zu richten, wenn mir übel ist, aber im Augenblick will ich nur schlafen.

Ich kann nicht sagen, ob die Leute betrunken sind oder ob es an den Wellenbewegungen liegt. Ich lege mich mit meiner Jacke als Decke auf den schwankenden Boden und beobachte Mutter und Sohn, die sich in Zeichensprache streiten. Durch die Lounge dringen Stimmen mit orkadischem Akzent, den ich seit Monaten nicht mehr gehört habe; er lässt Erinnerungen an Schulkameraden und Nachbarn wach werden. Es ist ein keltischer Tonfall, völlig anders als etwa der Glasgower Zungenschlag, irgendetwas zwischen Walisisch und Skandinavisch, das sich neckisch und fast spöttisch anhört. Der Akzent hat für mich nichts Tröstliches, sondern löst unwillkürlich Beklemmung und die alte Angst aus, nicht dazuzupassen. Ich bin zu groß, zu Englisch und erinnere mich noch gut an das Gefühl, auf »dem Felsen« festzusitzen, wie Orkney von frustrierten Teenagern genannt wird.

Ich kaufe mir an der Bar eine Ausgabe des *Orcadian*, weil mich die örtlichen Neuigkeiten interessieren, will aber gleichzeitig niemandem begegnen, den ich kenne. Ich fühle mich schmuddelig und überanstrengt, bin innerlich und äußerlich angeschlagen. Ich will nicht zugeben müssen, dass ich zurückgekommen bin – dass ich versagt habe. Ich frage mich, ob es überhaupt möglich ist, ganz zurückzukommen, wenn man erst einmal eine Weile woanders gelebt hat, beziehungsweise ob man es »nach Hause kommen« nennen kann, wenn man sich nie zugehörig gefühlt hat.

Ich bin seit mehreren Monaten trocken, aber ich komme mir vor wie eine Betrügerin, wenn ich das Lob anderer Leute annehme, die »gut gemacht« sagen, denn ich *will* trinken, und es erscheint mir unmöglich, es nicht wieder zu tun. Dennoch vergeht ein Tag nach dem anderen, an dem ich nicht trinke. Vielleicht ist es genau das, denke ich, ein täglicher Kampf, und mein kleines, vorsichtiges Leben ist das sogenannte Wunder.

Auf meiner letzten Heimreise verbrachte ich die gesamten sieben Stunden der Überfahrt in der Bar und musste mir von Fremden vom Schiff helfen lassen. Dieses Mal kann ich draußen an Deck stehen, als die Fähre gegen Mitternacht in Kirkwall einläuft, kann den salzigen Wind im Gesicht spüren, während die nächtlichen Hafenlichter näherkommen. Als Mum mich begrüßt, kann ich ihr die Erleichterung ansehen.

Auf der Fahrt zu ihrem Haus fällt mir ein, dass Mum, als Tom und ich noch klein waren, vom Fahrersitz aus immer hinten nach unseren Fußknöcheln getastet hatte, um sich zu vergewissern, dass wir noch da waren. Das tut sie manchmal heute noch.

Mum lebt jetzt in Kirkwall, der Hauptstadt von Orkney, in einem großen Bungalow, den sie nach dem Verkauf des Bauernhauses erworben hatte. Sie vermietet Zimmer, aber heute ist eines frei für mich. Obwohl es in ihrem Haus Möbel, Bilder und Geschirr aus unserem alten Heim gibt, habe ich dort nie gelebt, und es ist nicht mein Zuhause. Sobald wir angekommen sind, kocht Mum Tee für uns, und wir setzen uns an den großen Holztisch, an dem früher auf dem Hof unsere vierköpfige Familie ihre Mahlzeiten einnahm.

Einmal im Monat, um Vollmond herum, fährt Mum zur Bay of Skaill, um der Royal Society for the Protection of Birds, kurz RSPB, als Freiwillige beim Aufsammeln und Erfassen von toten Vögeln am Spülsaum zu helfen. Die Funde geben Aufschluss über Krankheiten, Futterknappheit oder Ölverschmutzungen, auch wenn sie normalerweise nicht viele Vögel findet, was ein gutes Zeichen ist. Zwei Tage nach meiner Rückkehr begleite ich sie. Unterwegs schauen wir zum Hof hinüber – näher kommt Mum ihm inzwischen nicht mehr. Wir finden einen toten Eissturmvogel, einen toten Kormoran und ein totes Schaf.

Während Mum nach Kirkwall zurückfährt, wandere ich am Ufer entlang zum Hof und nehme dabei – wie sie es mir im Behandlungszentrum beigebracht haben – die Gefühle wahr, die Welle der Zärtlichkeit, die mich ergreift, als die Gebäude in Sicht kommen. Die Leute, die jetzt im Wohnhaus leben, gehören nicht zu meiner Familie, trotzdem ist dies der Ort, von dem ich komme, und er bedeutet mir viel.

Dad lebt hier, auch wenn er die meisten Nächte bei seiner Freundin verbringt. Ich denke an alles, was sich ereignet hat, als ich mich neben die Kühltruhe setze, dann aber beschließe, zum Außenfeld hinaufzugehen. In seinem Wohnwagen erzählt mir Dad von den Beben, und wir fahren zusammen los, um die Hochlandrinder zu füttern.

Ich bleibe ein paar Wochen bei Mum, schlafe viel, schaue mir im Internet Jobangebote an, melde mich arbeitslos und besuche ein paar AA-Treffen in Kirkwall. Mum bekommt alles ab. Sie ist hilfsbereit und gutmütig, aber ich bin gereizt. In Orkney werde ich wieder zu einem mürrischen Teenager. Ich weiß, dass sie froh ist über meine Abstinenz, aber ich will nicht darüber reden, als würde ich damit zugeben, in der Vergangenheit falsche Entscheidungen getroffen zu haben oder dass sie recht gehabt hatte.

Kurz nach meiner Rückkehr setzen Stürme ein. Obwohl das Leben in der Stadt anders ist als auf dem Bauernhof – es gibt Bäume im Garten, und wir wohnen geschützter –, ist es trotzdem laut in Mums Haus. Die hellen Stunden sind begrenzt, ich schlafe oft bis weit in den Tag. An Weihnachten fahre ich nach Manchester, um meinen Bruder und seine schwangere Frau zu besuchen. Das Leben geht weiter, und als ich nach Orkney zurückkehre, weiß ich, dass ich mehr tun muss, als einfach nur nicht zu trinken.

Die Stürme des vergangenen Monats – mit Nordwinden in Hurrikanstärke und durchweichten Böden, hatten dafür gesorgt, dass überall auf unseren Feldern Teile der Dykes eingestürzt waren, Trockenmauern aus großen grauen Steinplatten, die den Winden einhundertfünfzig Jahre lang getrotzt hatten.

Am Morgen nach einem Sturm suche ich das Ufer nach Treibholz oder Schätzen ab und finde ein ungewöhnliches Stück Strandgut: einen Seehund, der auf der meerabgewandten Seite des Zauns liegt, wo ihn eine große Welle hingetragen haben mochte. Ein junger Ausreißer, den es vom Kurs abgetrieben hat.

Auch mich hat es wieder auf diese Insel gespült, seit neun Monaten trocken, erschöpft und blank gescheuert wie ein Kieselstein. Am Ende eines harten Jahres bin ich wieder zu Hause, wo mich die Winde geformt und das Meersalz wund gerieben haben. Ich stehe vor einem Neuanfang, aber ich bin mir nicht sicher, wofür ich ihn nutzen soll, also werde ich mich nützlich machen, in den wenigen hellen Tagesstunden Mauern bauen und die Nächte im Wohnwagen verbringen.

Nachdem es vierundfünfzig Tage lang jeden Tag geregnet hatte, mit nur acht Sonnenstunden im ganzen Dezember, brachte der Januar einige zauberhafte Tage: Verträumte Sonnenuntergänge spiegelten sich auf der ruhigen See. Mum lädt mich mit meinen Taschen auf dem Hof ab, und ich bin froh, etwas Sinnvolles zu tun zu haben. Dad hat mir vor Jahren beigebracht, wie man Trockenmauern baut. Es ist eine langsame Arbeit. Im Grunde besteht ein Dyke aus zwei Mauern, die an den Außenseiten glatt sind, oben durch große Verbindungssteine zusammengehalten und in der Mitte mit losen kleineren Steinen aufgefüllt werden. Auch wenn die Reparatur eines eingestürzten Abschnitts einfacher ist, als bei null anzufangen, ist es keine dumpfe Maurerarbeit: Ich muss ständig nachdenken und abwägen. Ich wähle die Steine nach Form und Größe aus und errichte ein einzigartiges 3D-Puzzle, das von Dauer sein muss.

Die Steine sind schwer und uralt, moderne Technik wirkt schwach und zerbrechlich dagegen. Ich habe eine Digitalkamera und einen Fäustel dabei. Wenn ich mich zum Rauchen hinter die Mauer kauere, beobachte ich die Sonne auf ihrer kurzen Reise über den südlichen Himmel, die Bay of Skaill und die Hügel von Hoy, ehe sie am Horizont des Atlantiks versinkt und ich meine Steine nicht mehr erkennen kann. Ich beginne, in Dekaden und Jahrhunderten zu denken statt in Tagen und Monaten. Ich stelle mir die Leute vor, die die Dykes ursprünglich errichtet haben, als auf den Bauernhöfen noch deutlich mehr Hände mitanpackten, und ich frage mich, ob mein Mauerstück ebenso lange überdauern wird. Ich bin herumgeirrt und abgedriftet, aber meine Mauer soll Bestand haben.

Der Hof wirkt zeitlos im schwindenden Licht, und wie Zeitreisende tauchen im Dunst zwei riesige Pferde auf. Als ich noch ein Kind war, lagen unten am Ufer die Knochen von Arbeitspferden, dort, wo die Bauern sie erschossen hatten, weil sie gezwungen waren, die Pferde durch Traktoren zu ersetzen. In seinem Gedicht »Die Pferde« stellt sich der orkadische Dichter Edwin Muir vor, wie nach einer apokalyptischen Katastrophe in der Zukunft seltsame Pferde in die Landschaft zurückkehren. Diese beiden Clydesdales grasen auf Dads Feldern am Klippenrand; sie sind zurückgekehrt, genau wie in jenem Gedicht.

Als ich schließlich fertig bin und den letzten großen »Schluss-Stein« auf die Mauer gehievt habe, der die beiden Seiten zusammenhalten soll, lege ich mich rücklings auf die Mauerkrone und lasse den Kopf herunterhängen. Kopfüber sehe ich in den Himmel, als würde ich nach unten schauen. Er wirkt tief und weit und gar nicht wie ein zweidimensionaler Bogen, Wolkenpfade erstrecken sich in die Atmosphäre.

Ich lerne, die Wolken zu unterscheiden, beobachte sie so, wie Leute Vögel beobachten. Das internationale Wolkenklassifikationssystem unterscheidet Wolken nach Gattungen, Arten und Sonderformen und verwendet dafür lateinische Bezeichnungen. Die hohen zerfaserten Gespinste heißen Cirruswolken, während die fischgrätenförmigen Gebilde Vertebratus genannt werden. Stratus, die grauen, formlosen Schichtwolken, die zu dieser Jahreszeit häufig auftreten, werden als opak oder durchscheinend beschrieben, je nachdem, ob man die Sonne durch die Wolken erkennen kann oder nicht. Eines Nachmittags entdecke ich ein paar seltene Lenticularis-Wolken, die der Wind zu Zigarren geformt hat.

Ein erst relativ neu entdecktes meteorologisches Phänomen weckt mein Interesse: Noctilucent Clouds (NLC) oder »leuchtende Nachtwolken« sind eine der seltensten und höchsten Wolkenarten, die durch die höhere Atmosphäre driften. Anders als die meisten bestehen diese Wolken aus Eiskristallen und nicht aus Wassertropfen. Sie sind normalerweise nur im Hochsommer nach Sonnenuntergang zu sehen, im »tiefen Zwielicht«, wenn die Erdneigung dafür sorgt, dass die Nachtwolken noch von der Sonne beschienen werden, während der sonstige Himmel bereits dunkel ist.

Diese mitunter auch »Weltraumwolken« genannten Erscheinungen wurden erstmals 1885 verzeichnet, zwei Jahre nach dem Ausbruch des Krakatoa. Möglicherweise bilden sich Eiskristalle um Staubkörner – von Vulkanen, Meteoren oder den Abgasen der Raumfähren. Mir gefällt die Vorstellung, dass Verschmutzungen etwas Schönes hervorbringen.

So absurd die Klassifizierung der sich ständig verändernden Wolken auch scheinen mag, eröffnet mir der Versuch, den Himmel auf diese Weise zu definieren, neue Sichtweisen: auf die Schönheit des extrem wechselhaften Klimas von Orkney wie auf den Regen als schlichte Zerfallserscheinung einer Wolke.

So wie mir die Inseln irreal erscheinen, wenn ich in London bin, wirken nun die Freunde absurd, die über das Internet von japanischen Restaurants erzählen, von neuen Bars und der U-Bahn zur Hauptverkehrszeit. Ich habe Dreck unter den Fingernägeln und spröde Lippen vom Wind.

Mit der Reparatur der Trockenmauern setze ich gleichzeitig auch mich selbst instand. Ich baue meine Abwehr wieder auf, und jedes Mal, wenn ich darauf verzichte zu trinken, obwohl mir danach ist, stärke ich neue Nervenbahnen in meinem Gehirn. Ich muss die Mauern zuerst ein Stück einreißen, ehe ich anfangen kann, sie wieder aufzubauen. Und ich muss mit den Steinen arbeiten, die ich habe, ohne mir lange den Kopf darüber zu zerbrechen, ob die Mauer auch perfekt wird. Ich muss einfach weiter Steine aufschichten.

Eines Nachts, als ich im Wohnwagen liege, spielt das Wetter wieder einmal verrückt. Obwohl der Wagen ordentlich mit Gewichten beschwert ist, beben die Wände, und Wind und Hagel peitschen gegen die Fensterscheiben. Es ist, als wäre man auf See.

Ich habe Trinkerträume. Ich bin so durstig. Jede Nacht blitzen Bilder von Orten vor mir auf, die ich vergessen hatte: der Fußboden eines Zugs und ich unter dem Tisch von vier fremden Männern, wobei unklar ist, ob ich mich übergebe; eine kleine Stadt in Spanien, wo ich spätabends auf der Suche nach einem vermeintlichen Nachtclub wahllos an Türen klopfe; in London liege ich heulend vor einem Geldautomaten auf dem Bürgersteig, klingele ungebeten mitten in der Nacht an der Haustür meines Exfreunds, erwache ich in meinem Bett neben jemandem, der noch nicht da gewesen war, als bei mir die Lichter ausgingen. Ich wünschte, nichts davon wäre passiert.

Im Halbwachen überkommt mich, wie so oft, wenn ich versuche einzuschlafen, eine sensorische Erinnerung an jene Nacht, in der ich verhaftet wurde, nachdem ich mit dem Auto ins Schlingern geraten und auf das grasbewachsene Bankett ausgeschert war. Nach dem Auszug aus unserer gemeinsamen Wohnung war ich für ein paar Wochen todunglücklich nach Orkney zurückgekehrt, wo ich etwas

Ruhe zu finden hoffte, die sich jedoch nicht einstellte. Die Polizisten sammelten mich ein, als ich die Straße zu den Klippen von Yesnaby passierte, die sich als Anziehungspunkt für Selbstmörder einen Namen gemacht haben. Man hatte die Beamten verständigt, dass ich nach zwei Flaschen Wein todunglücklich mit dem Auto davongefahren sei. Sie warteten am Ende der Straße auf mich, doch es war nicht der Weg, den ich hatte nehmen wollen. Ich wusste vor Kummer nicht mehr ein noch aus und war auf dem Weg zum Hof. Ich wollte nur noch nach Hause.

Ich war so betrunken, dass ich ein Auge zukneifen musste, um den Mittelstreifen zu erkennen. Einmal schleuderte ich auf das Bankett – es schepperte schrecklich –, bekam den Wagen aber wieder unter Kontrolle. Schon eine ganze Weile hatte ich das Gefühl, auf der Suche nach einem sicheren Ort einen Stein nach dem anderen umzudrehen, doch ich fand keinen. Das Trinken versprach Erleichterung, aber selbst das funktionierte nicht. Mein Körper wehrte sich dagegen – ich würgte und versuchte dennoch, mehr in mich hineinzuschütten.

Als ich die blauen Lichter sah, wunderte ich mich im ersten Moment darüber, was ein Eiswagen hier zwischen den Feldern verloren hatte. Als ich mich – traurig und bereitwillig – in den Fond des Polizeiwagens schieben ließ, sagte ich: »Ich wollte niemandem wehtun.«

Während ich im windgeschüttelten Wohnwagen auf den Schlaf warte, zuckt die in meinen Muskeln gespeicherte Erinnerung an den Schlag, mit dem der Wagen auf den Grünstreifen geschleudert war, durch meinen Körper und meinen Geist. Ich döse ein und wache schlagartig wieder auf. Mein Auto schlingert immer weiter von der Straße.

Trotz allem, was passiert ist – trotz meiner Verurteilung wegen Trunkenheit am Steuer; der Aufgabe meines Jobs, um an dem Entzugsprogramm teilzunehmen und mein Alkoholproblem in den Griff zu bekommen; all dem Kummer, den meine Trinkerei verursacht hatte; all dem, was ich verloren habe und allem, was ich durch den Entzug gewinnen würde –, durchfährt mich der Gedanke und das Verlangen zu trinken immer noch regelmäßig wie ein Stromstoß: Wenn ich einen guten Song höre oder die Sonne herauskommt, wenn ich wütend werde oder jemanden anrufen möchte, um ihm etwas Nettes zu sagen. Alkohol ist mit fast allen Bereichen meines Lebens verwoben, und es wird eine Weile dauern, das zu entwirren und neue Reaktionen und Strategien zu entwickeln. Es dauert seine Zeit, eine starke Mauer zu bauen.

In den letzten fünf Jahren habe ich an zehn verschiedenen Orten gelebt. Meine Sachen sind über die Dachböden und Garagen von Freunden in London verteilt – eine physische Manifestation meiner Rastlosigkeit und Zwiegespaltenheit. Ich bin versprengt und nirgends zu Hause. Ich stelle mir vor, ein Glas zu trinken, wie andere davon träumen, eine Affäre zu haben. Ich weiß, dass ich das nicht tun kann, aber wenn die Umstände ideal wären und es niemand herausfinden würde, könnten wir vielleicht zusammen ein Wochenende verbringen, meine Flaschen und ich.

Jeden Abend, wenn ich meinen Overall und die Arbeitshandschuhe ausziehe, verkrieche ich mich im Schein meines Laptops und trinke nicht. Ich möchte es tun, aber ich hoffe darauf, dass sich etwas in mir verändern wird. Ich bin zu den zerfallenden Wolken und dem tiefen Himmel zurückgekehrt, zu den Elementen, die mich geprägt haben. Ich will herausfinden, ob diese Kräfte mich wie Schluss-Steine festhalten und das Zucken beenden können.

# 11

# AMBER

Ungefähr anderthalb Kilometer die Küste hinauf verwest in einer kleinen Bucht ein Wal, und ich klettere die Felsen hinunter, um ihn mir anzusehen. Gewaltige Innereien sind zwischen Seetang und Treibholz verstreut, und die Haut liegt wie ein Teppich ausgebreitet auf dem Sand. Während ich den Kadaver betrachte, überrascht mich eine Welle, und ich springe auf die knapp drei Meter lange Wirbelsäule, obwohl mir trotzdem das Salzwasser und der faulige Walschleim in die Gummistiefel laufen.

Heutzutage ist ein gestrandeter Wal irgendwo zwischen einer Kuriosität und einer Tragödie angesiedelt, aber noch vor nicht allzu langer Zeit war er ein Glücksfall. Das Fleisch wurde, sofern es frisch war, gegessen, der Speck zu Lampenöl oder Schmierstoffen verarbeitet oder zur Herstellung von Seifen und anderen Produkten genutzt, und die Knochen verwendete man als Baumaterial oder in Korsetts. Man musste einfach nur wissen, wonach man suchte. Heutzutage wissen Vogelbeobachter, dass tote Wale seltene Vögel anlocken. Während ich den toten Finnwal in der schmalen Felsklamm in Augenschein nehme, treiben sich in der Nähe Elfenbein-, Polar- und Eismöwen herum, die man sonst eher in arktischen Regionen findet. Eine Wetterfront hatte sie vor sich hergetrieben, aber sie waren mehrere Tage geblieben, um sich an dem Kadaver gütlich zu tun.

In Orkney werden Wale seit Jahrtausenden auf unterschiedlichste Weise verwertet. In der fünftausend Jahre alten Siedlung am Knap of Howar auf Papa Westray wurde ein Hammer aus Walknochen ausgegraben. Und laut einer Theorie über die Abdeckung der neolithischen Häuser von Skara Brae, denen heute das Dach fehlt, verwendeten die Bewohner aufgrund des Holzmangels Walrippen als Dachbalken, zwischen die sie Tierhäute spannten, die möglicherweise mit Torf bedeckt wurden. Knochen, die doppelt so groß waren wie ein Mann, gaben ein warmes Zuhause ab, wie ein Herz im Innern eines Brustkastens.

Ende des achtzehnten Jahrhunderts machten Walfänger auf dem Weg in die arktischen Gewässer in Orkney Station, um frischen Proviant und geübte Ruderer an Bord zu nehmen. In *Moby Dick* erklärt Hermann Melvilles Erzähler Ismael: »Warum das so ist, vermag ich nicht zu sagen, aber Inselbewohner scheinen am besten als Walfänger zu taugen. beinahe alle Männer auf der *Pequod* kamen von einer Insel, waren *Isolatos*.«

Am 14. März 1955, um die Zeit der Frühlings-Tagundnachtgleiche, die oft starke Winde und hohe See mit sich bringt, strandeten am Point of Cott von Westray siebenundsechzig Pilotwale, die zusammen auf der Jagd gewesen oder in raues Wetter geraten waren. Ich versuche, mir den Anblick und die Aufregung vorzustellen, die dieses unerwartete Ereignis auf der Insel ausgelöst haben musste. Am 7. Dezember 1994 – inzwischen ging es bei Walen nicht mehr um die Jagd, sondern um ihren Erhalt – strandeten elf Pottwale in der Backaskaill Bay von Sanday, wo sie vom Gewicht ihres eigenen Körpers erdrückt am folgenden Tag verendeten.

Am nordwestlichsten Punkt von Mainland, in der Nähe der kleinen Gezeiteninsel Broch of Birsay und der Fischerbucht Skipi Geo, steht ein bekanntes Wahrzeichen der Insel: »Der Walknochen«, eine aufrecht stehende Rippe mit einem Schädelfragment als Querstück. Es wurde vor etwa 130 Jahren von Einheimischen errichtet, nachdem sie die anderen Teile eines gestrandeten Wals verwertet hatten. Das Wahrzeichen ist äußerst beliebt, es wurde im Laufe der Jahre viele Male umgeweht und wieder aufgestellt und markiert heute den Zielpunkt eines Spazierwegs. Ich betrachte ein Foto des Walknochens mit dem Polarlicht und der Milchstraße im Hintergrund; es ist eine rohe, schauerliche Skulptur, deren Knochen von gelben Flechten überwuchert sind.

Vor einigen Wochen unterhielt sich Dad mit einem befreundeten Strandgutsammler und fragte ihn, was der schönste Fund sei, den er sich vorstellen könnte. »Amber«, erwiderte dieser. Amber ist eine seltene und äußerst kostbare Substanz, die im Magen von Pottwalen entsteht und von diesen entweder erbrochen oder ausgeschieden wird, sodass man sie auf dem Meer treibend oder am Strand finden kann. Als Dads Freund die Substanz beschrieb – wachsartig und irgendetwas zwischen weiß, grau und bernsteinfarben –, sagte Dad: »Oh, so etwas haben wir.« Ein wachsartiger Klumpen, der dieser Beschreibung entspricht, liegt seit Jahrzehnten im Traktorschuppen, schon seit meine Eltern den Hof vor mehr als dreißig Jahren gekauft hatten.

Wir haben alles über Amber gelesen, was wir finden konnten. Melville beschreibt ihn als »weich, wachsartig und von solch Würzigkeit und Duft, dass er vor allem zur Herstellung von Parfums, Pastillen, Duftkerzen, Puder und Pomade benutzt wird. Die Türken verwenden ihn in der Küche, und sie tragen ihn nach Mekka so wie die Christen den Weihrauch nach Rom in den Petersdom. Einige Weinhändler geben ein Quentchen davon zum Rotwein, um ihm mehr Fülle zu verleihen«. Wir wundern uns über die Beschreibungen von Parfümhändlern im Internet, die von der »transformativen Qualität« eines »Pheromons« sprechen, das »vor allem die weibliche Nase verführt, die den auf Männer anziehend wirkenden Duft instinktiv erkennt«, wir lesen Behauptungen, dass es »Parkinson heilen« könne, und beobachten Ebay-Auktionen, auf denen Klumpen für vierzig Dollar das Gramm weggehen, nicht viel günstiger als Gold.

Als meine Eltern noch vor meiner Geburt auf den Hof zogen, gab es rund um die Gebäude noch Walknochen. Ich erinnere mich, wie ich als Kind auf eine Trockenmauer geklettert bin und auf einer riesigen Wirbelsäule gestanden habe, die halb Mauer, halb Tier, obenauf lag. Diese Überreste schaffen eine Verbindung zwischen uns und den Meeresgeschöpfen und nähren den Gedanken, dass unser Klumpen das sein könnte, was wir erhoffen. Er hat inzwischen die Größe und Form eines großen Naan-Brots oder eines Klodeckels, allerdings kann Dad sich erinnern, dass er seine Form im Laufe der Jahre verändert hat – um in einen Eimer zu passen, in den man ihn gesteckt hatte, und dann langsam wieder auseinanderzugehen, als man ihn aus dem Eimer auf den Scheunenboden zurückkippte. Er ist ein Stück altes Gerümpel, das ohne Weiteres schon längst in einem Lagerfeuer oder auf dem Misthaufen hätte gelandet sein können.

Womöglich hat in unserem Schuppen die ganze Zeit über ein Vermögen gelegen – wie viel mochte es sein? Fünfzigtausend? Hundert? –, die Antwort auf unsere finanziellen Probleme in Gestalt eines Klumpens Walkotze! Dazu noch einmal Ismael: »Wer würde wohl denken, dass die vornehmen Herrschaften sich an einer Essenz erfreuen, die ihren Ursprung in den unrühmlichen Gedärmen eines kranken Wales hat?«

Wir haben Experimente durchgeführt, kleine Stücke unseres Schatzes geschmolzen und darin herumgestochert und nach Tintenfischschnäbeln gesucht, die ein sicheres Anzeichen für das Verdauungsprodukt eines Wals sind. Wenn man mit einer glühend heißen Nadel hineinsticht, entsteht eine ordentliche weiße Rauchwolke, doch obwohl ein spezieller Geruch aufsteigt, entspricht er nicht ganz dem »merkwürdigen Odeur, der gleichermaßen süßlich und erdig, fischartig und animalisch ist«, von dem wir gelesen haben. Außerdem stimmt es uns nachdenklich, dass die Hunde und Ratten auf dem Hof nie versucht haben, die Substanz zu fressen. Dad und ich machen im Wohnwagen Witze darüber, dass der Klumpen, an dem wir herumexperimentieren, Hunderte Pfund wert ist, wir es uns aber leisten können, ihn zu verschwenden. Die Ergebnisse sind bislang nicht schlüssig.

Ich habe dagegen ankämpfen müssen, nicht in Depressionen zu verfallen, die sich im ersten Jahr der Abstinenz häufig einstellen, denn das Chaos und die Unberechenbarkeit meines alten Lebens fehlen mir ein Stück weit. Es gibt vieles, das sich verändern könnte, fürchte ich, wenn ich mich ganz und gar der Abstinenz verschreibe, und ganz oben auf der Liste steht die Angst, *meinen Biss zu verlieren*. Mit »Biss« meine ich meine Coolness, das aufregende Gefühl des Abweichens, meine Jugend und meine Sinnlichkeit – die schmalen Augen und vollen Lippen –, die Freude am Austesten von Grenzen, dem Herausposaunen von unbequemen Tatsachen und die Begeisterung über Unerwartetes.

Ich will weder scheinheilig mit der Zunge schnalzen, wenn Teenies Alcopops trinken, noch mit Therapie-Plattitüden um mich werfen oder den Predigerton annehmen, den ich aus der Kirche kenne.

Doch die Wahrheit ist, dass ich meinen Biss schon vor

geraumer Zeit verloren hatte. Manchmal hörte ich einen tollen Song und dachte, wie fantastisch es wäre, ihn mit anderen zusammen im Club oder live zu hören, aber bis ich endlich dort war – falls ich es nach dem exzessiven Vorglühen zu Hause überhaupt bis dahin schaffte –, war ich viel zu besoffen, um noch etwas aufzunehmen, geschweige denn zu genießen oder mich auch nur an die Musik oder ein Gespräch zu erinnern. Wo war mein Biss, als ich vor den Augen jeder Menge Bekannter hochkant aus einem Nachtclub geworfen wurde, nach den Türstehern trat und sie anschrie, aus Gründen, an die ich mich nicht erinnere und die mir zu peinlich sind, um es noch herauszufinden? Es war nicht cool, auf Partys jedem, der mir zuhörte, ins Ohr zu flennen, dass mein Freund mich verlassen hatte, weil ich trank, während ich abwechselnd mit der einen Hand die Bierflasche und mit der anderen das Weinglas an den Mund setzte. Es sah auch nicht gut aus, als ich, zugedröhnt mit Kokain, die Lyriklesung eines Freundes durch unverständliche Zwischenrufe ruinierte oder auf dem Boden einer Kneipentoilette lag und meine Freunde zu entnervt waren, um etwas zu unternehmen.

Der Alkohol hatte bei mir nicht mehr die gewünschte Wirkung. Ich erinnere mich, so betrunken gewesen zu sein, dass ich ständig hinfiel, aber dennoch das Gefühl hatte, den Boden kaum zu berühren, dass ich mir an der Theke einen Schnaps nach dem anderen bestellte, aber die Leere in mir dennoch nicht füllen konnte. Der anstrengende, öde Kreislauf des Trinkens wäre immer weitergegangen. Ich hätte eine einsame traurige Trinkerin von vierzig, fünfzig oder sechzig Jahren werden können. Am Ende jagte ich einem Versprechen hinterher, das sich niemals erfüllt hat, und jetzt setze ich lieber auf die Überraschungen meiner natürlichen Umgebung und lasse mich von ihnen inspirieren.

Ungewissheit liegt über dem Bauernhof. Es waren Projektentwickler da, die sich für das Außenfeld interessieren. In dieser Zeit der knappen Kassen, vor dem Verkauf der Lämmer, ist die Aussicht auf große Mengen Geld verführerisch. Genau wie der Amber verlockt uns die Vorstellung, das Land könne uns ein unerwartetes Vermögen bescheren.

Der nächste Schritt besteht darin, eine kleine Probe unseres »Ambers« zur Überprüfung an einen Parfümhersteller in Frankreich oder an einen Händler in Neuseeland zu schicken. Vielleicht zögern wir es noch hinaus, damit wir weiter von sich vervielfachenden Kontoständen und neuen Traktoren träumen können, wohl wissend, dass etwas, das zu schön scheint, um wahr zu sein, es meistens auch nicht ist. Möglicherweise besitzen wir bald nicht mehr als einen Klumpen wertloses Wachs, aber im Moment ist es etwas Wundersames und Reichtum Verheißendes, ein vom Meer angespültes Zauberding, das wir der Verdauungsstörung eines Wals verdanken.

Früher gab es auf unserem Hof eine »Schmiede«, in der die Gerätschaften der Bauern repariert wurden, Pflüge, die von Pferden gezogen wurden, und später die Traktoren. Dad schickt eine Probe unseres Wachsklumpens an einen Pariser Parfümhersteller, der uns schließlich antwortet, dass es sich vermutlich um ein primitives Wachs aus Tierknochen oder um Leim handelt, aber nicht um Amber. Das ist enttäuschend, doch auch wenn der Klumpen kein Bindeglied zwischen uns und dem Meer darstellt, verbindet uns der aus den geschmolzenen Knochen und Hufen der Pferde gewonnene Leim des Schmieds mit der Geschichte unseres Hofes.

## 12

# VERLASSENE INSELN

Es dauert bis weit in den Frühling, ehe ich die ersten lebenden Vertreter der Cetacea zu Gesicht bekomme – wie Wale, Delfine und Tümmler genannt werden. Wir sind mit einem kleinen Festrumpfschlauchboot auf dem Rückweg von der unbewohnten Insel Copinsay, als wir plötzlich mitten in eine Schar Schweinswale geraten. Der Kapitän stellt den Motor ab, und die Tiere, etwa sechs bis zehn Stück, tauchen in unregelmäßigen Abständen so dicht neben uns auf, dass wir sie atmen hören können. Auf den Shetlandinseln heißen Schweinswale »neesick«, was »niesick« ausgesprochen wird, eine lautmalerische Nachbildung ihres Atemgeräusches. Auf dem kleinen Boot befinden wir uns auf gleicher Höhe mit den Tieren. Wir sind wie gebannt und verständigen uns nur im Flüsterton. Ich hatte schon immer gewusst, dass es hier draußen Schweinswale gibt, aber sie zu sehen und sich mitten unter ihnen zu befinden, ist bewegender, als ich es mir vorgestellt hatte, und eine unerwartete Zugabe nach den zauberhaften vierundzwanzig Stunden auf der winzigen Insel.

Nördlich des schottischen Festlands liegen viele unbewohnte Inseln, die in der Mitte des zwanzigsten Jahrhunderts verlassen wurden, als die Abwanderung so stark zunahm, dass sich die letzten Bewohner nicht länger halten konnten. Seit Jahrhunderten, wenn nicht sogar Jahrtausenden, hatten die Menschen auf den Inseln gelebt, doch der tägliche Kampf um die Existenz, gepaart mit der Aussicht auf ein besseres Leben anderswo, brachte das Ende der Gemeinschaften. Normalerweise zogen die Insulaner nach und nach fort, doch in einigen Fällen, wie auf St. Kilda, einer zu den Äußeren Hebriden gehörenden Insel, wurde die ganze Gemeinde auf einmal abgeholt. 1930 segelte die HMS *Harebell* mit den letzten Bewohnern von St. Kilda davon.

Zu den verlassenen Inseln von Orkney gehören Cava, Faray, Fara, Eynhallow, Swona und Copinsay. Es sind einsame Flecken, auf denen die leeren Häuser verfallen, den Elementen preisgegeben, und die Felder sich in Moore zurückverwandeln.

Eynhallow – das mit den Geschichten über die verschollenen Inseln Hether Blether und Hildaland in Verbindung gebracht wird – ist eine »heilige Insel«. Sie spielt eine wichtige Rolle in der Geschichte von Orkney und in der Orkneyinga Saga, in der die Geschichte der Wikingerkönige und -grafen der nördlichen Inseln im neunten und zehnten Jahrhundert festgehalten wurde. 1851 holten die Landbesitzer sämtliche Kleinbauern von der Insel, nachdem dort Typhus ausgebrochen war. Als man die strohgedeckten Dächer und die hölzernen Innenkonstruktionen der Häuser verbrannte, um die Seuche unter Kontrolle zu bekommen, kamen die Fundamente einer alten Klosteranlage zum Vorschein, deren Kirche seit Generationen als Wohnhaus genutzt worden war.

Auf Swona sind die Nachfahren der Rinder verwildert, die die letzten Bewohner 1974 zurückließen, und die jungen Bullen kämpfen um die Vorherrschaft über die Herden. Mittlerweile unternehmen Gruppen von Umweltschützern tagelange Exkursionen zu verlassenen Inseln, um dort Wildkatzen zu kastrieren und auf diese Weise die Katzenpopulation unter Kontrolle zu bekommen, weil die Nachfahren der Hauskatzen Vögeln und ihren Eiern nachstellen. Auf Cava lebten zwischen 1959 und den frühen 1990ern nur zwei Bewohnerinnen, Ida und Meg.

Auf dem Weg von Orkney nach Gill's Bay, in der Nähe von John O'Groats, war ich mit der Fähre an einer weiteren verlassenen Insel vorbeigekommen, Stroma, die nicht zu Orkney, sondern zur Grafschaft Caithness gehört. Allein die Anzahl der unbewohnten Häuser, die auf der Ostseite zu sehen waren, bestürzte mich. In den besten Zeiten hatten auf Stroma fünfhundert Menschen gelebt, doch nach einem zunächst allmählichen Rückgang waren die letzten Bewohner in den 1960er-Jahren fortgezogen, um auf der gegenüberliegenden Seite des Wassers auf der Baustelle des Kernkraftwerks von Dounreay zu arbeiten. Noch heute sind die öffentlichen Strukturen auf der Insel weitgehend vorhanden – Landungssteg, Kirche, Schule, Leuchtturm – und relativ intakt, doch es gibt keine ganzjährigen Bewohner mehr.

Die Insel Copinsay ist eine Meile lang und eine halbe Meile breit und liegt östlich des Archipels von Orkney. 1931 erreichte die Bevölkerungszahl mit fünfundzwanzig Bewohnern dort ihren höchsten Stand, doch die letzten von ihnen zogen 1958 nach Mainland. Da ich länger als geplant in Orkney bleibe, nutze ich die Gelegenheit, um seine Ränder zu erkunden, und verbringe mit den beiden Vogelkundlern Juliet und Yvan, die über Eissturmvögel, Krähenscharben, Dreizehenmöwen und Tordalken forschen, eine Nacht auf Copinsay. Die Insel ist inzwischen ein Naturschutzgebiet der RSPB und im Sommer ein Brutplatz für Tausende von Seevögeln. Natürlich gibt es keinen regulären Fährverkehr, deshalb legen wir die fünfundvierzigminütige Überfahrt mit dem kleinen Boot von Sidney zurück, einem hiesigen Schiffsführer, der uns von einem kleinen Steg vor seinem Haus im Osten der Hauptinsel hinüberbringt.

Sidney vertäut das Boot an dem im Zerfall begriffenen Anlegesteg von Copinsay, unterhalb eines verlassenen Bauernhauses. Ich beschließe, in einem Zimmer im ersten Stock mein Zelt aufzuschlagen, weil es dort wärmer ist als draußen im Wind. Das Haus ist meinem Elternhaus überraschend ähnlich, ein orkadisches Bauernhaus, das im späten neunzehnten Jahrhundert auf den Überresten älterer Gehöfte errichtet wurde. Die Besiedlungsgeschichte der Inseln reicht bis in die Eisenzeit zurück. Den Nordmännern war Copinsay als Kolbeinsay – Kolbeins Insel – bekannt, möglicherweise verlieh man ihr wegen der weiten Ausblicke aufs Meer den Namen eines Anführers der Wikinger.

Die Groats waren die letzte Familie auf der Insel und hatten dreizehn Kinder. Unter der verrottenden Treppe entdecke ich Kleiderhaken mit ihren Namen: Bessie, Isobel, Alice, Eva, Ethel… Im Haus stehen noch Betten und andere Möbel, die die Familie zurückgelassen hat. Eines der Zimmer wurde als Unterrichtsraum genutzt, als man für die Groats und die Kinder des Leuchtturmwärters einen Lehrer anstellte. Der Leuchtturm, die einzige weitere Unterkunft auf der Insel, wurde 1990 automatisiert.

Während ich die leeren Gebäude erkunde, stelle ich mir die Kinder im Unterrichtsraum vor und beim Spielen an dem kleinen, geschützten Strand vor dem Bauernhaus; es macht mich traurig, dass hier niemand mehr lebt, obwohl mir klar ist, wie karg das Leben gewesen sein muss. Die Insel bietet zum Überleben nur das Allernötigste – ein Felsblock im Meer, mit hohen Klippen im Nordosten, den Winden völlig preisgegeben, auf dem salzgetränkten Boden gerade genug Gras für ein paar Stück Vieh. Es war nicht genug, um die Kinder hier zu halten, sodass diese, als die Eltern in die Jahre kamen, nach und nach fortgingen. Viele Bewohner von Orkney sind Nachkommen der Groats, und die Sage vom Copinsay Brownie, einem hässlichen, aber hilfreichen kleinen Meerestroll, hat in die hiesigen Legenden Eingang gefunden. Ein Bauer hatte einst versucht, den Brownie zu töten. Dieser hatte seinen Angriff jedoch abgewehrt und ihm erklärt, dass er bereit sei, auf dem Hof mitzuarbeiten, wenn der Bauer ihm gestatte, an Land zu bleiben. Der Brownie wollte nicht länger im Meer leben, er war es leid, die Knochen ertrunkener Männer zu zernagen.

Copinsay ist ebenso öde wie betörend schön. Im Norden liegt das noch schmalere, unerreichbare Horse of Copinsay – die Nordmänner gaben kleinen Inseln gern Tiernamen –, mit seinen kerzengerade aus dem Meer aufragenden Felsen. Eine Schar von mehr als fünfzig Papageientauchern treibt vor der Küste, weitere hocken zwischen den Grasnelken auf den Klippen. Der Blick vom Klippenrand über die unter dem endlos weiten Himmel steil abfallende Insel bis zum Bauernhaus und entlang eines gewundenen Gezeitenwegs, der drei flache Holme mit der Hauptinsel verbindet, ist eine der schönsten Aussichten in Orkney.

Bis um das Jahr 1914 herum beteiligten sich mutige und hungrige Inselbewohner auf Copinsay an »Vogeljagden«, bei denen sie auf und an den Klippen Seevögel fingen, um deren Fleisch, Eier und Federn zu verwerten. Im orkadischen Dialekt ist dies als »swappin' for auks« – »Alke abgreifen« – bekannt. Heutzutage werden die Vögel nur noch für Studien im Bereich des Naturschutzes gefangen. Auf der Suche nach Vögeln wandere ich mit Juliet und Yvan an den Klippen und Buchten entlang. Die Krähenscharben fangen sie mit einer zweieinhalb Meter langen Angel, die sie über die Klippen zu ihren Nestern hinabführen: Yvan stülpt eine Art Schlinge um das Tier, holt es herauf und gibt es Juliet, die den flatternden, schreienden Vogel beringt und ihm einen Sack über den Kopf streift. Dann wird zwischen den Federn auf seinem Rücken vorsichtig ein GPS-Sender befestigt, der in den nächsten Tagen alle hundert Sekunden ein Signal aussendet und per Satellitenortung den Aufenthaltsort der Krähenscharbe ermittelt. Der Vorgang ist effizient, und der Vogel kommt bald wieder frei, doch in einer Woche müssen die beiden Forscher das Tier noch einmal einfangen, um die Daten einzusammeln – wie weit es geflogen ist und wo es nach Futter gesucht hat –, Informationen zur Kartografie der Fauna und als Grundlage für die staatliche Meerespolitik.

Eine kleine Insel ganz für sich allein zu haben, gibt einem das seltsame Gefühl, frei und gefangen zugleich zu sein. Ich pinkle am Rand einer Klippe, schaue dabei in Richtung Norwegen und komme mir vor wie ein nordischer Eroberer. Vor einem Jahr war ich in einer Entzugseinrichtung in London. Und jetzt liege ich, alle viere von mir gestreckt, auf einer unbewohnten Insel in der Nordsee, mitten auf dem Hubschrauberlandeplatz des Leuchtturms, dessen Schatten über mir aufragt, während *Bonxies* durch die Luft fliegen – wie die großen Raubmöwen auf Orkney heißen. Ich steige den Hügel wieder hinunter, halte an einer geschützten Stelle bei der Bucht ein Nickerchen und träume davon, ein Seevogel auf einem hohen Felsvorsprung zu sein.

Ich nehme mir vor, die ganze Insel zu umwandern, doch die Vögel vereiteln meinen Rundgang. Als ich dem Klippenrand zu nahe komme, schießen Raubmöwen im Sturzflug auf mich herab, um ihre Nester zu verteidigen. Immer wieder höre ich einen Vogel direkt über mich hinwegsausen, bis ich mich, die Hände schützend über dem Kopf, in geduckter Haltung von dort verziehe.

Ich folge dem Gezeitenweg nach Corn Holm, und mit

einem Mal fühlt sich das kalte Bauernhaus regelrecht zivilisiert an. Ich bin seit Wochen der erste Mensch an diesem Ort, und meine Ankunft treibt Möwen und Graugänse in die Flucht. Große, bedrohliche Mantelmöwen kreisen über mir; Eissturmvögel krächzen und bewegen sich unruhig in ihren Nestern, einige spucken faulige Magensäure in meine Richtung. Als ich in Richtung Ward Holm weitergehe, höre ich Geräusche, die an den Soundeffekt eines billigen Horrorfilms erinnern – lautes Klagen und geisterhafte Rufe –, und es dauert einen Moment, ehe ich begreife, dass ich mich einer Kolonie von Kegelrobben genähert habe, die sich auf den Felsen aalen. Bei meinem Anblick gleiten die riesigen grau gefleckten Säugetiere ins Wasser, schwimmen aber nicht fort. Sie drehen sich um, und alle Augen richten sich auf mich.

Ich beginne mich zu sorgen, dass die Flut mir den Rückweg über den Gezeitenweg abschneiden könnte. Also kürze ich meinen Ausflug ab und wage mich nicht auf den Holm mit dem geheimnisvollen Namen Black Holm. Obwohl ich dem Brownie nicht begegnet bin, ist mir unheimlich zumute. Als die Menschen fortgingen, wurde Copinsay zur Insel der Vögel. Ich befinde mich auf ihrem Territorium und werde nicht allzu lange bleiben.

Ich will mehr über das Leben auf unbewohnten Inseln herausfinden, deshalb fahre ich nach Westray, um Marcus Hewison zu besuchen. Obwohl er schon sein Leben lang auf Westray wohnt, hat Marcus neununddreißig Jahre lang die Insel Faray bewirtschaftet; die hundertzwanzig Hektar Weideland der Insel und den vierzig Hektar großen Holm pachtete er von der Stewart Foundation, die zur schottischen Kirche gehört. Während er mich mit Selbstgebackenem versorgt, erzählt er mir, wie er auf Faray bis zu sechshundert Schafe hielt, zu denen er mit seinen kleinen *Yolen* übersetzte. Er ist heute einer der wenigen Bauern, die sich sowohl mit dem Land als auch mit dem Meer auskennen, was früher ganz normal war, als die Orkadier noch »Bauern mit Netzen« genannt wurden. Sobald das Boot in einem Felseinschnitt vertäut war, mussten Mensch und Tier sich mühsam die Felsen hinaufarbeiten, um auf die Insel zu gelangen. Früher blieb Marcus zur Lammzeit zwei bis drei Wochen lang auf der Insel, wo er zusammen mit zwei Helfern im alten Schulhaus unterkam.

Obwohl sich elf Häuser auf Faray befinden, wird die Insel seit 1947 nicht mehr ganzjährig bewohnt. Einige der ehemaligen Bewohner, die inzwischen uralt sind, leben noch auf Mainland. Als Marcus das erste Mal auf die Insel kam, waren die Fenster des Schulhauses zerbrochen und Schafe und Vögel in das Gebäude eingedrungen. Außerdem musste er eine Kolonie von fünfhundert Mantelmöwen im Schach halten, die sich »die Zungen der Lämmer holten, ehe sie aus der Mutter heraus waren«.

Marcus probierte auf Faray immer wieder Neues aus und siedelte einmal eine sechsköpfige Herde Rotwild an. Auch wenn es heute auf Orkney kein Wild mehr gibt, hat man dort Geweihe gefunden, es war also der Versuch einer Wiederansiedlung. Rehe sind bekanntermaßen nicht leicht in Gefangenschaft zu halten, aber Marcus dachte, sie auf einer kleinen Insel anzusiedeln, könnte genau das Richtige sein. Allerdings dauerte es nicht lange, bis er telefonisch verständigt wurde, dass die Tiere auf der Nachbarinsel Eday seien – und den fast zwei Kilometer breiten Sund durchschwommen hatten. Dann schildert mir Marcus, wie er nach Eday hinüberfuhr, wo er die Tiere zum Strand trieb, sie mit dem Lasso einfing und wieder ins Boot zu bugsieren versuchte. Alle konnte er nicht einfangen, einige schwammen später weiter nach Green Holm, ein anderes ertrank.

Es gibt auf Faray weder Hasen noch Ratten, nur Mäuse, deshalb kam Marcus irgendwann der »Einfall«, dort einen Hasen auszusetzen. Sechs Monate lang sah er ihn nicht wieder, bis er bei Schneefall hinüberfuhr und Spuren entdeckte: »Ich bog um eine Ecke, und da saß er.« Der Hase überlebte einige Jahre auf der Insel und wurde schließlich wieder nach Westray gebracht.

Auf einer Auktion verkaufte Marcus zum letzten Mal Lämmer von Faray. »Ich habe mit Faray aufgehört, als es gut lief«, sagt er, »mit den besten Preisen, die ich für einen Pferch voller Suffolk-Lämmer je bekommen habe.«

Der Inselführer *Scottish Islands* von Hamish Haswell, ein dickes Buch voller detaillierter Karten, sorgfältiger Illustrationen und Informationen über Zugänge und Ankerplätze, wird oft als die Bibel der Inselliebhaber oder Inselfanatiker bezeichnet. Ich blättere in dem Wälzer und vergleiche die Angaben ab und zu mit Wikipedia und Google Maps. Und ich kehre immer wieder zur Webseite von »Lonely Isles« zurück, einem Verzeichnis unbewohnter oder spärlich bevölkerter schottischer Inseln. Ich träume davon, diese Orte zu besuchen, weil ich mich frage, wie das Leben dort wohl gewesen sein mag.

Wie Hether Blether sind auch die verlassenen Inseln in gewisser Weise imaginär, sie werden so selten besucht, dass sie eher in Büchern, Geschichten und Erinnerungen existieren als im realen Leben, in dem sie oft kaum mehr als ein verschwommener Flecken im Meer sind. Außerdem fesseln sie die Fantasie. Der Film *Am Ende der Welt* wurde auf der Shetlandinsel Foula gedreht, handelt jedoch von einer fiktiven Hebrideninsel, der die Entvölkerung droht. Im Film wurde die Sichtung der Hauptinsel als schlechtes Omen gedeutet, und der Ausruf »Die Hügel von Schottland!« zieht sich als unheilvoller Ruf durch die ganze Handlung.

Die wahren Geschichten über die Entvölkerung der Inseln sind herzergreifend. Häufig war der Zweite Weltkrieg ein Wendepunkt: Männer verließen die Insel, um zur Armee zu gehen, und die Verbindungen zur Außenwelt waren geknüpft. Da die Straßen für den Handel immer wichtiger wurden, während der Warentransport über den Seeweg an Bedeutung verlor, rückten auch die schottischen Inseln in den Hintergrund. Die damit einhergehende Entvölkerungswelle spiegelt sich in vielen der Probleme wider, mit denen kleinere Inseln heute zu kämpfen haben. Wenn Kommunen nicht mehr in der Lage sind, Schulen oder Geschäfte zu unterhalten, ist es wenig attraktiv, dort zu bleiben oder hinzuziehen. Außerdem braucht es genügend Menschen in arbeitsfähigem Alter, um bestimmte grundlegende Arbeiten zu verrichten und Transportverbindungen aufrechtzuerhalten. Wie die Kinder der Groats habe auch ich die Insel verlassen, auf der ich aufgewachsen bin. Es ist immer noch schwer, den Verlockungen des Lebens an anderen Orten zu widerstehen.

Auf den kleineren Orkneyinseln setzen einem nicht nur die Ränder der Insel und das Wetter Grenzen, auch die Arbeits- und Freizeitmöglichkeiten sowie die Auswahl an Freunden sind beschränkt. Das Leben ist heute wesentlich komfortabler als zu Beginn des zwanzigsten Jahrhunderts, als Copinsay und Faray verlassen wurden, die Inselbewohner haben viel mehr Güter, Dienstleistungen und Kommunikationsmittel zur Verfügung, dennoch ringen viele Inselgemeinschaften um eine tragfähige Zukunft.

Ich hatte unbedingt fortgewollt, um woanders mehr zu erleben, doch wie viele junge Orkadier bin ich zurückgekehrt. Und jetzt, wo ich wieder da bin, sehe ich meine Heimat mit anderen Augen. Ich frage mich, ob ich nicht mithelfen sollte, die Inseln am Leben zu erhalten. Wenn ich in London bin, erscheint mir Orkney wie ein Fantasiegebilde. Es fällt mir dort unten schwer zu glauben, dass dieses Leben real ist. Dabei spielt die Fantasie hier oben tatsächlich eine wichtige Rolle. Diese Inseln wären öde, trostlose Orte, gäbe es nicht jene Momente voller Zauber, wenn etwa ein Schweinswal wie Hether Blether vor der Küste aus dem Meer auftaucht, immer gerade außerhalb unserer Reichweite.

13

# LAMMZEIT

Letzte Woche sah Dad nach einem Mutterschaf, das er ungefähr eine Stunde zuvor zum Ablammen allein gelassen hatte und das Drillinge gebären sollte. Er war überrascht, bei der Mutter nur ein Lamm zu finden, bis ihm klar wurde, dass die anderen beiden unter ihr lagen – sie hatte die beiden größeren erdrückt, sodass nur noch das schwächste am Leben war. Noch am gleichen Tag begann das Lämmchen Blut zu kacken, und es stellte sich heraus, dass die Mutter ebenfalls auf es getreten war und ihm unsichtbare, aber schlimme Verletzungen zugefügt hatte, die sich bald als tödlich erwiesen. Das Schaf wurde als schlechte Mutter eingestuft und mit einem roten X markiert, was bedeutet, dass man es nicht bis zum nächsten Jahr behalten würde.

Die Lammzeit ist auf dem Hof die beste Zeit des Jahres, auch wenn sie im Wechsel entzückend und grotesk, bitter und süß ist. Da ich immer noch in Orkney bin, als der Frühling kommt, beschließe ich, Dad noch eine Weile zur Hand zu gehen. Die Bewerbungen, die ich mit schwindender Begeisterung nach London geschickt habe, sind allesamt erfolglos geblieben, und ich merke, dass ich mich auch ein wenig vor der Rückkehr fürchte. Der Aufenthalt auf der Insel, und speziell auf dem Hof, scheint mir geholfen zu haben, nicht in Gefahr zu geraten und nüchtern zu bleiben. Ich bin inzwischen seit über einem Jahr trocken, was ich zu Anfang niemals für möglich gehalten hätte.

Ich übernehme die Schicht am frühen Morgen, wie Mum es getan hat, als sie und Dad das Geburtshelferteam bildeten, ziehe ich mich im Dunkeln an und gehe dann hinaus zur Scheune. Ich schlafe im Wohnwagen auf dem Sofa. Dad war bis tief in die Nacht wach und hat mir gegen vier oder fünf Uhr früh Notizen dagelassen, mit genauen Angaben über die jüngsten Lämmer und darüber, auf was ich achten soll. Im Gemeinschaftspferch halte ich Ausschau nach Mutterschafen, die in den letzten Stunden gelammt haben, wobei ich mitunter zehn Lämmer fünf verwirrten Müttern zuordnen und diese dann in Einzelpferchen unterbringen muss.

Wir haben etwa zweihundertzwanzig Mutterschafe, bei denen der Scan einen Durchschnitt von 1,8 Lämmern ergeben hat. Die meisten werden ohne jede Unterstützung ablammen, aber hin und wieder braucht ein Mutterschaf Hilfe: Wenn ein großes Einzellamm herausgezogen werden muss, das mit dem Kopf stecken geblieben ist, oder die Beine von Zwillingen oder Drillingen entwirrt werden müssen – eine Arbeit, zu der mich Dad als Kind manchmal zu Hilfe gerufen hatte, weil ich die kleineren Hände hatte.

Alle Stunde mache ich meinen Kontrollgang durch den Stall und über das Feld. Mit den Augen suche ich die hinteren Bereiche ab: Ich will auf keinen Fall irgendwelche Geburtsanzeichen übersehen und halte Ausschau nach Schafen, die von der Herde abgewandt stehen, für sich liegen, im Kreis herumlaufen oder verwirrt blöken. Mutterschafe mit Wehen werfen den Kopf zurück und krümmen den Rücken, als würden sie von Fäden gezogen. Wenn eines nach ein oder zwei Stunden nicht abgelammt hat, wecke ich Dad, damit er kommt und hilft.

Wenn die Schafe am Nachmittag zum Grasen hinausgelassen werden, kann ich ihre Pferche neu einstreuen. Mit Rap in den Kopfhörern verteile ich frisches Stroh über dem alten, das nun schmutzig und festgetreten ist, und genieße es, eine Landarbeiterin zu sein, die Stadtmusik hört. Meine Pause verbringe ich an der einzigen Stelle auf dem Hof, an der ich Mobilfunkempfang habe: Ich sitze mit Schafkötteln an den Gummistiefeln und Stroh in den Socken auf einem umgedrehten Eimer draußen auf einem Feld, verschicke Textnachrichten und Posts.

Ich erinnere mich, dass ich als Kind das Ablammen als hektisch und desorganisiert empfand, mit losgerissenen Schafen und blutigen Tragödien. Doch im Laufe der Jahre wurden die Abläufe geschmeidiger und die Tiere von Generation zu Generation verständiger. Sie kommen, wenn sie gerufen werden, und trotten abends eines nach dem anderen langsam und mit schweren Bäuchen in den Stall.

Auf der anderen Seite des Feldes entdecke ich ein neugeborenes Lamm und erkenne beim Näherkommen, dass es tot sein muss, weil es schlaff und still daliegt. Körper und Kopf stecken immer noch in der Fruchtblase, also reiße ich sie mit den Fingern am Maul auf und ziehe sie ab wie ein Kondom. Das Lamm fängt auf der Stelle an zu niesen, schüttelt sich und atmet tief durch, ehe es ein gesundes Blöken von sich gibt. Die Mutter, die aufgegeben hatte und fortgegangen war, trottet von dem Geräusch alarmiert zurück und fängt an, ihr Neugeborenes abzulecken. In ein paar Minuten wird es aufstehen und anfangen zu trinken, und morgen wird es über das Feld springen.

Zur Lammzeit bin ich gleichzeitig fürsorgliche Hebamme und strenge Eugenikerin. Da Schafe nur zwei Zitzen haben, müssen Mütter mit Drillingen normalerweise ein Lamm »in Pflege« geben, wie wir es nennen, auch wenn es sich in Wirklichkeit eher um eine erzwungene Adoption handelt. Ich komme mir vor wie eine Ärztin in den 1950er-Jahren, als ich drei Lämmchen nebeneinander stelle, um das kräftigste auszuwählen, das ich der Mutter wegnehmen will. Bei einem Mutterschaf, das laut Scan nur ein Lamm erwartet, hat die Geburt eingesetzt: Sobald ihr Lamm geboren ist, wird es zusammen mit seinem neuen Stiefgeschwister in einen Eimer mit warmem Wasser getaucht und anschließend in einer blutigen Brühe gewälzt, die aus der Nachgeburt und anderen Flüssigkeiten besteht, damit die beiden Lämmchen den gleichen Geruch annehmen, ehe sie der frischgebackenen Mutter präsentiert werden. Hin und wieder wird das kleine Kuckuckskind entdeckt und abgelehnt, doch in der Mehrzahl der Fälle klappt das Täuschungsmanöver.

Zwischen den Geburten warten andere Aufgaben: weitere kaputte Trockenmauern müssen repariert, giftiges Unkraut geschnitten und das Geflügel gefüttert werden, das auf dem Hof herumpickt. Am Ende des Tages widme ich mich meinem eigenen Körper, wobei es mir eher darum geht, dass er funktioniert, als um die Frage, ob er gut aussieht: Ich schneide eingerissene Nagelhäutchen ab und lasse mir unter der heißen Dusche die Muskeln massieren.

Ein Lamm, das zu schwach ist, um zu laufen und an seiner Mutter zu saugen, wird mit hineingenommen und über einen Schlauch mit Milch gefüttert, den ich ihm vorsichtig durch die Kehle in den Magen einführe. Als Mum noch da war und wir im Wohnhaus lebten, wurden sie in einem Pappkarton in den Ofen geschoben, sodass sie nach ein paar Stunden entweder tot oder aufgewärmt waren und stark genug, um zu ihrer Mutter zurückzukehren. Die schnüffelnden Lämmer liegen süß und milchig im Heu.

Ich gehe zum Außenfeld hinauf, um nach den Schafen mit den älteren Lämmern zu sehen, die von den näher am Haus liegenden Weiden bereits hinaufgebracht wurden. Die Sonne verschwindet immer wieder hinter den Wolken und wirft wogende Schatten auf das kurze Gras. Die baumlose Landschaft erstreckt sich in sanft geschwungenen horizontalen Streifen aus Grasland, Klippen, Himmel und Meer, daher ist das tote Lamm, weit weg von der Herde, leicht zu entdecken. Möwen haben ihm Augen und Eingeweide ausgepickt, flach wie ein Vorleger liegt es da. Ich drehe es mit der Spitze meines Gummistiefels um, um festzustellen, ob es ein männliches oder ein weibliches Tier ist. Die Nummer, die wir Zwillingslämmern auf die Flanke sprühen, ist so verwischt, dass ich sie nicht mehr lesen kann, aber es bedeutet immerhin, dass die Mutter noch ein anderes Lamm hat, das ihre Milch saugt.

Die meisten Lämmer kommen gesund zur Welt, und ich sprühe lediglich etwas gelbe Jodlösung auf ihren Nabel, damit er sich nicht entzündet. Dann trage ich sie, wie ich es als Kind gelernt habe, an den Vorderbeinen, zwischen die ich einen Finger geschoben habe, ins Gras hinaus, während sie ordentlich strampeln und die Mutter ihnen folgt.

An schönen Frühlingstagen leuchtet die Landschaft, Lämmer tollen inmitten der wilden, perlenden Rufe von Brachvögeln und Kiebitzen und dem von weiter her kommenden Dröhnen der See oder eines vereinzelten Traktors auf einem der benachbarten Höfe. Doch wenn es regnet, wird es schlammig und das Gras spärlich, die Schafe ducken sich hinter die Trockenmauern, und ich höre unter meiner Wollmütze kaum mehr als den Wind.

Diese im April geborenen Lämmer wird man im Herbst als »Masttiere« an andere Bauern verkaufen, um sie heranzufüttern, oder im Laufe des Winters als »schlachtreif« zu Schlachthöfen im Süden verschiffen. Das »Schottische Biolammfleisch«, das Tesco im ganzen Land verkauft, stammt vielleicht von unserem Hof.

Vor ungefähr zehn Jahren stellten meine Eltern den Betrieb auf ökologische Landwirtschaft um, die darauf basiert, keine chemisch-synthetischen Düngemittel mehr zu verwenden. Außerdem gibt es bestimmte Vorschriften über die Verabreichung von Medikamenten, die nur im Bedarfsfall eingesetzt werden dürfen, und im Hinblick auf den Tierschutz. Da wir unsere Kühe im Winter nicht länger angekettet im Stall lassen durften, wurden sie gegen langhornige Hochlandrinder mit zotteligem rotem oder schwarzem Fell ausgetauscht, die robust genug sind, um das ganze Jahr über draußen zu bleiben. Wir hörten auf, die Lämmer zu kastrieren, was bedeutet, dass die männlichen und weiblichen Lämmer nun nach dem Entwöhnen getrennt werden, und wir gaben das traditionelle Kupieren der Schwänze auf und stellten fest, dass es keinerlei Probleme mit Fliegenbefall an schmutzigen Schwänzen gab.

Der Hof musste mehrere Jahre lang chemiefrei bewirtschaftet werden, ehe er und seine Erzeugnisse als ökologisch zertifiziert wurden, und er wird nach wie vor einmal im Jahr inspiziert. Heute verwendet Dad Krabbenabfälle aus der hiesigen Fabrik für Schalentiere, vermischt mit Stroh, Mist und Seetang als natürlichen Dünger. Auf den Weizen- und Haferfeldern sowie dem neu eingesäten Grasland sorgt er mit dieser Mischung dafür, dass Feuchtigkeit, Mineralien und Regenwürmer im Boden bleiben, statt einfach nur synthetischen Stickstoffdünger auszubringen, ein Nebenprodukt der Ölindustrie. Auch Klee, den man unter das Saatgut für Grasland mischt, wirkt als natürlicher Dünger. Die Erträge von Gras und Getreide sind mit diesen Methoden weniger zurückgegangen als erwartet.

Ich erinnere mich noch an den Geruch der Fischpellets, mit denen die trächtigen Schafe gefüttert wurden, und an den Geruch der Desinfektionsbäder. Das Tauchbecken neben der Bay of Skaill hat man inzwischen aufgefüllt und den Bereich in einen windumtosten Picknickplatz verwandelt. Früher wurden die Schafe dort eines nach dem anderen in das mit einer chemischen Lösung gefüllte Schwimmbecken geworfen und untergetaucht, um sicherzugehen, dass die Wolle auch richtig imprägniert wurde und die Tiere vor Parasitenbefall geschützt waren. Mich hatte man in der Nähe festgebunden wie einen Hund, damit ich nicht loslief und in die ebenso verlockende wie ätzende Brühe fiel.

Ich bin erst seit Kurzem in der Lage, hinter all dem Schmutz und der harten Arbeit einige Vorteile des bäuerlichen Lebens zu erkennen. Meine Eltern arbeiteten beide zu Hause, als ich ein Kind war. Wenn ich durch das Küchenfenster jemanden in Overall und Gummistiefeln über das Feld gehen sah, war es entweder meine Mum oder mein Dad. Dieser hatte schon immer in einem Notizbuch sämtliche anstehenden Arbeiten festgehalten: Futter kaufen oder die Kettensäge reparieren standen auf der gleichen Liste wie das Streichen des Badezimmers im Wohnhaus.

An Ereignissen wie der Heuernte war immer die ganze Familie beteiligt. Als wir klein waren, spielten Tom und ich auf den Feldern, während die Erwachsenen arbeiteten, die uns eingeschärft hatten, den Traktoren und Ballenpressen nicht zu nahe zu kommen. Als wir älter wurden, mussten wir selbst mitanpacken, die Heuballen auf dem Feld zu sogenannten »*stooks*« aufeinanderstapeln, sie dann auf den Anhänger laden und später, wenn wir auf den Hof zurückkamen, in der Scheune wieder abladen. Einmal kippte eine ganze Ladung Heuballen von der Größe eines kleinen Hauses mitsamt uns Kindern, meiner Mutter und dem Hund auf die Straße, als der Traktor zu scharf um eine Kurve bog. Die Ballen fingen unseren Sturz auf.

Wenn die Lammzeit zu Ende geht, werden sämtliche Schafe und Lämmer von den Weiden rund um den Hof zum Außenfeld und auf andere höher gelegene Felder hinaufgebracht – eine Arbeit, bei der Hilfe benötigt wird. Ich erinnere mich noch lebhaft an die Tage, an denen wir die Herde in der Ecke eines Feldes zusammenjagten und sie dann den Pfad hinauftrieben. Mutterschafe mit kleinen Lämmern verlieren jede Scheu und lassen sich nicht wie sonst zusammentreiben: Sie starren die Hütehunde feindselig an und stampfen mit den Hufen. Es war das reinste Chaos, wenn Lämmer entwischten, Hunde und Kinder hinter ihnen hergeschickt wurden und sie in Panik oder schierem Übermut auseinanderstoben.

Wie auf vielen Höfen von mittlerer Größe wurde auch bei uns im Laufe der Jahre die Bandbreite erweitert und herumexperimentiert. Dad schor auch auf anderen Höfen Schafe und nahm Scherblätter an, die er mit einer gefährlich kreisenden Schleifmaschine schärfte; eine Arbeit, die auch ich gelernt habe und als Teenager, während Dads letztem Krankenhausaufenthalt, als Auftragsarbeit erledigte. Wir hielten Enten und Hühner und eine lange Reihe von Border Collies als Hütehunde. Wir hatten eine Ziege, zwei Pferde, halb wilde Katzen und eine sich ständig verändernde Herde von etwa zehn Rindern. Heute hält Dad einige Perlhühner, die ebenso beängstigend aussehen wie sie klingen, ein Kunekune-Schwein und fünfzigtausend Honigbienen.

Geburt und Tod waren auf dem Hof immer präsent. Lämmer sprangen munter über die Weiden und hingen wenige Monate später als saftiges Schlachtfleisch in unserem Spielzimmer im Wohnhaus, weil sie nicht ins Schlachthaus gewandert, sondern als Essen für Familie und Freunde zurückgehalten worden waren. Häufig gab es Dramen und Stress. Tiere brachen aus und wurden wer weiß wo im Landkreis gefunden. Ein für teures Geld erworbener Schafbock starb, bevor er dazu kam, seine Pflicht zu erfüllen, weil er entweder mit anderen Böcken gekämpft hatte oder überzüchtet und schwächlich war. Seitdem sperren wir die Böcke für einige Tage zusammen in einen engen Pferch, damit sie sich nicht irgendwo gegenseitig umbringen, wo sie genug Platz zum Angreifen haben. Trotzdem gibt es auf dem Hof immer neue Sorgen. Seit Kurzem künden die Besuche der Energiekonzerne aus dem Süden vertretenden Sachverständigen von drohenden Veränderungen.

Neben der landwirtschaftlichen Arbeit erinnere ich mich auch an unerwartete Begegnungen mit wilden Tieren: an einen Schwan in der Kühltruhe, der gegen eine Stromleitung geflogen war; einen in der Traktorkabine gefundenen Sperber; flüchtig auftauchende Otter, die zwischen dem Meer und einem kleinen Süßwassersee hin und her pendelten.

In der Schule ging es nicht darum, welcher Fußballmannschaft man die Daumen drückte, sondern welche Traktormarke man bevorzugte: John Deere, Case, Massey oder Ford. Allerdings trat ich nie der Landjugend bei. Ich las Musik- und Modezeitschriften und amerikanische Romane. Wenn ich jetzt, immer noch im wattierten Arbeitsoverall, in meiner Teepause im Internet surfe, fühle ich mich plötzlich frustriert, genau wie ich es als Teenager gewesen bin: Ich will ein Kleid anziehen und in die Stadt fahren, aber das geht nicht. Ich muss im Stall bei den Lämmern nach dem Rechten sehen.

Mit zwei Lämmern auf dem Weg zur Weide komme ich am Wohnhaus vorbei und erinnere mich an das tröstliche Gewicht von Mum oder Dad auf meiner Bettkante, wenn sie mich abends zudeckten. Das Knarren dieses alten Hauses hat sich ebenso tief in mich eingegraben wie der Wind draußen, und manchmal, wenn ich in London mitten in der Nacht aufgewacht bin, hatte ich das Gefühl, noch dort zu sein – die lichterfüllten Spalten in der Holztreppe über meinem Bett, den Regen am Fenster hinter meinem Kopf und meine nackten Füße auf den kalten Sandsteinplatten.

Bislang hatte die Arbeitsagentur Geduld gezeigt, aber nun drängte sie mich, Arbeit zu finden und meine Suche nach einem Bürojob in London auszuweiten. Widerstrebend begann ich die wöchentlichen Stellenanzeigen im *Orcadian* durchzusehen. Ich entdeckte eine Anzeige für einen Sommerjob im Rahmen eines Vogelschutzprojekts der RSPB, und obwohl ich ziemlich sicher war, schon bald in mein wahres Leben in London zurückzukehren, sprach mich irgendetwas daran an, und ich fand, es könnte nicht schaden, mich zu bewerben.

# 14

# DAS WACHTELKÖNIGWEIB

Es ist zwei Uhr morgens an einem Freitag, und ich bin allein auf einem Feldweg und tanze im Licht meiner Autoscheinwerfer, weil ich einen Ruf gehört habe, von dem ich weiß, dass er zu einem mittelgroßen braunen Vogel gehört. Ganz unerwartet hatte ich den Job in der Corncrake Initiative der RSPB bekommen, einem Langzeitprojekt zum Schutz von Wachtelkönigen; statt nach London zurückzukehren, verpflichtete ich mich vertraglich, den Sommer in Orkney zu verbringen.

Ich verbrachte den Sommer damit, die Nächte zu durchwachen. Während alle anderen schliefen, war ich draußen im Dämmerlicht bei Vieh und Wildgeflügel und suchte nach einer seltenen bedrohten Vogelart: dem Wachtelkönig.

Wachtelkönige, auch bekannt als Wiesenrallen oder Wiesenknarrer, ähneln in Größe und Form den Moorhühnern, sind jedoch braun mit rotbraunen Flügeln und einem rosafarbenen Schnabel und leben eher auf Feldern und Wiesen als in Feuchtgebieten. Früher einmal waren sie in ganz Großbritannien verbreitet. Doch im zwanzigsten Jahrhundert verringerte sich ihre Zahl drastisch, sodass sie in unserem Land inzwischen nur noch auf den westlichen Inseln und in Orkney zu finden sind. Die Vogelart steht auf der Roten Liste gefährdeter Arten, im Sommer 2011 wurden hier nur einunddreißig rufende Männchen ausgemacht.

Meine Aufgabe besteht darin, sämtliche rufenden Männchen in Orkney zu lokalisieren – bei diesen Vögeln rufen nur die Männchen. Ich richte Appelle an die Öffentlichkeit und bitte die Leute, meine »Wachtelkönig-Hotline« anzurufen, wenn sie ein Männchen hören. Die Ansage auf meinem Anrufbeantworter enthält einen Vogelruf, damit die Leute ihn mit dem vergleichen können, den sie gehört haben. Der Laut klingt wie eine Kreditkarte, die man über einen Kamm zieht, wie ein Güiro oder wie *Crex crex*, so der lautmalerische lateinische Name des Wachtelkönigs. Selbst die ältesten Inselbewohner kennen den Ruf, der früher einmal der Inbegriff ländlicher Sommernächte war.

Ich sammle nicht nur die Meldungen anderer Leute, sondern führe auch selbst ausgedehnte Erkundungen durch. Zum Glück habe ich gerade meinen Führerschein zurückbekommen, der mir wegen Trunkenheit am Steuer entzogen worden war, denn ich muss meine Erhebungen nachts zwischen Mitternacht und drei Uhr morgens durchführen, wenn sich die Männchen mitten auf ihrem Territorium befinden. Nach einem landesweiten Standardverfahren suche ich sieben Wochen lang an jeweils zwei verschiedenen Stellen in einem Planquadrat von einem Kilometer Seitenlänge, das geeignete Lebensräume aufweist: Wiesen und Getreidefelder sowie hohen Bewuchs mit Brennnesseln oder Schwertlilien. Wachtelkönige sind schwer ausfindig zu machen. Sie verstecken sich zwischen hohen Pflanzen und sind eher zu hören als zu sehen. Alle zweihundertfünfzig bis fünfhundert Meter bleibe ich stehen, lasse die Wagenfenster herunter und horche zwei Minuten lang.

Jetzt, wo das Lammen beendet ist, wohne ich wieder bei Mum in Kirkwall, die bereits im Bett liegt, wenn ich gegen dreiundzwanzig Uhr das Haus verlasse – die übliche Zeit für den Nachtclub. Nachdem ich mir Kaffee statt Wein in die Thermoskanne gefüllt, mehrere Kleidungsschichten übergezogen und mich vergewissert habe, dass ich meine Karten und das aufgeladene Handy dabeihabe, fahre ich hinaus aufs Land. Ich passiere Häuser, in denen gerade das Licht ausgemacht wird, dann uralte Menhire und moderne Windräder an den dunklen Hügelflanken.

Um diese Jahreszeit – in den Wochen rund um die Sommersonnenwende – wird es in Orkney über Nacht kaum dunkel: Der Himmel verdüstert sich lediglich. Die Zeitspanne zwischen Sonnenuntergang und Sonnenaufgang ist hier auch als *Simmer Dim* oder *Grimlins* bekannt, zurückgehend auf das alte nordische Wort *grimla*, das »funkeln« oder »glimmen« bedeutet. Ich habe das Gefühl, der einzige wache Mensch auf der Insel zu sein, außer mir ist sonst meist niemand unterwegs. In klaren Nächten mit geringer Bewölkung finden meine stundenlangen Kontrollfahrten in einem nicht enden wollenden Sonnenunter- oder Sonnenaufgang statt.

Ich kann mich glücklich schätzen, einen Grund zu haben, um stehen zu bleiben und zu lauschen. Es dauert ein paar Sekunden, bis das Motorgeräusch gänzlich verebbt und ich auch selbst zur Ruhe komme, mein Herzschlag langsamer wird, meine Kleider aufhören zu rascheln, der Lärm in meinem Kopf verstummt und die Laute der Nacht sich entfalten. Ich gewöhne mich an die Dunkelheit und registriere die Geräusche: das Kinn auf dem Rahmen der heruntergelassenen Fensterscheibe, kühlen Wind im Gesicht, sehe ich hin und wieder mein Spiegelbild im Außenspiegel auftauchen. Die Wollmütze drückt meine Ohrmuscheln in die perfekte Lauschposition. Zwei Minuten können einem äußerst lange vorkommen, wenn man sich konzentriert.

Selbst um ein Uhr morgens – der dunkelsten Stunde während der britischen Sommerzeit – spielen die Vögel verrückt. Fast bei jedem Halt höre ich die »drei Klassiker« unter den Vögeln von Orkney: flötende Brachvögel, pfeifende Austernfischer und Kiebitze, die sich anhören wie ein Modem beim Einwählen. Ich notiere mir unbekannte Rufe, um meine erfahrenen Kollegen im Büro der RSPB zu fragen: nach »quietschenden Bettfedern« oder einem »flüchtenden Huhn«. Sie erklären mir, dass das Geräusch eines »zitternden Ziegenlamms«, das ich höre, eine »trommelnde« Schnepfe ist, die auf unheimliche, einprägsame Weise mit dem Schwanz klopft. Es gibt noch andere Geräusche: Windräder, Haustiere und Weidevieh, ein rauschender Bach, das Meer, Wind und Regen. Ich mache die Erfahrung, dass, selbst wenn ich in nebligen Nächten nicht weit sehen kann, die Geräusche weiter durch den Nebel dringen.

Um diese Jahreszeit geht die Sonne fast im Norden auf und unter und sinkt nur knapp hinter den Horizont, daher sind die Kontrollfahrten an der Nordküste besonders interessant. Wenn ich bei Tagesanbruch nach Hause zurückfahre, fegen die Winde vom Eynhallow Sund durch den Nebel. Ich stelle den Wagen neben den Handymasten oben auf dem Wideford Hill ab und schaue auf die Lichter von Kirkwall.

Es kommt vor, dass ich nächtelang keinen Wachtelkönig höre. Wind und Wetter dringen in den Wagen. Wenn ich, was selten passiert, ein anderes Fahrzeug sehe, frage ich mich, was sie um diese Uhrzeit hier draußen verloren haben, und sie denken wohl das Gleiche von mir. Ein paarmal erkundigen sich Bauern und einmal auch die Polizei, was ich hier treibe, aber ich habe einen guten Grund. Manchmal fürchte ich mich nachts allein auf einer unbekannten Straße und erschrecke vor einer Vogelscheuche. Ich bin über mein Handy mit der Welt verbunden, Google Maps hilft mir, mich im Dunkeln zurechtzufinden. Freitag- und samstagnachts denke ich über das nach, was meine Freunde in London tun, während ich ihre betrunkenen Tweets lese, ehe sie am Morgen gelöscht werden. Die Kontrollfahrten können durchaus eintönig werden, aber wenn mir die Lust ausgeht, macht der Himmel etwas Erstaunliches. Ich liebe den Dunst, der unter mir in den sanften Tälern von Orkney liegt, als wäre ich an einer Bohnenranke hinaufgeklettert.

In der unteren rechten Ecke meines Fotos sieht man zwei leuchtende Punkte – die Augen eines Schafs, von dem ich nicht einmal geahnt hatte, dass es da war, als ich meine Handykamera in die Nacht hielt. Die Weidetiere sind ganz in der Nähe, schwarz wie die Nacht kauen sie leise vor sich hin. Mit dem Scheinwerferlicht habe ich eine Gans, einen Hasen und einen Teenager eingefangen. Und den Vollmond mit dem Außenspiegel. Im Versuch, dem Himmel näher zu kommen, fahre ich bis an den Rand der Klippen, wo ich zu den kleineren Inseln hinausschaue, auf denen die Leuchttürme blinken, bunte Lichtblitze in der Dunkelheit, die sich im Scapa Flow spiegeln. Ich teile die Nacht mit Katzen, deren Augen in den Trockenmauern funkeln, Wühlmäusen und Igeln.

Der Zeitangabe auf meinem Foto zufolge war es 01.08 Uhr, als ich auf einer Nebenstraße in der Gegend von Stenness zum ersten Mal eine leuchtende Nachtwolke sah. Ich wusste, dass diese Wolken nur in eher nördlichen Breiten spätnachts in den Wochen rund um die Sommersonnenwende zu sehen sind, daher hatte ich eine echte Chance, als ich für die Wachtelkönig-Studie unterwegs war. Und da ist sie. Wie in Watte gepackte Blitze hängen in achtzig Kilometern Höhe eisblaue Wolkenfetzen im tiefen Zwielicht. Ich steige aus dem Auto, halte mein Handy hoch und grinse wie verrückt. Um diese Uhrzeit sind die meisten Wolken nur Schattenrisse, aber die Weltraumwolke – sie leuchtet.

Ich befinde mich im Zustand fortwährender Hoffnung. Weil ich unbedingt bei jedem Stopp einen Wachtelkönig hören will, verwechsle ich seinen Ruf kurzzeitig mit dem Quaken einer Ente, den wirbelnden Rädern einer Windturbine, dem rasselnden Atem einer Kuh. Und obwohl ich schon einige gehört habe, habe ich nach wie vor noch keinen gesehen. Es sind extrem scheue Vögel, die sich im langen Gras verstecken. In seinem Gedicht »Der Wachtelkönig« beschreibt John Clare das Phänomen der Vögel, die man zwar hören, aber nur selten sehen kann, als »ein Trugbild allerorten / gleichsam ein lebender Zweifel«. Allmählich fange ich an zu glauben, dass es die Wachtelkönige gar nicht gibt.

Als ich schließlich doch einen entdecke – in stillen Nächten hört man sie aus einem Kilometer Entfernung –, kann ich es fast nicht glauben. Ich steige aus dem Wagen, bleibe aber auf der Straße, um den Vogel nicht zu erschrecken, und gehe im Schein des *Grimlins* und der Autoscheinwerfer langsam auf den Ruf zu, bis ich genau orten kann, woher er kommt.

Ich bin so durcheinander, dass ich nicht mehr weiß, wo ich bin. Die Abenddämmerung geht in die Morgendämmerung über, und ich kann nicht sagen, ob der Tag endet oder anfängt. Dann verwirrt mich der Anblick eines hell erleuchteten Kreuzfahrtschiffes draußen auf dem Meer, als würde ein Hochhaussilo durch die Luft schweben.

Doch das Licht – ich brauche um drei Uhr morgens nicht einmal das Wagenlicht, um meine Karte zu lesen – zeigt mir, wo ich die ganze Zeit über gewesen bin. Es ist nur meine altbekannte Insel. Vor allem bei den Kontrollfahrten im Westen von Mainland sind die Straßen voller Erinnerungen. Ich halte am früheren Postamt, auf dem meine Geburt registriert wurde, während Dad im Krankenhaus war; an der Bushaltestelle, wo ich viele Male vierblättrige Kleeblätter gefunden habe; an der Überholstelle in der Nähe von Yesnaby, wo mich die Polizei betrunken am Steuer erwischt hatte. Ich bin auf einer Insel mit einem Durchmesser von achtzig Kilometern Tausende Kilometer gefahren. Ich habe jede einzelne Straße erkundet, bin sämtliche Wege abgeschritten, habe mir ihre geografische Beschaffenheit ins Gedächtnis gemeißelt, ihre Umrisse in die Haut, was es mir schwerer macht, wieder von hier fortzugehen.

Ich muss auch einige der kleineren Orkneyinseln besuchen, zu denen ich mit den Roll-on-, Roll-off-Fähren übersetze, die nichts als Butterbrote zu bieten haben und bei fast jedem Wetter fahren. Auf Sanday sehe ich ein Pärchen mit seinen Frettchen von Bord gehen, höre ich zwei männliche Wachtelkönige von gegenüberliegenden Ufern eines Sees einen Wettstreit austragen und erfahre von einer Kuh, die eine Meile weit geschwommen ist. Auf Stronsay erzählt man mir von einem Wachtelkönig, der sich in einen Hummerkorb verirrt hat. Auf Eday, wo es keine Wachtelkönige gibt, erzählt man mir, dass sich manche Fischer auf den Inseln geweigert hatten, schwimmen zu lernen, damit sie schneller ertranken, sollte ihr Boot untergehen. Auf Burray wird es neblig, doch der Seenebel färbt sich im Sonnenaufgang pink, und ich kann jenseits der Felder Seehunde hören, die unten am Strand heulen wie Ghule.

Beim Fahren versuche ich auseinanderzupflücken, was geschehen ist: all die Wohnungen, in denen ich gelebt habe, die verlorenen Jobs, das Behandlungszentrum, mein wundes Herz. Zuerst habe ich die Tage gezählt, die ich nüchtern blieb, dann die Wochen. Jetzt zähle ich nur noch die Monate und werde seltener vom Verlangen gepackt, aber es kommt immer noch hoch. Während ich als einziger Mensch auf der Straße in einem wunderschönen Sonnenaufgang nach Hause fahre und Happy Hardcore höre, fühle ich mich wie die Königin von Orkney. Im nächsten Moment ist alles, was ich will, nur noch eine Flasche Wein, und es ist gut, dass es auf der Insel keine Schnapsläden gibt, die rund um die Uhr geöffnet haben.

Der Hauptgrund für den Rückgang der Wachtelkönigpopulation im zwanzigsten Jahrhundert ist die zunehmende Mechanisierung der Landwirtschaft, vor allem die immer größer und effizienter werdenden Mähmaschinen. Die meisten Wachtelkönige leben in Wiesen, auf denen Grünfutter oder Gras für Silage geerntet werden soll, und wenn die Mähmaschinen anrollen, kostet das die Vögel – allen voran die Küken – meist das Leben. Die Wachtelkönige ziehen sich immer weiter in das kleiner werdende, ungemähte Grasstück zurück, bis sie schließlich mitten auf dem Feld in der Falle sitzen und bei der Mahd des letzten Grasstreifens getötet werden.

Sobald ich die Vögel durch Meldungen von Bürgern oder während meiner nächtlichen Kontrollfahrten ausfindig gemacht habe, suche ich die Landbesitzer auf. Ich bin nervös, wenn ich die unbekannten Wege entlangfahre und unter Hundegebell an die Türen von Bauernhäusern klopfe. Unter alten Orkadiern ist es üblich, Frauen, unabhängig von ihrem Familienstand, als »Weib« zu bezeichnen, daher werde ich, wenn ich auf einem Hof eintreffe, um mit dem Bauern über die bedrohten Vögel auf seinem Land zu sprechen, mit den Worten angekündigt: »Das Wachtelkönigweib ist da«. Die Gesellschaft für Vogelschutz bietet den Bauern Geld dafür, dass sie die Mahd oder das Abweiden hinauszögern oder das Gras auf »Wachtelkönig-freundliche« Art mähen: von innen nach außen, was den Vögeln mehr Gelegenheit gibt, vom Feld zu fliehen. Alle Bauern sind bereit, die Möglichkeiten mit mir zu besprechen. Sie erweisen sich als gut informiert über die Wildtiere auf ihrem Land, und den meisten ist es möglich, ihr Mähmuster zu verändern, doch die Ernte in den August zu verschieben ist, trotz Bezahlung, oft eine zu drastische Maßnahme. Keiner weigert sich vom Fleck weg – das entspricht nicht der Art der Orkadier. Sie versprechen, sich die Sache durch den Kopf gehen zu lassen, und dann höre ich nie wieder von ihnen.

Ich lerne so viel wie ich nur kann über diese Vogelart. Ich lese wissenschaftliche Abhandlungen und verfolge die Forschungen über ihre Wanderrouten. Die Leute fragen mich nach nichts anderem mehr. Ich ersetze beim Tippen versehentlich andere Begriffe durch »Wachtelkönig«; ich mache den Vogelruf zum Klingelton meines Handys und richte bei Google Alerts eine Suchanfrage ein, die mich verständigt, sobald der Begriff »Wachtelkönig« in den internationalen Medien erwähnt wird. Irgendwie ist der Vogel zu meinem Ding geworden. Ich bilde mir ein, einen *Crex crex* im Hintergrund von Radiomusik zu hören und träume nachts von Wachtelkönigen.

Im Juni 2011 wurden auf der Hebrideninsel Coll fünfzig ausgewachsene Männchen in Netze gelockt, indem man ihnen die Aufnahme eines Rufes vorspielte, den sie für ein rivalisierendes Männchen hielten. Mit Plastikringen befestigte man an ihren Beinen Geolokatoren, die weniger als ein Gramm wogen. Im darauffolgenden Sommer wurden einige dieser Vögel erneut eingefangen, und die Auswertung ihrer Sender ergab, dass sie bis in den Kongo nach Zentralafrika gereist waren. Das ist kaum zu glauben: In Schottland tun sich Wachtelkönige schwer damit, überhaupt zu fliegen, und sind nicht zuletzt deshalb so gefährdet durch die landwirtschaftlichen Maschinen. Im Volksmund sagt man ihnen sogar nach, sie würden »abtauchen« statt wegzufliegen, sich in Moorhühner verwandeln oder vielleicht auf dem Rücken anderer Vögel mitfliegen. Doch sie fliegen tatsächlich, auch wenn nur ein knappes Drittel der ausgewachsenen Vögel die Wanderung überlebt, um im folgenden Jahr nach Orkney zurückzukehren. Viele enden in den Netzen von Jägern in Nordafrika. Wachtelkönige müssen viele Jungen aufziehen, um ihre Art zu erhalten, ganz zu schweigen davon, sich wieder zu vermehren.

Schon vor meinem Sommerjob habe ich angefangen, *Moby Dick* zu lesen. Inzwischen lese ich das Buch schon so lange, dass es sich anfühlt, als befände ich mich selbst auf einer dreijährigen Walfangreise rund um die Welt; ich trage das Buch jeden Tag bei mir, schwer wie ein Harpune liegt es in meiner Umhängetasche. Ich bin der rasende Kapitän Ahab, nur jage ich anstelle eines Wals einen scheuen Vogel. Obwohl ich fast dreißig Rufe gehört habe, habe ich immer noch keinen gesehen. Der Wachtelkönig ist mir immer einen Schritt voraus.

In harten Nächten fange ich an, mir Fragen zu stellen. Warum soll man diesen Vogel retten, der nur selten zu sehen ist, ein Relikt aus den Zeiten der Kleinbauern und Nebenerwerbsbetriebe, das sich nicht an die Methoden des modernen Landbaus anzupassen vermag? Welchen Unterschied macht es schon? Und dann erfahre ich, dass man 1977 an einer Ausgrabungsstätte bei Buckquoy im Westen von Mainland die Überreste eines Wachtelkönigs aus den Tagen der Pikten und Wikinger entdeckt hat. Es schockiert mich, dass diese Vögel seit Jahrtausenden hier leben und wir es geschafft haben, sie in nicht einmal hundert Jahren fast vollständig auszurotten. Ihr Rückgang ist ohne Zweifel dem Tun der Menschen geschuldet, also erscheint es mir nur richtig, dass wir es auf uns nehmen, die letzten zu erhalten.

Ein einsames Männchen, vielleicht der einzige Wachtelkönig auf seiner Insel, ruft monatelang drei, vier, fünf Stunden lang jede Nacht. Einen hat man den ganzen Sommer über auf Flotta rufen hören, und ich bin begeistert, als ich erfahre, dass gegen Ende des Sommers Küken gesehen wurden – er hat also doch eine Gefährtin gefunden.

Insgesamt bringe ich es in diesem Sommer auf zweiunddreißig rufende Männchen in Orkney, nur eines mehr als im letzten Jahr. Man geht davon aus, dass jedes Männchen, das mehr als nur einige Tage lang von der selben Stelle aus ruft, ein Weibchen bei sich hat. Auch wenn die Zahlen immer noch niedrig sind, zeichnet sich in Orkney ein leichter Aufwärtstrend ab, seit die Wachtelkönig-Initiative der RSPB angelaufen ist. Anders als die legendären ertrinkenden Fischer wehren sich die Wachtelkönige gegen den Tod, und irgendwie kommt es mir vor, als würde sich mein Schicksal mit dem des Vogels verflechten. Ich versuche, mich an ein normales Leben zu klammern und nüchtern zu bleiben. Und sie klammern sich an das Leben selbst.

Meine Freundin erzählte mir vom Tod ihrer Mutter, die einen Ehemann und drei kleine Kinder zurückließ. Die Familie fuhr nach Amerika in die Ferien, wo ihr Vater, wie meine Freundin es beschreibt, »einfach nur gefahren« sei. Man mag das Gefühl haben, nicht weitermachen zu können, aber man tut es trotzdem, man fährt einfach, nur um etwas zu tun zu haben, während sich die Dinge beruhigen, verändern und wieder Gestalt annehmen, bis klar wird, welchen Weg das Leben einschlagen wird. Auch ich fahre weiter, von einem Planquadrat zum nächsten. Und unmerklich legt sich der Aufruhr in meiner Brust. Wie bei meinen nächtlichen Fahrradfahrten durch London. In Bewegung zu sein verschafft mir Erleichterung. Eines Nachts wird mir bewusst, dass ich mich unbeschwerter und normaler fühle, sogar glücklich darüber, hier in Orkney zu sein und zu arbeiten.

Das hier ist eine andere Art von Nachtleben. Das Leben, das ich in der Stadt geführt habe – mit Partys und Clubs – gibt es für mich nicht mehr, aber diese Nimmernächte, das Abhaken der Planquadrate, das Kartenlesen im Nebel, sie gehören mir. Heute Nacht habe ich keinen Wachtelkönig entdeckt, aber es dämmert, ich habe eine Thermoskanne mit Kaffee dabei und kann einen Seehund hören.

Es gibt wundervolle Momente. Ich schaue einer kurzsichtigen Eule in die Augen, die in diesem Jahr zahlreich sind und hier »Katzengesichter« genannt werden. Sie sitzt auf einem Zaunpfahl gleich neben der Stelle, an der ich den Wagen parke, wir drehen gleichzeitig den Kopf und sehen uns an. Mir stockt der Atem, die Eule flieht. In den letzten rosigen Strahlen eines Sonnenaufgangs kurz vor der Sommersonnenwende bleibe ich auf dem Heimweg beim Steinkreis von Brodgar stehen. Es ist niemand in der Nähe, und ich ziehe sämtliche Kleider aus und renne um die Menhire aus der Jungsteinzeit.

Dann, eines Nachts gegen Ende der sieben Wochen, als ich um kurz nach drei Uhr meine Beobachtungen einstelle und langsam losfahre, geschieht etwas Unerwartetes: Ich sehe einen Wachtelkönig. Es dauert nur einen Moment, aber er ist direkt vor mir auf der Straße und flitzt in das Gras auf dem Seitenstreifen. Sein Anblick – der rosafarbene Schnabel und die rotbraunen Flügel – geht mir nicht mehr aus dem Kopf: Eine einzige Sekunde bestätigte die

Existenz von etwas, das ich monatelang gesucht hatte. Meinem ersten und einzigen Wachtelkönig. Normalerweise zieht die Dämmerung langsam herauf, doch heute Nacht fahre ich aus einer Nebelbank heraus, und plötzlich ist es ein neuer Tag.

## 15

## ROSE COTTAGE

Durch meine Besuche auf den kleineren Inseln im Rahmen der Wachtelkönig-Studie lerne ich ihre jeweiligen Landschaften kennen, angefangen beim fruchtbaren, überwiegend landwirtschaftlich genutzten Shapinsay bis zu den Mooren von Hoy – der »hohen Insel«. Es gibt zwanzig bewohnte Orkneyinseln, auf denen zwischen zwei und mehrere Hundert Menschen leben. Auf diesen Inseln gibt es oft mehr Häuser als Menschen: niedrige *butt and ben*-Cottages, die nur aus zwei Kammern bestehen, manche davon verfallen, andere sorgfältig restauriert und modernisiert; Wohnwagen, die mit Seilen und Betonklötzen gegen den Wind gesichert werden; und Bauernhöfe, von denen manche klein und altmodisch, andere schick und modern sind. Während ich meine Karten studiere und an verrostenden Fahrzeugen und ausrangierten Badewannen vorbeifahre, fallen mir merkwürdige Hofnamen auf, die ihre Wurzeln häufig in der alten Landessprache Norn haben und die ich auf verschiedenen Inseln wiederfinde: Woo, Queer, Balaclava, Windywalls, Patience, Flaws, Crook.

Fast gegen meinen Willen bekomme ich Lust, mehr darüber zu erfahren und diese Orte zu besuchen, sodass ich inzwischen auf sämtlichen unbewohnten Inseln war, bis auf drei: dem archäologisch bedeutenden Wyre; Auskerry, auf dem nur noch eine einzige Familie lebt, die ihren Nachnamen in Auskerry geändert hat; und Papa Stronsay, das lediglich von einer Gemeinschaft von Mönchen bewohnt wird, den Sons of the Most Holy Redeemer.

Ich bin selbst überrascht, als ich beschließe, mich noch weiter von der Stadt zu entfernen, nachdem die Saison der Wachtelkönige beendet ist und sie nach Zentralafrika aufgebrochen sind: Ich verbringe den Winter auf Papa Westray, auch bekannt als Papay, einer der kleinsten bewohnten Inseln im äußersten Norden von Orkney. Papay ist nur sechseinhalb Kilometer lang und gut anderthalb Kilometer breit und hat siebzig Einwohner. Auf der Karte sieht die Insel ein bisschen aus wie ein Erdnussflip oder ein alter Mann mit Stock, der sich gerade übergibt. Ich war schon im Sommer dort, um der RSPB bei der Zählung der seltenen violetten Schottischen Primel, *Primula scotia,* zu helfen. Die Insel hatte mir gefallen, ich spürte, dass ihre freundliche Bewohnerschaft stolz war auf ihre wunderschöne Heimat.

Ein Flugdienst verkehrt zwischen Kirkwall und den nördlichen Orkneyinseln Papay, Westray, Eday, Sanday und North Ronaldsay. Die kleinsten und nördlichsten dieser Inseln, Papay und North Ronaldsay, die nur ein- oder zweimal in der Woche von einer größeren Fähre angelaufen werden, sind ganz besonders auf das Flugzeug angewiesen. Die Teenager der Inseln absolvieren die zwanzigminütige Reise nach Kirkwall jeden Montag und jeden Freitag, sie besuchen die weiterführende Schule und übernachten unter der Woche im Schülerwohnheim.

Mitte November setzt mich Mum noch vor Tagesanbruch am Flughafen von Kirkwall ab. Am Schalter der Northern Isles kennen die Piloten und Flughafenmitarbeiter die meisten Passagiere mit Namen. Es gibt weder Schlangen noch Ausweiskontrollen: Wir gehen einfach über das Rollfeld, dasselbe Rollfeld, von dem aus Dad am Tag meiner Geburt ins Krankenhaus geflogen wurde, und steigen über eine Trittstufe ins Flugzeug. Drinnen gibt es keine Trennung zwischen den Passagieren und dem Piloten – er dreht sich einfach auf seinem Sitz um und gibt das Kommando zum Anschnallen. In einem so kleinen Flugzeug zu sitzen fühlt sich an, als fliege man mit einem Auto durch die Luft. Als wir abheben, klammere ich mich an meinen Sitz. Es dämmert. Wir überqueren die Stadt und sehen unter uns Fischerboote und Fähren. Wir fliegen über den Thieves Holm, eine unbewohnte Schäre, auf die früher Hexen und Verbrecher verbannt wurden, und über den inzwischen unbewohnten Hellier Holm mit seinem Leuchtturm, über Shapinsay und sein viktorianisches Schloss und über die Norse Kirk von Egilsay, wo St. Magnus ermordet wurde.

Ich entspanne mich. Es ist ein Privileg, so zu reisen, und ich bin immer gern unterwegs. Die Bewegungen des Flugzeugs beruhigen mich, und ich lasse mir das, was ich gerade tue, durch den Kopf gehen. Ich bin seit fast einem Jahr wieder in Orkney, fühle mich aber immer noch oft schlecht gelaunt und aus dem Lot. Es wird Zeit, dass ich meinen eigenen Platz finde, aber diesmal gehe ich nach Norden, nicht nach Süden. Ich will wissen, wie es sich auf einer Miniinsel lebt, die kleiner ist als Mainland mit seinen beiden Kleinstädten. Ich weiß, dass ich auf Papay Teil einer siebzigköpfigen Gemeinschaft sein werde, die von dem kleinen Stück Land, das wir miteinander teilen, zusammengehalten wird. Ich will herausfinden, ob diese Menschen noch mehr verbindet. Meine Lebenshaltungskosten werden sich in Grenzen halten, und es wird der nächste Schritt auf dem Weg meiner Genesung sein, einen Winter im eigenen Haus, in der Nähe des Meeres, zu verbringen. Ich will, dass die Inseln mich weiter aufrechthalten und stützen.

Unter uns erstrecken sich die nördlichen Inseln, und während es allmählich heller wird, überfliegen wir hell erleuchtete Fischfarmen, aquamarinblaue Buchten und dunkle Schären, ehe wir Papay erreichen. Die Insel ist klein, flach und grün und größtenteils durch Trockenmauern und Zäune in sauber angeordnete Felder unterteilt. Das Meer schäumt weiß an den felsigen Rändern, als wehre sich die Insel permanent gegen seine Umarmung.

Wir legen einen kurzen Zwischenstopp auf Westray ein, ehe wir in zwei Minuten nach Papay hinüberhüpfen – der kürzeste Linienflug der Welt. Der Flughafen von Papay scheint auf den ersten Blick nicht mehr zu sein als ein Feld mit einem Schuppen. Das Flugzeug wird von dem Bauern Bobby und seinem Bruder David in Empfang genommen, die, wie ich erfahre, zwei oder dreimal am Tag ihre Arbeit unterbrechen, in wasserdichte Uniformen schlüpfen und mit Allradwagen zum Flughafen fahren, um sich um den Flieger zu kümmern. Jan, die hier auf der Insel lebt und die ich schon im Sommer kennengelernt habe, erwartet mich. Neben anderen Dingen habe ich einen Beutel Anzündholz, meinen Laptop, drei Kilo Haferbrei und Thermounterwäsche dabei. Die Fahrt über die Straße, die die Insel in zwei Hälften teilt, dauert nur ein paar Minuten, dann erreichen wir das kleine pinkfarbene Häuschen, in dem ich die nächsten vier Monate leben werde.

Die RSPB hat auf Papay ein Naturschutzgebiet, und das Haus ist die Unterkunft des Vogelwarts. Den Namen Rose Cottage trägt es wegen seines leuchtend pinkfarbenen Anstrichs, der sich deutlich abhebt vom Stein- oder Kieselrauputz der anderen Häuser. Auf der Insel wird es »das Vogelhäuschen« genannt, in dem im Sommer die »Vogelfrau« oder der »Vogelmann« wohnen, während es im Winter normalerweise leer steht. Ich arbeite zwar nicht mehr für die Vogelschutzgesellschaft, doch als ich erfuhr, dass sie auf Papay ein im Winter leer stehendes Haus besitzt, und ich mich danach erkundigte, erklärte man sich freundlicherweise damit einverstanden, dass ich einzog und das Häuschen für wenig Geld trocken hielt. In diesem Winter würde im Rose Cottage Licht brennen.

Man hatte mich gewarnt, dass das Haus, das ich vorher nicht besichtigt hatte, zugig und kalt sei, daher bin ich besorgt, als ich dort ankomme. Es steht seit mehreren Wochen leer und riecht ein wenig feucht, doch nachdem ich Feuer gemacht und zum Schutz gegen die Zugluft einen schweren Vorhang über die niedrige Tür gehängt habe, ist es in der Küche ziemlich gemütlich. Ich sitze in dem alten Sessel am Feuer und betrachte das zusammengewürfelte Geschirr und die schlecht abgestimmten Farben an der Wand. Das Haus verfügt über keinerlei Isolierung, daher wird es, genau wie im Wohnwagen, unmöglich sein, hier zu leben, ohne das Wetter zu spüren.

Das Cottage, das in den Sechzigerjahren als Unterkunft für die Arbeiter errichtet wurde, die den »neuen Fähranleger« bauten (wie er bis heute heißt), liegt an der schmalsten Stelle der Insel, in jede Richtung nur fünfhundert Meter vom Meer entfernt. Durch die beiden nach Süden und Osten ausgerichteten Küchenfenster sehe ich drei von Wasser umgebene Seiten der Insel: Backbord, Längsschiffs und Steuerbord, und ich verfolge die kurze Reise der Sonne nach Süden, wie ich es letzten Winter getan habe, als ich die *Dykes* wieder aufbaute. Hier werde ich ständig wissen, dass ich mich auf einer Insel befinde, und man hat mir erzählt, dass die Gischt bei stürmischem Wetter mitunter über den ganzen schmalen Landstreifen geblasen wird.

Im Haus finden sich einige Dinge, die von Vogelwarten in den hier verbrachten Sommern gesammelt wurden: Muscheln, Knochen, kleine Scherben von Geschirr, die das Meer zu runden Kieseln geschliffen hat. An der Badezimmertür hängt das Rückgrat eines kleinen Wals, und auf dem Kaminsims liegt ein kugelrunder Seeigel. Ich entdecke die sezierten Gewölle von Eulen, die Knochen von Orkney-Feldmäusen enthalten, und den Flügel einer Sturmschwalbe, der immer noch den unverkennbaren, aber nicht unangenehmen moschusartigen Geruch des Vogels an sich hat.

Auch wenn ich auf Papay ein Neuling bin, ist mir doch das Landleben nicht neu. Rose Cottage liegt am Ende eines Feldwegs, und das Geräusch eines Traktors, der an meinem Schlafzimmerfenster vorbeifährt, ist mir vertraut. Ich bin mit dem Kreislauf des Bauernjahres aufgewachsen und kenne die Abläufe der täglichen Winterfütterung, wenn die hungrigen Tiere mit dem im Sommer geernteten Heu oder der Silage versorgt werden, und ich bekomme mit, an welchem Tag das Vieh für den Winter in den Stall gebracht wird. Draußen trage ich den ganzen Winter über Gummistiefel, wie Dad es fast das ganze Jahr über tut.

Ich beschließe, mich hauptsächlich in der Küche am Feuer aufzuhalten und den Rest des Hauses unbeheizt zu lassen. Von der Küche aus sehe ich die kleine Schäre, den Holm of Papay, und den Kutter von Douglas, dem einzigen verbliebenen Fischer der Insel. Abgesehen von Stronsay kann ich sämtliche großen nördlichen Inseln sehen. Weiter östlich liegt eine Landmasse, deren Klippen drei Stufen bilden: die Heads of Eday. Noch ein Stück den Horizont entlang liegt Sanday. Bei Sonnenaufgang werden die Umrisse der Insel von hinten erleuchtet, und auf den Hügeln sieht man die Silhouetten von Windrädern. Weiter im Norden kann man an klaren Tagen North Ronaldsay erkennen. Es liegt so tief, dass man nur die Häuser sieht, die wie losgelöst auf dem Meer treiben.

Auf der anderen Seite von Papay, im Westen, liegt Westray, unser nächster Nachbar und Heimat von dreihundert Menschen, in der es Dinge gibt wie eine Fabrik für Schalentiere, eine Realschule und eine Schreinerei. Die Personenfähre fährt täglich zwischen Papay und Westray hin und her, um einen Schuljungen im Teenageralter und Backwaren zu transportieren. Hinter Westray erheben sich der mit Heidekraut überzogene Buckel von Rousay und dahinter die Hügel von Mainland. Ich kann zusehen, wie sich die Wolken über der Hauptinsel in Regen oder Schnee verwandeln, während es auf Papay trocken bleibt.

Auf Papay selbst liegt unweit der Straße, die längs der Insel verläuft, und jenseits des Flugfelds jener Flecken aus Postamt, Kirche, Schule und Laden/Hostel, den man nicht einmal als Dorf bezeichnen kann und der näher wirkt, als es sich anfühlt, wenn ich an windigen Tagen mit dem Fahrrad hinzugelangen versuche.

Im Augenblick findet sich noch etwas Grün auf den Feldern, doch im Laufe des Winters wird die Landschaft immer mehr verblassen. Im März wird sie an manchen Tagen fast einfarbig wirken, ohne den leuchtend orangefarbenen Windsack am Flughafen. Ich hatte nicht erwartet, dass ich bei meinem Umzug nach Papay mitten in einer Flugschneise landen würde. Am Morgen werde ich häufig in aller Frühe von dem über Rose Cottage niedergehenden Flugzeug geweckt. Manchmal scheint es, als würden sämtliche Vögel auf der Insel erschrecken, und ich sehe vom Küchenfenster aus zu, wie zehn oder mehr verschiedene Schwärme gleichzeitig aufsteigen und sich der Himmel plötzlich mit Graugänsen, Steinwälzern, Goldregenpfeifern und Schnepfen bewölkt.

Wieder ein eigenes Heim zu haben ist riskant. Es wäre der perfekte Ort für ein paar einsame Saufgelage. Ich erinnere mich an solche Nächte am Küchentisch auf dem Hof, als ich noch auf Flotta arbeitete, und später in meinen Zimmern in London. Das Muster war immer dasselbe: Bei der ersten Handvoll Gläsern war ich in Hochstimmung und fühlte mich frei und erwachsen; doch spätestens nach zehn Gläsern überkam mich verzweifelte Einsamkeit, und ich tat alles, um nicht allein zu sein. Oft ging ich am Morgen meine Telefonliste, Textnachrichten und E-Mails durch, um nachzusehen, wen ich auf der Suche nach Zuhörern oder Zuneigung kontaktiert hatte.

Die Tage, an denen ich verkatert war, summieren sich zu Jahren, in denen ich nur darauf bedacht war, mit niemandem zu reden und nicht viel arbeiten zu müssen. Alle ein bis zwei Tage verbrachte ich ein paar Stunden im seligen Rausch und war die restliche Zeit damit beschäftigt, entweder den angerichteten Schaden zu beseitigen oder mit aller Kraft auszuharren, bis ich zum Laden gehen, allein sein und der ganze Kreislauf von vorn anfangen konnte. In dieses traurige, sinnlose Muster werde ich nicht wieder verfallen. Mum hatte gesagt, ich würde in den kommenden Monaten auf Papay Kräfte abrufen müssen, die ich bisher nicht eingesetzt hatte. Sie war zu Beginn eines langen Winters nach Orkney gezogen, daher wusste sie, wovon sie redet.

Rose Cottage ist die perfekte offene Anstalt, in der ich für mich sein und trotzdem innerhalb einer geschützten Inselgemeinschaft gesunde, verantwortungsvolle Verhaltensmuster entwickeln kann.

Es gibt keine Mitbewohner oder Nachbarn in der Nähe, die mich nachts weinen hören könnten. Ich mache mir Sorgen, dass ich mich als ahnungslose Zuzüglerin mit zwei linken Händen entpuppen könnte, die alles falsch macht und schon im ersten harten Winter nicht zurechtkommt. Bei rauem Wetter vernimmt man in dem kleinen, in Betonblockbauweise errichteten Haus allerhand Geräusche: Regen klatscht an die Fenster, Wind heult im Schornstein und pfeift unter der Tür durch. Bei Südwind ist es im Haus am kältesten, wenn die Zugluft durch die unsichtbaren Ritzen in den Fensterrahmen dringt.

Es ist eine ganze Weile her, seit mich irgendjemand angefasst hat. In dieser Woche habe ich weniger Menschen gesehen als Seehunde, die in der Bucht die Nasen in die Luft strecken. Wir haben hier in unseren kleinen Häusern an den Feldwegen die Möglichkeit, uns abzuschotten und in den gleichbleibenden Abläufen des Insellebens Sicherheit zu finden. Früher litt ich oft unter Kopfschmerzen und fehlte jeden Monat mehrere Tage in der Schule. Der Alkohol bot mir neue Auswege und Tröstungen; ich litt unter Katern und meldete mich an meinem Arbeitsplatz »krank«. Ich war faul und unzuverlässig, aber vielleicht waren es für mich auch notwendige Rückzugsräume. Seit ich nüchtern bin, behandle ich mich wie einen zerbrechlichen Gegenstand, ich lasse mir viel Raum, halte die Dinge einfach, lebe wochenlang in mich gekehrt und zurückgezogen.

Auf Mainland gibt es einiges, das wir auf Papay nicht haben: ein Schwimmbad, einen Pub, einen Pfarrer vor Ort oder einen Arzt. Außerdem gibt es hier weder Hasen noch Igel. Aber die Tiere, die hier leben, gibt es im Überfluss: Seehunde, Kaninchen, Mäuse. Für Wissenschaftler ist das Studium kleiner Inselpopulationen interessant. Bei der auf Papay lebenden Hausmaus – *Mus domesticus* – hat man Unterschiede in der Ausformung des Unterkiefers nachgewiesen: die Kiefer sind größer als bei allen sonstigen Mäusen. Da sie auf einen bestimmten Genpool beschränkt waren, haben sich die Mäuse an ihren Lebensraum angepasst.

Ich erzähle den Leuten, dass ich nur deshalb hergekommen bin, weil ich nirgendwo weniger Miete zahlen muss. Auch wenn das nicht ganz der Wahrheit entspricht, bin ich nicht hergekommen, um »einfacher zu leben« oder weil ich »zurück zur Natur« wollte. Ich hatte nicht beabsichtigt, nach Hause zu fahren, um gesund zu werden. Es war eher so, dass ich zu Besuch gekommen und hängen geblieben war. Orkney ist der Ort, von dem ich komme, und nicht –

wie bei den meisten Engländern hier – der Ort, an den zu ziehen ich mich entschieden habe. Das letzte Jahr war eine allmähliche Entwicklung von der Überlegung »Ich bleibe noch ein paar Wochen«, um Trockenmauern zu bauen und beim Ablammen zu helfen, dann kamen für ein paar Wochen die Wachtelkönige dazu, und nun habe ich mich entschlossen, den ganzen Winter auf Papay zu bleiben. Orkney hält mich weiter fest.

Ich gehe jeden Tag nach draußen und habe mir Aufgaben auferlegt, die mir den Winter über Halt geben sollen. Ich habe gehört, dass man an klaren Tagen oben im Nordwesten Fair Isle sehen kann, also suche ich mit dem Fernglas den Horizont ab. Am Strand suche ich nach *Groatie Buckies*, wie man hier die kleinen rosafarbenen Kaurimuscheln nennt, die als etwas ganz Besonderes gelten. Ich backe Brot. Fotografiere Muster. Sammle Treibholz für mein Küchenfeuer – was man am besten nach Vollmond oder bei stürmischem Wetter macht, weil die Ausbeute dann am ergiebigsten ist, je nachdem, aus welcher Richtung der Wind kommt.

In meiner Zeit als Wachtelkönigweib war ich umtriebig und professionell und erwähnte nur selten, was mir in den letzten Jahren widerfahren war. Hier habe ich Zeit und Raum und kann darüber nachdenken, wie und warum ich die Entscheidungen traf, die ich getroffen habe. Vor allem kann ich der Frage nachgehen, was mich begreifen ließ, dass die Entscheidung für einen Entzug und die totale Abstinenz keine Überreaktion auf meine Situation war.

Weniger als einen Monat, nachdem man mich in Orkney wegen Trunkenheit am Steuer festgenommen hatte, war ich wieder in London. Obwohl mir klar ist, dass ich an dem Angriff keine Schuld trug, hätte er nicht stattgefunden, wenn ich nicht so betrunken gewesen wäre.

Ich fing nachmittags an und traf mich wie so oft mit Gloria im Pub am Markt. Die Stände wurden gerade zusammengepackt, überall lag Abfall, weggeworfene Gemüsereste und Pappbecher. Trotz der frühen Uhrzeit waren die Leute bereits betrunken und saßen mit Pintgläsern oder Dosen vom Kiosk am Bordsteinrand. Gloria war vor Kurzem von Notting Hill nach Hackney gezogen, nachdem sie es abgelehnt hatte, weiter Geld von ihrem Vater anzunehmen. Sie hatte in jenem Sommer noch Ersparnisse, und ich tat, als wäre alles okay und als hätte ich immer noch einen Job.

Ich rollte mir gern das kalte Glas über das Gesicht, während ich mir Glorias leicht sarkastische Kommentare über gemeinsame Freunde anhörte. Wir plauderten fröhlich, pickten die positiven Aspekte unserer aussichtslosen Berufsperspektiven heraus und machten uns über die Männer lustig, die wir verletzt hatten. Vor lauter gegenseitiger Bestätigung vergaß ich bei unserem Frauengespräch zu sagen, was ich fühlte: dass ich Angst hatte und irgendetwas im Begriff war, kaputtzugehen.

Vom Markt verlagerte sich meine Zechtour in ein vietnamesisches Restaurant, dann zurück in die Wohnung meines Bruders, auf dessen Sofa ich kampierte, um mich umzuziehen und dann in den Club zu gehen. Irgendjemand gab mir ein paar Ecstasy-Pillen. Ich wollte nach Hause, aber unterwegs erzählten mir Leute im Bus, denen ich noch nie begegnet war, von einer Lagerhaus-Party, und ich schloss mich ihnen an. Es ging hoch her, das Treppenhaus war voller Menschen, von denen ich einige kannte. Ich war an diesem Ort noch nie gewesen, es war der Hammer. Plötzlich fiel mir ein, dass mein Exfreund ganz in der Nähe wohnte, und ich wollte ihm davon erzählen. Meine Stimmung schwang um: Meine überschwängliche Trunkenheit hatte sich in Unbesonnenheit und Selbstmitleid verkehrt.

Ich wankte zu seinem Haus – er hatte versucht, seine neue Adresse vor mir geheim zu halten, aber ich war dahintergekommen –, klingelte, hämmerte gegen die Tür, versuchte es auf seinem Handy. Keine Antwort. Ich war außer mir. Ich musste ihn auf mich aufmerksam machen. Ich lief weiter, ging durch eine Nebenstraße grob in die Richtung meiner Unterkunft. Später fragte er mich, warum ich angefangen hätte, mich so nuttig anzuziehen. Ein Wagen hielt neben mir an, und obwohl ich mich nicht mehr genau daran erinnern kann, was er sagte, bat mich der Fahrer einzusteigen, und ich tat es.

Obwohl ich das Gefühl hatte, als wären wir lange Zeit gefahren, sammelte mich der Krankenwagen später nicht weit von dort ein, wo ich eingestiegen war. Ich erinnere mich an ein ziemlich banales Gespräch über die beste Strecke, und ich glaube, dass ich ihn bat, mich nach Hause zu bringen. Ich rief mit dem Handy meinen Ex an und hinterließ auf seinem Anrufbeantworter die Nachricht, dass ich bei einem Fremden im Auto säße.

Dann schlug mir der Fahrer mit aller Kraft ins Gesicht. Das veränderte alles. Ernüchtert begriff ich, dass ich fliehen musste. Ich öffnete die Autotür, aber wir fuhren noch. Später erklärte ich der Polizei, dass ich dabei meinen Schuh verloren hätte. Der Mann hielt an, holte einen großen, schweren Stiefel aus dem Fußraum und schlug mir damit auf den Hinterkopf. Ich zweifelte nicht daran, dass er mich bewusstlos schlagen, wenn nicht sogar umbringen wollte. Es kam zum Kampf, wir lagen beide vor der Beifahrertür auf dem Boden, neben uns der Park. Er begann, mich an den Knöcheln in den Park zu ziehen, in Richtung einiger Bäume.

Das Einzige, woran ich mich erinnern kann, ist, dass er mir befahl: »Sei still«. Ich war nicht still. Ich war in Panik, betrunken, voller Drogen und hatte zwei heftige Schläge auf den Kopf erhalten, dennoch begriff ich die Situation recht schnell. Er war nicht sehr groß und hatte keine Waffe. Obwohl ich keine Erfahrung mit dieser Art von Gewalt hatte, waren mir plötzlich die spielerischen Kämpfe mit meinem Bruder in unserer Kindheit wieder präsent, und ich wusste, dass ich eine Chance hatte. Ich schrie um Hilfe und rief: »Ich bin stärker als du, ich bin stärker als du«, trat nach ihm und setzte mich zur Wehr, als er an meiner Strumpfhose zerrte.

Ich sah drei Männer auf uns zukommen. Kurz darauf, so schien es mir, waren wir von blinkenden Lichtern umgeben und die Männer samt meinem Angreifer verschwunden. Ich hatte die ganze Zeit über mein Handy fest umklammert.

Auf der Polizeiwache nahmen sie meine Aussage auf und behielten meine Kleider ein, im Krankenhaus machten sie eine Röntgenaufnahme von meinem Kopf. Ich stellte mich auf die Waage und war leichter, als ich es seit der Pubertät je gewesen war. Mein Ex war auch da. Er hatte endlich meinen Anruf abgehört und war zum Park gerannt. Ich hatte seine Aufmerksamkeit. Wir gingen zum Rauchen vor das Krankenhaus. Auf der anderen Straßenseite gab es einen Pub, der noch geöffnet hatte, und ich schlug vor, auf ein Glas hinüberzugehen. Er starrte mich entsetzt und ungläubig an und erklärte, dass er nicht bei mir bleiben könne.

Der Angreifer war weggelaufen und hatte sein Auto stehen gelassen. Ich kann mich an meine Aussage bei der Polizei nicht mehr erinnern, aber meine Täterbeschreibung eines »dünnen Weißen Anfang dreißig« führte offensichtlich zu einer flüchtigen Suche in der Umgebung, bei der man über Nacht den falschen Mann einsperrte. Mein Angreifer wurde am nächsten Tag an seiner eigenen Adresse gefasst.

In den folgenden Tagen kam ein Polizeifotograf vorbei und machte Aufnahmen von meinem blauen Auge und den fingerförmigen Quetschungen an meinen Oberarmen und Fußgelenken. Auch wenn die von dem Schlag herrührende Schwellung an der Wange irgendwann verheilte, habe ich vom Stiefel eine Narbe am Hinterkopf zurückbehalten. Meine Haare wachsen seltsam um sie herum, und manchmal fasse ich hin und berühre sie.

Bei der Gerichtsverhandlung einige Monate später bat ich um einen Sichtschutz, damit ich ihn nicht noch einmal sehen musste. Der Mann wurde als derjenige identifiziert, der wenige Monate zuvor auf eine andere junge Frau einen ganz ähnlichen Überfall verübt hatte. Während ich nach dem Schlag bei Bewusstsein geblieben war, hatte das andere Mädchen offensichtlich weniger »Glück« gehabt und wurde später aufgegriffen, als sie benommen an einer Schnellstraße entlanglief. Der Mann wurde wegen versuchter Vergewaltigung in zwei Fällen zu sechs Jahren Gefängnis verurteilt.

Das Meer rund um den Holm ist heute aufgewühlt. Als ich mit dem Fahrrad zum Laden fahre, treibt mir der Seitenwind waagerechte Hagelschauer entgegen und wirft mich fast vom Rad. Die Kette reißt, und ich muss nach Hause schieben, wo ich mich über eine E-Mail aus London aufrege; doch plötzlich huscht eine andere Farbe über meinen Laptop, und als ich hinter mir aus dem Fenster schaue, reißt der Himmel auf: Über Eday zeigt sich ein blauer Fleck, und die Wolkenränder sind zartrosa eingefärbt. In der Feuerstelle lodert eine Flamme auf, mein Herzschlag wird angenehm langsam, und für einen flüchtigen Moment ist alles flimmrig und ruhig.

Ich bin jetzt seit vier Wochen auf Papay, und es fühlt sich an wie einer dieser Monate, in denen ich nicht aus der

Londoner Innenstadt herauskam. London ist eine Insel inmitten des restlichen Landes, losgelöst und klar umrissen. Durch das einsame Leben auf der Insel, wo ich vor völlig andere Alltagsanforderungen gestellt bin und die schlichten Aufgaben genieße, mich warm zu halten und satt zu werden, lerne ich nach Jahren des Chaos mich wieder vernünftig im Alltag zu verhalten. Meine Habseligkeiten sind weit verstreut. Über meine Bindungen und Gepflogenheiten kann ich selbst bestimmen. Ich kann mir aussuchen, wohin ich gehören will.

Ich lege weder Make-up auf, noch rasiere ich mich. Ich bekomme nur sehr selten Besuch. Mum kommt von Mainland herüber, Jan nimmt mich zum Laden mit – und ich frage mich, ob ich mich kämmen und die Tierknochen vom Tisch nehmen soll. Hin und wieder überkommt mich die Lust nach einem Take-away oder Straßencafé, und manchmal kann ich das Nachtleben förmlich spüren, das draußen ohne mich stattfindet, während ich mit einer Decke über den Knien am Feuer sitze und mich frage, wie es kommt, dass ich mich plötzlich in eine alte Frau verwandelt habe. Ich vermisse es, zu sehen und gesehen zu werden, und das Gefühl, dicht am Zentrum des Geschehens zu sein. Die Nachrichten drehen sich hier um andere Dinge – eher ums Wetter als um Politik.

Mein Gravitationszentrum hat sich nach Norden verschoben. Ich denke häufiger an Shetland, Island und die Färöer. Manchmal bin ich immer noch geschockt über alles, was geschehen ist, dass ich mich in derartig gefährlichen Situationen befunden habe, dass ich im Entzug gelandet bin, dass ich seit zwanzig Monaten, zwei Wochen und vier Tagen keinen Tropfen Alkohol mehr angerührt habe und dass es sich so anfühlt, wie es sich anfühlt. Ich sitze hier oben auf diesen windigen Felsen und suche in meiner Fantasie und in meiner Umgebung nach Hoffnung.

Auf Papay gibt es jeden Tag einen Moment, an dem mir das Herz aufgeht: Wenn ich mich umdrehe zum Beispiel, das Gesicht in den Nordwind halte und den Küstensaum betrachte, an dem ich gerade entlanggelaufen bin. Ich sehe Schwärme von Staren, Hunderte einzelne Vögel, die sich zu fließenden geometrischen Gebilden formieren und umformieren, um ihre Feinde auszutricksen, und einander folgen, um einen sicheren Platz für die Nacht zu finden. Der Wind bläst so stark von hinten, dass ich lachend loslaufe. Ich bin ruhig und doch aufmerksam und merke nach einigen Wochen, dass ich immer ziemlich genau weiß, wie hoch die Flut gerade steht oder von wo der Wind bläst, wann die Sonne auf- oder untergeht und welche Mondphase wir haben.

Mir fällt auf, dass die zweimal täglich eintretende Ebbe – bei der die zum Holm hinüberführenden Felsen freigelegt werden – später kommt, wenn der Mond früher aufgeht, und ich denke darüber nach, in welcher Beziehung sie zueinander stehen. Die Gezeiten werden nicht nur durch die Erdrotation und die jeweilige Position von Sonne und Mond beeinflusst, sondern auch vom Stand des Mondes im Verhältnis zum Äquator und der Topografie des Meeresbodens – der Bathymetrie – sowie den komplexen Bewegungen des Wassers zwischen Inseln. Ich denke über die Rotation der Erde nach und begreife, dass es nicht das Wasser ist, das sich zurückzieht, oder der Mond, der aufsteigt, sondern dass ich von ihnen abrücke.

Ganz in der Nähe hat man auf der unbewohnten Schäre Rusk Holm einen steinernen Turm mit einem spiralförmigen Laufgang errichtet, damit die robusten »Holmie«-Schafe, die sich dort von Seetang ernähren, bei Springflut hinaufklettern können, wenn sie Gefahr laufen, von den hohen Wellen ins Meer geschwemmt zu werden und zu ertrinken. Im Augenblick ist dieses kleine Haus und die Insel mein Turm von Rusk Holm, ein Ort, an dem ich durchatmen kann, während unter mir das tosende Wasser höher steigt.

# 16

# PAPAY

Auch wenn Papay eine ziemlich abgelegene Insel ist, bedeutet es nicht, dass man ein isoliertes Leben führen muss. Es gibt den Winter über eine ganze Reihe von Gemeindeveranstaltungen. Am 1. Dezember, einem Samstag, hat der Verein mit dem nicht ganz ernst gemeinten Namen »Wanderclub Papay« – die Insel wird von einer ganzen Reihe von Vereinen organisiert – eine Wanderung rund um die Insel geplant. Wir sollen uns am Mittag am alten Anleger versammeln und Taschenlampen mitbringen: Für den etwa siebzehn Kilometer langen Marsch werden wir länger brauchen als bis zum Sonnenuntergang um fünfzehn Uhr zwanzig. Es hagelt, und als übereifriger Neuling mache ich mir Sorgen, dass ich der einzige Wandervogel sein könnte, doch es kommen noch mehr Leute. Wir machen uns entlang der Ostküste auf den Weg, folgen dem Verlauf der Küste um zerklüftete Einschnitte und geschwungene Buchten und hoffen auf Wintersonne jenseits der Inselspitze im Süden.

Sich beim Wandern mit anderen Leuten zu unterhalten, ist eine gute Taktik für unruhige Extrinkerinnen. Es löst die Frage, was ich mit meinem Körper anfangen soll, jetzt, wo ich keinen Alkohol mehr in mich hineinschütte. Jeder, der nicht auf dieser Insel geboren oder aufgewachsen ist, hat seine eigene, durch vielfaches Erzählen vervollkommnete Geschichte darüber, wie er oder sie hier gelandet ist. Manche Leute »verlieben sich« in eine bestimmte Insel und warten jahrelang darauf, ihr Leben im Süden aufgeben und hochziehen zu können. Andere werden einfach von den günstigen Grundstückspreisen angezogen, kaufen ein heruntergekommenes Bauernhaus und ziehen her, ohne vorher jemals hier gewesen zu sein. Daniel erzählt mir von seinen zwei Jahren auf Douglas' Fischkutter: ein Job, den er einen Tag, nachdem er von England heraufgezogen war, ohne jede Vorerfahrung angetreten hatte. Marie erklärt, dass ihr klar geworden sei, als Krankenschwester überall arbeiten zu können. Die Inseln im Norden seien ein guter Ort zum Leben, also hätten sie und ihr Mann ein Haus gekauft und seien von Südengland hergezogen.

Viele Leute auf der Insel haben mehr als nur eine Arbeit: David, der Bauer, der das Flugzeug in Empfang nimmt, arbeitet außerdem für die Küstenwache. Und Anne, die in der Nähe vom Rose Cottage wohnt, ist Postbotin, Mutter von vier Kindern, Hausmeisterin der Schule und Designerin von wunderschönen, feinen Schmuckstücken, die sie aus Fundsachen vom Strand herstellt – *Groatie Buckies* und glatt polierten Glasstücken.

Die Volkszählung von 1851 ergab 371 Bewohner auf

Papay. Während wir die verfallenen Bauernhäuser passieren, die verstreut an der Küste liegen, stelle ich mir in jedem davon eine große Familie mit vielen Kindern vor. Die derzeitige Einwohnerzahl von siebzig Menschen scheint die kritische Masse zu sein, um Annehmlichkeiten wie einen Laden oder die Schule aufrechtzuerhalten. Inseln, die über solche Dinge nicht verfügen, sind für Neuankömmlinge weniger reizvoll. Durch den Zuzug neuer Inselbewohner ist die Bevölkerungszahl von Papay, die Mitte der Neunzigerjahre mit weniger als sechzig Menschen ihren tiefsten Stand hatte, wieder angestiegen, und die Schule wird nun von sechs Schülern besucht.

Auf unseren Inseln findet sich eine seltsame Mischung aus exzentrischen, abenteuerlustigen »Südländern«, die sich entscheiden von, sagen wir, Reading nach Stronsay zu ziehen, und den eher konservativen Orkadiern, die den Stammbaum ihrer Familie über viele Generationen zurückverfolgen können und miterlebt haben, wie Angehörige fortzogen, aber auch Neuankömmlinge kamen und gingen. Es ist ein Trugschluss zu glauben, Insulaner könnten »allem entfliehen«: An einem so kleinen Ort müssen wir mit unseren Nachbarn mehr Kontakt pflegen als in der Stadt. Und im Großen und Ganzen kommen wir gut miteinander aus.

Während wir weiterlaufen, hören wir Wellen auf den Holm klatschen, Traktoren, kreischende Möwen, pfeifende Austernfischer und das Hämmern aus einem Haus, das renoviert wird. Hin und wieder liegt der Geruch von verrottendem Seetang und Mist von einem Bauernhof in der Luft. Das Vieh bleibt von November bis Mai im Stall, und wenn wir dort vorbeikommen, hören wir die Tiere schnaufen und brüllen. Ein Schwarm Brachvögel kreuzt die Flugbahn einer Schar Gänse.

An der Ostseite der Küste balanciert ein Autowrack am Klippenrand. Vor einigen Monaten misslang dem Besitzer der Plan, es schnell und unauffällig zu beseitigen, und nun hängt das Beweisstück für alle sichtbar da, rostet vor sich hin und verliert immer mehr Teile. Wenige Wochen später kippte das Auto nach einem Weststurm über die Kante, nur ein kleines Stück der Karosserie blieb zurück.

Das Land beschwört Geschichten herauf von Schiffbrüchen und Höhlen, Wetter und Kriegszeiten; Geschichten, die von Familien weitererzählt oder in der Schule gelehrt werden oder auf die man am Ufer stößt. Auf den Sandsteinplatten in der Nähe des verlassenen Hofes von Vestness liegen die beiden auseinandergebrochenen Hälften eines gestrandeten Bootes, einem auf Grund gelaufenen Fischkutter, dessen Kapitän eingeschlafen war. Danny, der Sohn eines Inselbewohners, arbeitete damals auf diesem Boot und rettete sich von dem sinkenden Schiff in ein aufblasbares Rettungsboot, allerdings musste er eine Kiste mit Habseligkeiten zurücklassen, darunter den besten Freund seiner Kindheitstage, einen grauen Teddybär namens Sammy. Sammy wurde nie gefunden.

Ich erfahre, dass die limettengrüne Wandfarbe in manchen Häusern aus Farbdosen stammt, die irgendwann am Strand angespült worden waren. Ich erfahre, dass die Leute von Papay »Donndies« genannt werden, was im hiesigen Dialekt Kabeljau bedeutet, während die Leute von Estray »Auks«, also Lummen, heißen, die Bewohner von Sunday »Gruelly Belkies«, ein Dialektausdruck für Porridge-Bäuche, und auf Stronsay »Limpets«, Nacktschnecken. Man zeigt mir den zehn Meter langen Abschnitt eines Betonwegs bei den Klippen, der zu Kriegszeiten Teil eines Steinbruchs war, aber jetzt ein Pfad ins Nichts ist, und die Überreste der *Bellavista*, einem Frachtschiff, das 1948 auf Grund lief und nun auf den Kieseln verrostet.

Auf Papay gibt es mindestens sechzig archäologisch bedeutsame Stellen, und die Landkarte ist übersät mit geheimnisvollen Grabhügeln. Die berühmteste Stätte ist das Knap of Howar, das die älteste erhaltene Siedlung Westeuropas sein soll, ein weiterer Rekord, dessen man sich auf der Insel rühmt. Die beiden jahrhundertelang im Sand vergrabenen Steinhäuser wurden vor ungefähr fünftausend Jahren von einer neolithischen Familie bewohnt und sind älter als die ägyptischen Pyramiden und auch älter als Skara Brae.

Ich bin gerade rechtzeitig auf Papay eingetroffen, um Anfang November das alljährliche »Muckle Supper« mitzuerleben. »Muckle« bedeutet groß, und mit dem Festmahl wird traditionell die Ernte der letzten Feldfrüchte gefeiert, was andernorts als Erntedankfest bekannt ist. Mehr als die Hälfte der Einwohner versammelt sich im Gemeindesaal, dann werden Suppentöpfe hereingekarrt, gefolgt von Platten voller »Holmie-Lamb«, dem Fleisch der auf dem Holm lebenden Schafe. Später gibt es Musik und traditionelle schottische Tänze. Einige davon kenne ich aus der Schule, andere gibt es nur auf Papay und haben merkwürdige Namen wie »Die acht Männer von Moidart«. Ich sitze hauptsächlich da und schaue zu, aber beim »Strip the Willow« mache ich mit.

In der Silvesternacht findet das »First Footing« statt, ein Brauch, der früher in ganz Schottland verbreitet war, jedoch aus Sorge vor alkoholisierten Autofahrten oder aufgrund mangelnder Kontakte innerhalb der Nachbarschaft in Vergessenheit geraten ist. Nach dem Silvestergottesdienst in der Norse Kirk, der um Mitternacht mit dem Läuten einer Handglocke endet, spazieren wir in einer lockere Gruppe zu den Häusern, in denen man uns in dieser Nacht die Tür öffnet und Essen und Getränke anbietet. Das First Footing dauert bis zum Morgen und endet beim ersten Sonnenaufgang im neuen Jahr mit einem üppigen Frühstück im letzten Haus im Norden der Insel und mit einem Spiel, das »Popo-Springen« genannt wird, einem auf dem Hintern ausgetragenen Wettrennen. Auf Papay werden nicht nur alte Traditionen gepflegt, sondern auch neue erfunden.

Mittwochs verzichte ich auf das Frühstück und lasse mir beim »Morgenkaffee« im Raum zwischen der Kirche und der Arztpraxis köstliche Käse-Scones und Gebäck schmecken. Hier erfahre ich, dass die Steinhaufen auf manchen

Wiesen, die *Steeves* genannt werden, Trockenhilfen für die Garben waren, die heute als historische Zeugnisse vergangener bäuerlicher Methoden gelten. Wir überlegen, woher wir vegetarisches Haggis für das Burns Supper beziehen können, dem alljährlichen Fest zu Ehren des Dichters Robert Burns am 25. Januar; schmieden Pläne, die Tötung des letzten Riesenalks, eines heute ausgestorbenen Vogels, nachzustellen, indem wir einen Jungen von hier mit Paint Guns um den Hügel jagen, und diskutieren über die Ausformung des Unterkiefers der Mäuse von Papay.

Ich verkehre hier mit Menschen aller Altersgruppen und unterschiedlichster Herkunft – das müssen wir –, in London dagegen hatte ich mich in einer Seifenblase befunden. Obwohl ich in die Stadt gezogen war, um neue Leute zu treffen, meinen Horizont und mein soziales Umfeld zu erweitern, war ich dort zunehmend Leuten begegnet, die so waren wie ich. Wir organisierten unsere Erfahrungen in immer kleineren Untersparten, bis wir schließlich überhaupt keine Gefahr mehr liefen, uns etwas auszusetzen, bei dem wir uns unbehaglich fühlen könnten.

Ich empfinde in Gegenwart anderer Menschen immer noch eine gewisse Nervosität. Die Zurückweisung von Freunden und Mitbewohnern hatte mich verletzt. Wenn man so viel Zeit damit verbracht hat, Mist zu bauen, es zu vertuschen und sich zu entschuldigen, wird man das Gefühl, etwas falsch gemacht zu haben, und den Impuls, in das verstohlene – bisweilen sogar hinterhältige – Verhalten zurückzufallen, das mit der Sucht einhergeht, nur schwer wieder los. In mir flackert häufig die Angst auf, ich könnte etwas Falsches gesagt oder getan haben, das völlig missverstanden wurde.

Auf der Ostseite ist der Küstenweg gleichzeitig auch die Straße, und unsere Wandergruppe winkt jedem vorüberfahrenden Wagen zu, wie es auf der Insel üblich ist. Auf Papay müssen Autos nicht zum TÜV. Es ist, als gäbe es hier weder Gesetze noch Verbrechen. Es gibt auch keine Polizei – die alten »Gemeindehandschellen« können auf der Holland Farm noch besichtigt werden –, doch in der baumlosen Landschaft sieht jeder, was man tut, und die Nachbarn bemerken sehr wohl, um wie viel Uhr man morgens die Vorhänge zurückzieht. Manche Leute behaupten, sie könnten jedes einzelne Auto auf der Insel nicht nur am Aussehen, sondern auch am Klang erkennen.

Ich lasse das Rose Cottage während der Wanderung und auch an allen anderen Tagen unverschlossen. Jemand, der meinen Computer oder meinen Haferbrei stiehlt, würde nicht weit kommen, außerdem könnte Annie, die Postbotin, ein Buch vorbeibringen, das ich über das Internet bestellt habe. Ich erinnere mich, wie ich in London eines Morgens um sechs Uhr früh von einem fremden Mann in meinem Zimmer geweckt wurde. Wir starrten uns einen Moment lang schweigend an, ehe er sich meinen Laptop schnappte, der neben meinem Bett auf dem Boden lag, und hinausrannte. Weder der Mann noch mein Computer wurden jemals gefunden.

Ich hatte von der neunzigjährigen Maggie gehört, die auf der ganzen Insel berühmt war, weil sie noch mit über achtzig auf einem uralten blauen Traktor durch die Gegend gefahren war. Allerdings war ich ihr nie begegnet, sie lebte seit einigen Jahren in einer betreuten Wohnanlage drüben auf Westray. In diesem Winter brachte die Personenfähre eines Morgens ihren Leichnam zurück auf die Insel, die sie nur wenige Male verlassen hatte.

Seit dem Tod ihrer Eltern in den Sechzigerjahren hatte Maggie allein im Midhouse gewohnt. Sie hatte erlebt, wie Strom und fließendes Wasser auf der Insel Einzug hielten, zusammen mit technischen Neuerungen für Haus und Hof – wie der Waschmaschine und dem Traktor –, die einen Großteil der zermürbenden Arbeit übernahmen, aus denen das Inselleben bestanden hatte. Maggie war ein Bindeglied zwischen der heutigen und der einstigen autarkeren ländlichen Lebensweise aus Ackerbau und Fischfang: Der Seetang oder die *Tangles* wurden vom Strand zum Trocknen heraufgebracht, um dann als Dünger auf den Feldern verwendet oder als »Kelp« für die Seifen- und Glasherstellung nach Süden verschifft zu werden. Vor die Pflüge spannte man Pferde oder Schafe, und die Hauptnahrung bestand aus gesalzenem und getrocknetem Fisch, der als *Cuthies and Sillocks* mit Kartoffeln gegessen wurde.

Am Morgen von Maggies Beerdigung mache ich einen Spaziergang. Die Insel wirkt merkwürdig ruhig und still – alle anderen sind in der Kirche, bevor sie auf den Friedhof ziehen. Es ist mild für Januar, und der Wind hat sich gelegt. Gegen fünf Uhr abends fällt der Luftdruck urplötzlich ab, der Wind frischt wieder auf, und über Nacht wird Orkney von den schlimmsten Sturmwinden des Winters heimgesucht.

Der Wanderclub von Papay setzt seinen Rundgang die Westküste hinauf fort, wo hinter Westray die Sonne versinkt und wir über Felsen und Seetang schlittern. Ich muss mich mit dem Rücken zum Wind drehen, um mir die Nase zu putzen oder meine Kamera aus der Tasche zu holen. Auf den siebzehn Kilometern laufen wir durch Hagel, leichten Schneefall und Sonnenschein, unter einem Regenbogen hindurch und über Zauntritte. Um diese Jahreszeit ist der Boden an vielen Stellen morastig, und ich bedaure, keine Gummistiefel angezogen zu haben.

Auch wenn es auf Papay nur selten schneit, weil der Schnee in der salzigen Luft schnell schmilzt, wird unser Alltag stark vom Wetter beeinflusst. Bei schlechten Witterungsverhältnissen können Schiff und Flugzeug ausbleiben. Ich komme zum Flughafen, um zum Shoppen nach Kirkwall zu fliegen, aber der Flug wurde wegen Nebels gestrichen. Wir müssen im Winter flexibel sein, uns mit Ausfallzeiten arrangieren und mitunter ohne bestimmte Dinge auskommen. Schwierig wird es, wenn etwas schiefläuft – ein Auto oder Computer kaputtgeht. Ersatzteile zu bekommen dauert eine Weile, und Fahrzeuge müssen mit einer Winde auf die Fähre gezogen und zum Mechaniker in der Stadt gebracht werden, ein teures Unterfangen. Es gibt verschiedene Frustfaktoren: Wie überall im modernen Großbritannien gibt es auch bei uns Meinungsverschiedenheiten, Spammails, Briefe von Kreditkartenunternehmen und Arbeitslosigkeit; was es nicht gibt, sind Werbetafeln an den Straßenrändern, Verkehrsstaus oder Luftverschmutzung.

Über Weihnachten legt das schlechte Wetter für zwei Wochen den Fährbetrieb lahm, und im Laden gehen die Frischwaren aus. Die normalerweise gut ausgestattete Papay Coop hat täglich zwei beziehungsweise vier Stunden geöffnet und oft fühlt sich das Milchholen an wie ein gesellschaftliches Ereignis. Da ich kein Auto besitze, muss ich um Hilfe bitten, wenn ich Dinge wie einen Sack Kohlen nach Hause schaffen will. Warnungen und Kindheitserfahrungen ließen mich anfangs befürchten, Fehler zu machen, zu laut oder zu Englisch aufzutreten, aber auf Papay begegnet mir nichts als Freundlichkeit und Hilfsbereitschaft, gepaart mit einer sanften Neugierde darüber, was ich hier tue.

Eines Abends klopft es an die Tür: Jemand gibt überraschend ein Drittel eines Kohlkopfes bei mir ab, nachdem ich im Laden beiläufig erwähnt hatte, dass ein ganzer Kopf zu viel sei, wenn man allein lebe und alles auf dem Fahrrad transportieren müsse. Diese kleine freundliche Geste beruhige mich und lindert meine Sorge, ich würde nicht dazupassen. Die Mechanismen einer Inselgemeinschaft sind leichter zu verstehen als die in einer Stadt, und ich werde allmählich lockerer und begreife mehr.

In der Stadt hatte ich irgendwann das Gefühl, dass es keinen Platz für mich gäbe – dass es dort für kaum jemanden Platz gab. Ich führte erfolglose Vorstellungsgespräche, hatte Probleme bei der Wohnungssuche, wurde in den öffentlichen Verkehrsmitteln zerquetscht und zahlte hohe Mieten. Im Vergleich dazu lädt diese Insel Menschen förmlich ein, herzukommen und hier zu leben; es gibt sogar ein »Versuchshaus«, in dem Leute, vor allem Familien, das Inselleben ausprobieren können, bevor sie die Entscheidung treffen, umzuziehen.

Inseln müssen ihre Vorstellungen von Gemeinschaft an eine sich rascher verändernde Gesellschaft anpassen. Es gibt Menschen wie mich, die nur für einige Monate herkommen, sich diesem Ort aber immer verbunden fühlen und zu Besuch zurückkehren werden. Eine abenteuerlustige Familie, die für zwei Jahre herzieht, ehe sie weiterreist, sollte nicht als Fehlschlag betrachtet werden, sondern als vitaler Bestandteil des Zuflusses von Menschen, die neue Gepflogenheiten mitbringen und zum Funktionieren des Ganzen beitragen. Die Menschen hier werden oft mit ihrem Hausnamen statt mit ihrem Nachnamen angesprochen. Die Häuser sind im kollektiven Gedächtnis verhaftet und überdauern die Menschen, die in ihnen leben.

Die Sonne ist gerade untergegangen, als wir den nördlichsten Punkt von Papay erreichen und im schwindenden Licht gerade noch die Schaumkronen der tosenden Wellen erkennen können, die tief unter uns von den aufeinandertreffenden Strömungen zeugen. Draußen im Norden wandert das Licht eines Schiffes nach Osten, und später sehe ich auf der Internetseite von *Marine Traffic*, dass es ein kroatischer Öltanker auf dem Weg nach Estland ist. Die Ladenbesitzerin Amanda erzählt mir, dass sie eine Schwäche für Taschenlampen hat und sechzig oder siebzig Stück besitzt. Im Osten blinkt der Leuchtturm von North Ronaldsay, das Flackern noch weiter im Norden ist entweder der Leuchtturm von Fair Isle oder ein blasser Stern am Horizont.

Heute Abend sind die Sterne erstaunlich klar und zahlreich. Wir schalten unsere Taschenlampen aus und laufen der Milchstraße folgend im Dunkeln den Strand entlang. Wir unterhalten uns über Mondregenbogen, die bei Nacht durch das Licht des Vollmondes entstehen. Mein Nachbar hat vor einigen Tagen während eines abendlichen Regenschauers einen von ihnen gesehen. In den Sommernächten, in denen ich für die Wachtelkönig-Studie unterwegs war, fehlte diese tiefe Dunkelheit, die es braucht, um die Sterne so zu sehen: Wir müssen auf den Winter warten, damit die Dunkelheit ihre Pracht entfalten kann. Zwei leuchtende Satelliten ziehen vorbei. Der Mond gleißt hinter einer tief hängenden Wolke.

Im Dunkeln kehren wir auf der Ostseite zu unserem Ausgangspunkt am alten Anleger zurück. Wir haben fünf Stunden für die Strecke gebraucht. Die Runde zu vollenden und den Kreis zu schließen, fühlt sich an wie ein Ritual. Wir haben die vier Punkte auf dem Kompass bei Wetter aus vier Jahreszeiten abgeschritten, bei Licht und

Dunkelheit. Wir sind den geografischen Grenzen unserer Inselheimat gefolgt und haben das kleine Stückchen Land markiert, das wir inmitten der See für uns beanspruchen.

# 17

# MERRY DANCERS

Ich hatte meinen Wecker auf sechs Uhr dreißig gestellt – noch vor der Morgendämmerung –, nachdem ich gelesen hatte, dass es möglich sein könnte, um diese Jahreszeit vier Planeten auf einmal zu sehen. Ich stehe auf, ohne Licht zu machen, weil sich meine Augen nicht umstellen sollen, und gehe, die Jacke über dem Schlafanzug, mit dem Fernglas nach draußen.

Die Himmelskarte auf meinem Handy hilft mir, in die richtige Richtung zu schauen. Im Südwesten leuchtet der Jupiter, während ich im Südosten die Venus sehen kann. Diese beiden kenne ich recht gut, aber knapp über der Venus, mit nur einer Mondlänge Abstand, wie es mir vorkommt, befindet sich ein entfernterer Planet: Saturn. Das Licht seines Ringsystems ähnelt unserem Mondlicht. Auf der Venus dauert ein Tag länger als ein Jahr. Ich hoffe, dass ich sehen kann, wie der Merkur am Horizont aufsteigt, doch dieser Teil des Himmels wird von tief hängenden dunklen Wolken verdeckt.

Ich lege mich wieder ins Bett, während sich draußen

vor dem Fenster Wolken vor Venus und Saturn schieben. Ich höre, wie es anfängt zu regnen und ein Bulle brüllt, ehe ich wieder einschlafe. Als ich später aufwache, erscheint mir mein frühmorgendliches Schlafwandeln zwischen den Planeten wie ein Traum.

Mitte des letzten Winters, kurz nachdem ich nach Orkney zurückgekehrt war, begann ich mich zum ersten Mal für Astronomie zu interessieren. Die langen Winternächte hier oben, gepaart mit der fehlenden Lichtverschmutzung und der offenen, baumlosen Landschaft ohne hohe Gebäude oder Berge machen Orkney zu einem idealen Ort für Sterngucker. Unter bestimmten Umständen kann man von hier mit bloßem Auge die Andromeda Galaxie erkennen, was nur in Gegenden mit extrem dunklem Himmel möglich ist. »Ein bisschen Sterne gucken« ist für Raucher eine wunderbare Ausrede, um kurz nach draußen zu gehen, aber für mich wird es schon bald mehr als das.

Eines Abends besuchte ich, statt zu einem AA-Treffen zu gehen, die allererste Zusammenkunft der Astronomischen Gesellschaft von Orkney. Ich hatte mit dem Trinken aufgehört, um etwas zu unternehmen, nicht, um über das Trinken zu reden. Seitdem bin ich nachts draußen und gehe in die Sternguckerhaltung: den Kopf zurückgelegt, Mund offen und leicht schwindelig. Auf einem bitterkalten Hügel in Orphir sah ich über mir die Internationale Raumstation vorübersausen. Im Herzen von Orkney stand ich im Schutz eines Menhirs von Brodgar, während der Nachthimmel über den niedrigen Hügeln und den dunklen Seen um mich herum einen funkelnden Baldachin bildete.

Eines Morgens wachte ich im Rose Cottage voller Wut auf. Ich hatte von einem Nachtclub geträumt, wo ich es kaum aushielt, weil ich nicht trank. Ich hatte ein ganzes Jahrzehnt in Clubs, Konzerten und Nachtbars zugebracht und mich – zumindest in den ersten Jahren – wie im Wahn von Körpern, Bässen und Wodka mitreißen lassen. Seit ich keinen Alkohol mehr trank, war ich nur selten bis nach Mitternacht unterwegs. Manchmal hatte ich das Gefühl, mit mir sei es aus. Ich konnte mir nicht vorstellen, nüchtern zu tanzen.

Jedes Jahr gegen Mitte Dezember, wenn wir mit unserem Alltag und den Weihnachtsvorbereitungen beschäftigt sind, durchquert die Erde eine Trümmerwolke, die der Asteroid 3200 Phaethon hinterlassen hat. Wenn die winzigen Staub- und Eispartikel, aus denen diese Wolke besteht, mit ungefähr 200 000 Stundenkilometern auf die Erdatmosphäre treffen und verglühen, entsteht das, was wir »Sternschnuppen« nennen, obwohl sie mit Sternen natürlich nichts zu tun haben. Sternschnuppen sind nichts anderes als Meteore, die beim Zusammentreffen mit der Atmosphäre »verdunsten« und uns diesen alljährlichen Geminidenschauer bescheren.

Im letzten Winter war ich zur Zeit der Geminiden an mehreren Abenden zum Stadtrand von Kirkwall gegangen, wo keine Straßenlampen leuchteten, und hatte nach

Sternschnuppen Ausschau gehalten. Es war zu bewölkt, um welche zu sehen, aber es gefiel mir, so spät noch draußen in der Kälte zu sein und mich so verdächtig nüchtern zu verhalten. Dieses Jahr, auf Papay, begebe ich mich eine halbe Stunde vor Mitternacht mit einem Stuhl und einer Daunendecke in den Garten, lehne mich zurück und die Weite des Himmels füllt meinen Blick. Kein Mond stört die Sicht auf die Sterne, die Nacht ist wunderbar klar, die Milchstraße wölbt sich über dem Rose Cottage.

Ich habe im Haus sämtliche Lichter ausgemacht, sogar meinen Laptop habe ich zugeklappt, damit nichts nach draußen dringt. Mit dem Fernglas folge ich dem Band der Milchstraße und zähle sieben Plejaden. In einer Nacht wie dieser beschrieb der von Orkney stammende Dichter Robert Rendall das Glitzern des Nachthimmels mit dem orkadischen Wort *tullimentan*. Innerhalb einer halben Stunde sehe ich neunzehn Meteore, die für einen kurzen Moment einen leuchtenden Lichtstreifen hinterlassen. Die Meteore sind unterschiedlich groß und hell, darunter einer, der so gleißend und tief über den Himmel zieht, dass mir ein lautes »Boah« entfährt, aber alle währen nur aufreizend kurz.

In einigen wenigen Häusern auf der Insel brennt Licht, und ich lausche den Geräuschen: Kühe muhen, hin und wieder bellt ein Hund, doch vor allem höre ich das Meer. Es klingt auf jeder Seite der Insel anders: Im Osten, wo die Nordsee auf den Strand schlägt, kracht und klatscht es; im Westen hingegen, wo der Atlantik gegen die Felsen und Klippen brandet, donnert und dröhnt es. Die Ozeane und Küsten erzeugen eine stetige, sich ständig verändernde Harmonie, die Hintergrundmusik des Lebens auf Papay.

Wolken ziehen auf und verdecken im Nu die sichtbaren Sterne, der Himmel ist einmal mehr stockdunkel. Als ich im Haus ankomme, schüttet es.

Die Gummistiefel fest auf dem Boden, mache ich mir ein Bild davon, wo ich bin – auf der Erde, auf der ich mich bewege – und was der Mond, die Sonne und die Sterne dort draußen tun. Die alten Leute von Papay pflegten sich im Winter immer an den Abenden um Vollmond zu besuchen, wenn es hell genug war, um nach Hause zu laufen. Ich denke darüber nach, warum es Jahreszeiten und Jahre gibt und wie meine Anatomie meine Wahrnehmung von ihnen beeinflusst: Ich entwickle ein Raumgefühl für astronomische Dimensionen, dass es mir das Hirn ins All schießt. Ich lerne interessante neue Dinge, die mir gefallen, zum Beispiel, dass es drei Phasen der Dämmerung gibt: die bürgerliche, die nautische und die astronomische Dämmerung. Die nautische Dämmerung endet, wenn sich das Meer nicht mehr vom Himmel unterscheiden lässt und es unmöglich wird, mithilfe des Horizonts zu navigieren.

Ich erfahre, dass sich peripheres Sehen am besten eignet, um in weite Ferne zu sehen – weil ein Gegenstand mitunter verschwindet, wenn man ihn direkt ansieht; und warum es uns so vorkommt, als würden die Sterne funkeln – weil atmosphärische Turbulenzen rund um die Erde das Sternenlicht verzerren. Das Licht wird gerade deshalb besonders schön, weil es solche Mühe hat, uns zu erreichen.

Auf meinem linken Handgelenk habe ich vier Flecken, die ein Parallelogramm ergeben, und jetzt erkenne ich, dass sie dem Sternbild der Zwillinge ähneln. Ich denke darüber nach, dass sich der Mond beständig von der Erde entfernt, und obwohl sich die Distanz im Jahr nur um 3,78 Zentimeter vergrößert – was der Geschwindigkeit entspricht, mit der Fingernägel wachsen –, finde ich es schrecklich traurig.

Als ich Orkney das erste Mal verließ, schenkte mir mein Freund Sean einen Kompass. Ich trug ihn auf Partys an einer Kette um den Hals, und wenn ich danach gefragt wurde, erklärte ich den Leuten, dass er mir helfen sollte, den Weg nach Hause zu finden. Wo immer ich auch war, bedeutete Norden stets Heimat für mich. Eines Nachts vergaß ich den Kompass irgendwo. Danach war ich völlig verloren.

In Kirkwall entdeckte ich die beste Aussicht auf den Himmel im Norden: das obere Ende der Feuerleiter an der Seitenmauer des alten Theaters. Wenn ich von starken geomagnetischen Aktivitäten erfuhr, kletterte ich nachts hinauf und hielt nach Nordlichtern Ausschau, die hier »Merry Dancers« genannt werden. Meistens wurde ich enttäuscht, aber manchmal konnte ich das unheimliche Leuchten hinter den Wolken beobachten.

In diesem Winter jedoch wird eine verstärkte Sonnenaktivität vorhergesagt, mit einer »Maximumprognose« für 2013, der Periode mit der größten Aktivität im elfjährigen Sonnenfleckenzyklus. Wenn von der Sonne ausgestoßene elektrisch geladene Teilchen auf die Erdatmosphäre treffen, entstehen Lichter, die den Feldlinien des Erdmagnetfelds folgen. Sie wirbeln durcheinander und vereinen sich, sodass es aussieht, als würden sie »tanzen«. Wir sind hier oben weit genug im Norden, um sie ziemlich regelmäßig zu erleben, normalerweise müssen wir dafür nach Norden schauen und nicht direkt nach oben, wie es am Polarkreis der Fall wäre.

Es dauert etwa zwei bis drei Tage, bis die von der Sonne ausgestoßenen Teilchen auf die Atmosphäre treffen. Auf der Internetseite der NASA kann ich die wenige Minuten alten Aufnahmen des Solar-Dynamics-Observatory-Satelliten von der Oberfläche der Sonne sehen, auf denen weiße Wölbungen zu erkennen sind – Sonnenflecken, die jederzeit ins Sonnensystem geschleudert werden können. Auch auf anderen Planeten gibt es diese leuchtenden Lichterscheinungen, lerne ich.

Wenn ich im Haus sämtliche Lichter ausmache, ist direkt vor der Haustür vom Rose Cottage ein perfekter Platz, um sich die Aurora borealis anzusehen: Von dort habe ich einen vollkommen ungestörten Blick nach Norden. Mein Ausblick besteht zu drei Vierteln aus Himmel, und wenn ich den Kopf in den Nacken lege, zu hundert

Prozent. Während meiner ersten Wochen auf Papay sehe ich die »Merry Dancers« klarer als jemals zuvor. Ich lasse meinen Augen eine Zigarette lang Zeit, sich an die Dunkelheit zu gewöhnen, dann entfährt mir ein: »Ach, du Scheiße!« Bisher habe ich flach über dem Horizont im Norden immer einen grünlich leuchtenden Bogen gesehen, aber heute Nacht tummeln sich alle möglichen Formen am Himmel: Weiße »Suchscheinwerfer« gleißen hinter dem Horizont, tanzende Wellen direkt über mir und dann, ganz langsam und aufreizend, blutrote Blüten. Es ist heller als bei Vollmond, und die Gänse und Brachvögel sind, von einer falschen Dämmerung geweckt, lauter als sonst um diese Uhrzeit. Die Luft ist statisch aufgeladen, aber das Licht wirkt keineswegs ungewöhnlich, eher wie das Leuchten eines von Flutlicht erhellten Stadions oder ein Picknick in den Scheinwerferstrahlen eines Autos.

Obwohl ich im Norden aufgewachsen bin, habe ich mir früher nie die Mühe gemacht, nach den »Merry Dancers« Ausschau zu halten. Ich erinnere mich, dass meine Eltern mich in einer Winternacht nach draußen zu locken versuchten, während ich drinnen bleiben wollte, um *Super Ted* zu schauen. Ich weiß noch, dass ich von drinnen nach Norden, zum Himmel über dem Außenfeld schaute und mich fragte, ob es das weiße Leuchten war, was ich mir ansehen sollte. Heute Nacht auf Papay gibt es daran keinen Zweifel.

Ich gehe im Laufe des Abends immer wieder hinaus, um nachzusehen, ob die Lichter noch da sind, während ich im Internet gepostete Fotos betrachte und mich mit

Freunden auf Mainland oder im Süden darüber austausche, was wir gerade beobachten. Ich kann die Nordlichter sehen und Dad auf dem Hof ebenfalls. Ich schaue mir die Weltraumwetterprognose an – die Polarlichtvorhersage. Das hier ist ein geomagnetischer Sturm der höchsten Kategorie, der stärkste seit Jahren. Die Leute auf Papay rufen sich gegenseitig an und raten den Nachbarn, hinauszugehen und sich das anzuschauen. Am nächsten Tag beim »Morgenkaffee« sind die Lichter in aller Munde, und es herrscht die gleiche Aufregung wie bei Gesprächen über unerwartet gutes Wetter oder eine Hochzeit.

Am Abend bleibe ich lange wach und befasse mich mit Sonnenfleckenzyklen und koronalen Massenauswürfen, mit Photonen und Polen. Ich lese, dass die potenziell gefährlichen Aktivitäten der Sonne zu unserem Schutz von Raumschiffen und Satelliten überwacht werden, und stoße auf alarmierende Vorhersagen, dass die Energie eines extremen koronaren Ausstoßes unser Elektrizitätsnetz treffen könnte. Die Nordlichter könnten eine Warnung sein.

Wie oft habe ich mich nachts im Bett aufgesetzt und im Internet die stillgelegten Online-Profile meines Exfreundes umkreist. Auf Google Streetview sehe ich, dass die Äste des Baums vor unserer alten Wohnung kahl sind. Ich wünschte, er würde wissen, dass es mir besser geht. Dabei wird es erst dann wirklich besser um mich stehen, wenn es mir nicht länger wichtig ist, dass er es weiß.

Aber heute Nacht stelle ich den Nordlichtern nach. Ich folge einer anderen Obsession. Als ich Tom in Manchester besucht hatte, war ich an belebten Bars vorbeigegangen, ohne hineinzuschauen, weil ich den Himmel nach Sternschnuppen absuchte. Auf Papay habe ich inzwischen am Muckle Supper und am First Footing teilgenommen und sogar ein bisschen getanzt. Ich fühle mich stark genug, um wieder bis spätnachts unterwegs zu sein.

Für die kommenden Wochen sind weitere Sonnenstürme angekündigt, und bevor ich ins Bett gehe, werde ich rausgehen – vielleicht sogar nach Mitternacht – und nach oben schauen. Ich werde das Außenlicht ausschalten, die Taschenlampe wegwerfen und nach Norden in das Leuchten hineinspazieren. Vielleicht wird alles gar nicht so schlimm. Ich habe Diskolichter gegen Himmelslichter eingetauscht, aber ich bin immer noch von Tänzern umgeben. Ich werde von siebenundsechzig Monden umkreist.

# 18

# NORTH HILL

Der größte Teil von Papay besteht aus landwirtschaftlichen Nutzflächen, die, wie in Orkney generell, fruchtbarer sind, als die baumlose, windgepeitschte Landschaft auf den ersten Blick vermuten lässt. Die langen Sonnenstunden im Sommer und der gute Boden bringen erstklassiges Vieh hervor und reiche Grasernten als Futter für den Winter. Doch das nördliche Drittel der Insel ist anders. Der North Hill, ein Naturschutzgebiet der RSPB, ist wilder, nicht in Felder unterteilt und wird nur in den Zeiten beweidet, die in den Allmenderechten der Insulaner vereinbart wurden.

Ich wandere hier mehrmals in der Woche herum. Der windgepeitschte Landstrich am Rand der Klippen ähnelt dem Außenfeld – beide sind Lebensräume, die man als »maritimes Heideland« bezeichnet –, ich fühle mich dort zu Hause. Ich bin wieder der Teenager, der an einem guten Aussichtspunkt kauert und mit fingerlosen Handschuhen in ein Notizbuch schreibt. Diese weiten, flachen Küstengebiete sind mein natürliches Habitat.

Sobald ich die Hügelkuppe überschritten habe, die ganze fünfzig Meter über dem Meeresspiegel liegt und den höchsten Punkt der Insel darstellt, kann mich von den Häusern aus niemand mehr sehen. Ich bin auf dem North Hill noch nie einem anderen Menschen begegnet und von Westen, Norden und Osten vom Ozean umgeben. Diesen Winter gehört die Heide mir.

An der Flanke des Hügels steht ein Telegrafenmast, den man für die Küstenwache in einen Ausguck umgebaut hat. Ich steige an den Griffen und Tritten hinauf, und mit jedem Schritt weitet sich der Blick. Draußen auf dem Meer markieren die schaumbrandenden Wellen die Bore, wo die Strömungen des Atlantiks und der Nordsee aufeinandertreffen. Ich schaue nach Norden, wo sich der Ozean jenseits der Klippen bis zur Arktis erstreckt, und komme mir vor, als hätte ich das Ende der Welt erreicht.

Meine Arme und Beine um den Mast geschlungen, stehe ich im Ausguck eines Walfängers und träume davon, seltene Dinge zu sehen: eine Schneeeule oder einen Orka. Man hat mir erzählt, dass ich an klaren Tagen am nördlichen Horizont Fair Isle erkennen kann, mitunter sogar Sumburgh Head oder Foula in Shetland. Anscheinend sind solche weit entfernten Orte im Winter besser zu erkennen als im Sommer, wenn Hitzeschleier die Sicht trüben, selbst wenn es sich nicht heiß anfühlt. Meine Augen, die es gewohnt sind, aus nächster Nähe auf einen leuchtenden Bildschirm zu starren, haben Mühe, scharf zu sehen, als ich den Horizont absuche. »Offing« nennt man im Englischen das bis zum Horizont sichtbare Meer; daher spricht man bei Schiffen, deren Rückkehr kurz bevorsteht, auch davon, dass sie sich »in offing«, in Sicht, befinden.

Die Entfernung bis zum Horizont hängt davon ab, wie hoch man sich über dem Meeresspiegel befindet. Sind die Augen dort, wo das Meer auf den Strand trifft, kann man nicht weit sehen. Ich bin einen Meter zweiundachtzig groß, und wenn ich auf Meereshöhe zum Horizont schaue, ist dieser knapp fünf Kilometer entfernt. Stehe ich hingegen aufrecht auf einem drei Meter hohen Mast an einem fünfzig Meter hohen Hügel, vergrößert sich diese Distanz auf sechsundzwanzig Kilometer.

Komplizierter wird es, wenn der Gegenstand, den man betrachtet, jenseits des Horizonts höher liegt als der Meeresspiegel. Der Ward Hill auf Fair Isle ist 217 Meter hoch, und wenn er nicht mehr als 77,8 Kilometer entfernt liegt, müsste ihn ein Beobachter auf der Kuppe des North Hill erkennen können. Ich schaue bei Google Maps nach und stelle fest, dass die Entfernung zwischen den beiden Punkten 73,2 Kilometer beträgt, also ist es definitiv möglich, wenn nicht sogar wahrscheinlich, den Hügel an einem klaren Tag zu sehen. Allerdings behaupten die Leute von Papay, auch die »unverwechselbar geschwungene Form« des Sheep Rock von Fair Isle schon gesehen zu haben, der mit 121 Metern Höhe in 74,6 Kilometern Entfernung dafür genau genommen zu niedrig und damit zu weit weg ist. Leiden die Leute auf Papa Westray unter einer kollektiven Halluzination? Oder sehen sie nur, was sie sehen wollen oder zu sehen erwarten? Die Antworten finden sich vielleicht, wenn wir die Berechnungen durch die Einbeziehung der atmosphärischen Lichtbrechung noch ein wenig verkomplizieren.

Bei der Hogmanay-Feier zum Jahreswechsel erzählt mir Jim, der sein ganzes Leben auf Papay verbracht hat, etwas Merkwürdiges. Er habe von Cott, seinem Haus an der Ostküste, einmal eine Viertelstunde lang North Ronaldsay gesehen – was nicht ungewöhnlich und an den meisten Tagen möglich ist. Doch an diesem Tag stand die Insel auf dem Kopf, die Häuser und der Leuchtturm zeigten nach unten zum Meer.

Was Jim gesehen hat, lässt sich mit höchst ungewöhnlichen und besonderen atmosphärischen Verhältnissen erklären, einer Art Luftspiegelung, auch als Fata Morgana bekannt, bei der das Licht von unterschiedlich warmen Luftschichten gebrochen wird. Bei einer eher selten auftretenden Inversionswetterlage – bei der sich eine kühlere Luftschicht unter einer wärmeren befindet – kann sich eine atmosphärische Leitschicht herausbilden, die als Brechungslinse fungiert und das, was wir sehen, umkehrt. Was Jims kopfstehenden Leuchtturm erklärt.

Fata Morganas können auch als unterschiedliche Mehrfachspiegelungen auftreten, bei denen die gespiegelten Objekte gleichzeitig seitenverkehrt und richtig herum erscheinen. Das kann dazu führen, dass man auf See Schiffe durch die Luft fliegen sieht. Selbst der Begriff »Fata Morgana« geht auf die Legende zurück, nach der die aus der Artussage bekannte Fee Morgana Schlösser und falsche Inseln in die Luft zauberte, um Seeleute in den Tod zu locken.

Jim fährt mit einer noch faszinierenderen Geschichte

fort und erzählt, dass er bei einer anderen Gelegenheit sogar Norwegen gesehen habe, dann beschreibt er die norwegische Küste mit ihren wunderschönen Fjorden. Selbst an der engsten Stelle beträgt die Entfernung zwischen Papay und der norwegischen Küste 450 Kilometer. Die atmosphärische Lichtbrechung kann es unter Umständen zwar ermöglichen, über den Horizont hinauszusehen, weil die Spiegelung eine erhöhte Reflektion des tatsächlichen Gegenstandes darstellt, aber es ist dennoch wesentlich wahrscheinlicher, dass wir Sheep Rock oder Fair Isle sehen als Norwegen.

Eine Fata Morgana kann man zwar sehen, aber nie erreichen. Wie Hether Blether verharrt sie ewig am Horizont.

Während meiner Wanderungen auf dem North Hill halte und drehe ich in der Tasche eine Nachbildung der Figur des Westray Wife – eine vier Zentimeter hohe neolithische Figurine, die vor einiger Zeit bei Ausgrabungen auf Westray entdeckt wurde. Die Anonymen Alkoholiker empfehlen den Menschen zu meditieren – was mir schwerfällt, weil ich abschweife oder traurig werde oder einschlafe –, also praktiziere ich meine eigene Form der inneren Sammlung, indem ich über den Hügel wandere und meine Umgebung in mich aufnehme. In Bewegung zu sein beruhigt mich. Mein Körper ist beschäftigt und mein Geist frei. Wie auf dem Außenfeld gibt es auch hier mehr zu sehen, als es zunächst den Anschein hat. Oben auf den Klippen finde ich einen Seestern, den ein Vogel fallen gelassen haben muss. Außerdem gibt es auf dem North Hill archäologische Fundstätten: vierzig Grabhügel. Das an der Hochwassermarke angehäufte Treibholz wurde bereits von anderen Inselbewohnern eingesammelt, aber unterhalb der Wasserlinie kann ich auflesen, so viel ich will. Nach einem Weststurm trage ich ganze Armladungen nach Hause.

Der Hügel ist übersät mit Kratern, weil er während des Zweiten Weltkriegs von der Royal Navy für Schießübungen verwendet wurde und man von Schiffen aus Übungsgranaten auf die Insel abfeuerte. Im Winter sammelt sich Regenwasser in den Löchern, die in der Größe von Kinderplanschbecken bis Whirlpools variieren. Es heißt, einmal sei eine Bombe weiter südlich eingeschlagen als beabsichtigt und habe eine Bauersfrau knapp verpasst, aber ihre Kuh getötet. Nach dem Krieg zeigte sich ein Seemann von einem der Schiffe fassungslos darüber, dass ihre Übungsinsel bewohnt war.

In den als Fowl Craig bekannten Klippen auf der Ostseite des Vogelschutzgebiets brüten ganze Kolonien von Seevögeln: Lummen, Tordalken, Papageientaucher, Krähenscharben, Eissturmvögel und Dreizehenmöwen. Wie im Park von Hackney, in dem Trinker und Familien sich in jeweils eigenen Zonen mit einer unverkennbaren Geräuschkulisse aufhielten, hat auch jede Vogelspezies an den Klippen ihren eigenen Bereich: ganz oben hocken die Papageientaucher zwischen den Kaninchenlöchern und Büscheln aus pinkfarbenen Grasnelken, darunter die Sturmvögel in den oberen Spalten und Leisten, dann die Krähenscharben in großen Nestern aus Kelp, weiter unten die Lummen – soziale Tiere –, die sich zusammendrängen, um ihre Eier vor Räubern zu schützen, und als Punkte dazwischen die Tordalken.

Im Winter sind die Seevögel fast alle verschwunden, die Papageientaucher und andere Arten sind draußen auf dem Meer, wo sie den ganzen Winter verbringen. Ich darf in dieser Jahreszeit auf dem Hügel herumspazieren, wie es mir beliebt, während die Besucher im Sommer gebeten werden, an der Küste zu bleiben und den Hügel den Kolonien von Küstenseeschwalben zu überlassen, die hier brüten. Während der Brutzeit verteidigen die von den Einheimischen »Pickie Ternos« genannten Schwalben ihre Nester vehement, indem sie im Sturzflug auf die Köpfe der Leute losgehen.

Im Cottage liegt die Schwinge einer Küstenseeschwalbe auf dem Kaminsims. Sie wirkt so klein und fragil, dass man kaum glauben kann, welche Reise sie hinter sich hat. Küstenseeschwalben sind die Zugvögel mit der längsten Zugstrecke überhaupt. Sie kehren jedes Frühjahr aus der Antarktis nach Papa Westray zurück, ein Reise von unglaublichen sechzehntausend Kilometern. Die Einheimischen sagen, die Schwalben würden während des »ersten Nebels im Mai« zurückkehren. Die Vögel erleben jedes Jahr zwei Sommer und mehr Tageslicht als jedes andere Lebewesen.

Die Kolonie auf dem North Hill galt früher mit bis zu neuntausend Vögeln als eine der größten in Großbritannien, doch ihre Zahl hat dramatisch abgenommen. In diesem Sommer wurden im Schutzgebiet nur 213 Vogelpaare gezählt. Sie bildeten auf dem Hügel vier Brutkolonien, in denen sie ihre Eier legten, doch nach einer Serie kalter, windiger Tage im Juni wurden zwei davon aufgegeben. In den verbliebenen beiden Kolonien legten einige Vögel Eier, doch bis Mitte Juli waren alle Nester verlassen, ohne dass Junge flügge geworden waren. Die Schwalben, die sich auf mich gestürzt hatten, als ich noch ein Kind war, kehren nicht mehr zum Außenfeld zurück.

Auch Schmarotzerraubmöwen und Große Raubmöwen, die man auch Skuas nennt, brüten auf dem Hügel. Skuas sind Kleptoparasiten: Sie piesacken andere Vögel so lange, bis diese ihr Futter fallen lassen, das sich die Skuas dann schnappen. Anders als an vielen anderen Orten sind die Großen Raubmöwen hier ein vertrauter Anblick: Sechzig Prozent der Gesamtpopulation lebt in Orkney und auf den Shetlandinseln. Auf dem North Hill wurden im letzten Jahr zweiundzwanzig Schmarotzerraubmöwenpaare gezählt, während es 2010 noch vierundvierzig waren.

Die Zahl der Seevögel rund um die schottischen Küsten ist im Laufe der letzten zwanzig Jahre dramatisch zurückgegangen. Wie in allen anderen Klippenkolonien in Orkney herrscht auch an den Klippen von Fowl Craig weniger Betrieb als in meiner Kindheit. Die Hauptursache für diesen Rückgang sind Veränderungen im Futterangebot. In den letzten fünfundzwanzig Jahren ist die

Temperatur der Nordsee um etwa ein Grad Celsius gestiegen, was zu einer Verringerung des Planktonvorkommens geführt hat und damit auch der Sandaale, die sich von Plankton ernähren. Dies ist vor allem für jene Seevögel problematisch, deren Hauptnahrung aus Sandaalen besteht: Küstenseeschwalben, Dreizehenmöwen, Lummen und Krähenscharben. Ohne genügend Sandaale verlieren die Seeschwalben an Kraft und müssen immer weiter fliegen, um Futter zu finden. Sie brüten nicht mehr, und selbst wenn, schaffen sie es oftmals nicht, genügend Futter für sich und ihre Jungen zu finden.

Der inzwischen ausgestorbene Riesenalk, ein Verwandter des Tordalks, wurde bis zu einem Meter groß. In Großbritannien wurde der letzte brütende Vertreter seiner Art 1813 auf Papay erschossen. Die Schulkinder der Insel haben ein Stück über den Vogel aufgeführt: *Raiders of the Lost Auk*. Ich fotografiere das Brandungstor am Fowl Craig, und als ich das Bild am Computer betrachte, fällt mir auf, dass auf dem Kliff mein Schatten zu sehen ist: auf einen Vorsprung gekauert, sieht er aus wie ein einsamer Riesenalk, zweihundert Jahre nach dessen Aussterben.

Während manche Arten verschwinden, gedeihen andere prächtig. Auf dem North Hill gib es eines der größten Vorkommen der Schottischen Primel (*Primula scotia*). Diese endemische Pflanze wird nur etwa vier Zentimeter groß, und ihre Blüten messen im Durchmesser acht Millimeter. Sie wachsen in salzigen, windgepeitschten Gegenden, in denen andere Blumen nicht gedeihen, und sind nur in wenigen Küstengegenden im Norden Schottlands zu finden.

Um zu überleben, benötigen sie einen ganz bestimmten Boden, der weder zu wenig, noch zu stark beweidet sein darf. Alle drei Jahre wird auf dem North Hill jede einzelne *Primula scotia* gezählt. Letzten Sommer kam man auf eine Gesamtzahl von 8134 Exemplaren. 617 davon habe ich gezählt, indem ich auf allen vieren Schneisen entlangkroch, die durch Seile markiert waren.

Ich helfe auch bei einer monatlichen Winterzählung der Vögel auf Papay. Dass es keine Bäume gibt, ist hilfreich, wenn ich mit dem Fernglas den Hügel und die Küste absuche. Ein Regenbogen spannt sich über das Meer, und ich bleibe eine Weile stehen, um Basstölpeln beim Tauchen zuzusehen. Sie legen die Flügel so schnell und eng an den Körper, dass sie wie ein Pfeil ins Wasser schießen. Während ich ihnen zuschaue, überkommt mich eine lebhafte Erinnerung an den Meteoritenschauer vor einigen Wochen: das aus dem Augenwinkel wahrgenommene Dahinschießen, das Aufblitzen oder Aufspritzen am Ende und die Erregung. Im Gegensatz zu anderen Seevögeln ist die Zahl der Basstölpel, die in Orkney brüten, in letzter Zeit gestiegen. Die Kolonie am Noup Head von Westray, die erst 2003 mit drei Brutpaaren ihren Anfang nahm, ist inzwischen auf 623 Nester angewachsen.

An einem Montagmorgen Mitte Januar werden auf unserer kleinen Insel 47 Vogelarten gezählt, darunter 102 Brachvögel, 280 Meerstrandläufer, 276 Eissturmvögel, 16 Mittelsäger, 1000 Stare, zwei Kornweihen, ein Turmfalke und 1500 Graugänse. Auf jeden menschlichen Inselbewohner kommen mehrere hundert Vögel.

Fowl Flag ist der nördlichste Teil der Insel, ein tückischer, ungefähr einen halben Hektar großer Keil aus blauschwarzen Sandsteinplatten, die in die donnernden Wellen abfallen und mit glitschigen schwarzen Flechten bedeckt sind. Die photobiologischen Prozesse der Flechten sind auf den Felsen klar erkennbar: dort, wo es feucht ist, sind sie schwarz-grün, an trockenen Stellen weiß-grau und in »Spritzzonen« gelb.

Auf der Karte sind rund um Fowl Flag Höhlen eingezeichnet. Ich liege auf dem Bauch am Klippenrand und recke den Hals, so weit es geht, um eine zu entdecken. Am besten sind sie vom Meer aus zu sehen. Der Fischer Douglas erzählt mir, dass er mit dem Boot in einige der Höhlen hineingefahren sei, die bis zu fünfzig Meter weit ins Inselinnere reichen, und dass man in eine Höhle hineinfahren und aus einer anderen wieder herauskommen könne. Der Hügel ist durchlöchert und der Boden unter meinen Füßen hohl.

Ich entwickle meine eigene Hausstrecke, laufe kerzengerade wie vom Kompass geführt über den Inselrücken, vorbei am Telegrafenmast mit seinem Ausguck zur Vermessungssäule auf dem North Hill. Wenn ich mich oben auf dem Hügel umdrehe und über die Insel zurückschaue, leuchtet die diffuse Wintersonne von Süden geradewegs die Straße herauf. Es ist windig, und die Sonne hat Mühe, durch den Nebel zu dringen. Die Insel ist verhangen und scheint im Dunst zu flimmern.

Ich halluziniere im Nebel. Im Geiste übertrage ich die Umrisse der Insel auf eine Karte von London. Papay ist etwa halb so groß wie Hackney, aber seine Einwohnerzahl entspricht nur einem Hunderttausendstel der Bevölkerung von Hackney. In meinem traumartigen Zustand wird die Hauptstraße von Papay zur Mare Street, mit dem gleichen Verlauf von Nord nach Süd, und jedes Feld zu einem Häuserblock. Der Holm wird zu den Hackney Marshes und der Loch zum Park, die Strommasten sind Gleise und jedes Haus eine U-Bahn-Station. Die kreischenden Möwen werden zu Sirenen, und das Meer ist tosender Verkehr.

In Hackney bin ich im Winter einmal mit dem Fahrrad durch Nebel gefahren, der so dicht und kalt war, dass gefrorene Tropfen an meinen Wimpern klebten, als ich wieder herauskam.

Eines Morgens wandere ich draußen auf dem Hügel herum, als ganz unerwartet die Sonne hervorkommt. Gut gelaunt gehe ich weiter, als mir urplötzlich der Gedanke kommt, dass ein kaltes Glas Bier jetzt die Krönung wäre. Es erwischt mich in den schlechtesten Momenten, aber auch in den besten. Mir kommen die Tränen. Ich bin jetzt seit zwanzig Monaten und acht Tagen trocken, und ich mag die Veränderungen in meinem Leben, trotzdem empfinde ich es oft immer noch als frustrierend, nicht trinken zu »können«. Ich bin trocken, aber ich würde gern ein Glas trinken. Es ist ein qualvolles Paradox, mit dem ich leben muss.

Als ich mit dem Trinken aufhörte, nahm ich eine Zeit lang Campral, das verschrieben wird, um das Verlangen nach Alkohol zu dämpfen. Aber kein Medikament kann den tieferen, inneren Durst abstellen. Es ist nicht der Alkohol selbst, den ich will, sondern die Wirkung, die er auf mich hat: Ich will mich unbeschwerter fühlen. Mein Problem ist nicht körperlicher Natur. Und selbst wenn ich das Verlangen loswerden würde, bleibt immer noch die Frage, warum ich das Bedürfnis überhaupt entwickelt habe – und was die Leere füllen kann.

Um dieser Unzufriedenheit zu trotzen, unterziehe ich mich meiner eigenen Form von Therapie, durch lange Wanderungen, Schwimmen in kaltem Wasser und indem ich systematisch alte Fachzeitschriften lese. Ich lerne, Freiheiten zu erkennen und zu schätzen: räumliche Ungebundenheit, frei zu sein von schädlichen Zwängen. Ich fülle die Leere mit neuem Wissen und mit Momenten der Schönheit. Die gefährlichen Gedanken werden wiederkommen – und solange sie da sind, werde ich das Gefühl haben, dass es immer so weitergeht –, doch ich muss nur dafür sorgen, dass das Verlangen sachte abflaut, ich darf ihm keinen Raum geben, ihm nicht helfen zu wachsen.

An einem windigen Tag steige ich auf die Vermessungssäule oben auf dem North Hill und knie mich leicht wacklig darauf. Das Sonnenlicht zeichnet einen Regenbogen in die Gischt. Dann gehe ich weiter bis zum Rand der Klippen von Fowl Flag. Ich stehe oben auf dem Kliff, und mein Herz ist wild und offen und leer. Ich habe die Grenze erreicht. So laut ich kann, schreie ich hinaus in die tosende Bore, wo die Wellen meinen Schrei einfangen und ans Ufer zurückwerfen, in die unerreichbaren Höhlen, in denen er tief unter meinen Füßen hallt und rumort.

## 19

# ONLINE

Als ich im Rose Cottage ankam, überprüfte ich noch vor dem heißen Wasser, ob die Internetverbindung funktionierte. Ich lebe im Mittelalter mit WLAN-Anschluss: Ich konzentriere mich auf essenzielle Dinge wie Feuermachen und Brotbacken, während ich gleichzeitig immer stärker von meinem Smartphone abhängig werde.

Wo immer ich bin, verbringe ich den Großteil meiner Zeit mit einem Laptop im Netz, also kann ich es genauso gut auch in der ruhigen und schönen Umgebung von Papay tun. Dank des Internets ist es seit ungefähr zehn Jahren mehr Menschen möglich, auf einer Insel zu leben und trotzdem aus der Ferne für Arbeitgeber im Süden tätig zu sein. Diese Arbeitsweise stärkt die Hoffnung, dass die fragilen Bevölkerungszahlen einiger kleinerer Inseln sich nicht nur stabilisieren, sondern anwachsen werden. Das Internet kann für entlegene Gemeinden wichtiger sein als für große Städte. Seit ich trocken bin und mich in Orkney aufhalte, bin ich häufiger denn je im Netz, weil ich auf diese Weise mit dem alten Leben Kontakt halten kann, von dem ich mich nicht lösen will. Ich bleibe mit den Geistern meiner Vergangenheit in spektraler Verbindung.

Mitunter gibt es Verbindungsprobleme. Das Internet funktioniert auf Papay über die herkömmlichen Telefonleitungen aus Kupferkabeln, weil es sich für die Telefongesellschaften nicht rechnet, hier Glasfaserkabel zu verlegen. Die Daten werden in Form elektrischer Signale zunächst von Kirkwall nach Shapinsay übertragen, von dort nach Sanday, dann nach Westray und schließlich zu uns, wobei sie immer mehr an Stärke verlieren.

Die Mobilfunksignale sind anfällig gegen Wind. Auf der einen Seite der Insel empfangen wir die Signale von Orange, auf der anderen die von O2. Ich warte gerade darauf, mit dem nächsten Windstoß meine Textnachrichten zu empfangen.

Auch wenn es widersprüchlich erscheint, stellen wir auf den Inseln häufig fest, dass uns die Technologie im Zeitalter der digitalen Medien der Wildnis wieder näherbringen kann. Sobald jemand am Himmel über Orkney einen ungewöhnlichen Vogel entdeckt, etwa einen Seeadler, oder vor der Küste eine Herde Orkas, werden über ein örtliches Vogelforum oder an Gruppen in Nachrichten-Apps Meldungen verschickt, damit auch andere nach draußen eilen und sie beobachten können. In den sozialen Netzwerken kursieren Alerts über mögliche Sichtungen von »Merry Dancers«, und noch am selben Abend oder am nächsten Tag stellen die Leute ihre Fotos ins Netz.

Auf Sanday ist eine Webcam auf die Kolonie der Kegelrobben gerichtet, die im November ihre Jungen zur Welt bringen. Ich poste einen Link auf Facebook, und meine Freunde betrachten in ihren Londoner Büros die massigen grauen Weibchen, die sich am Strand mit ihren knuddeligen weißen Jungen zusammenscharen, die noch nicht schwimmen können. Während wir chatten, beobachten wir Robben, die vor dem Morgengrauen von einer Nachtsichtkamera eingefangen werden, und eine Mantelmöwe, die die Nachgeburt einer Robbe frisst.

Ich denke an Maggie und ihre lebenslange Bindung an einen Ort. So wie sie sich an die Namen und Häuser auf der Insel erinnern konnte, kann ich Menschen verschiedenen Bereichen und Zeiten im Internet zuordnen. Vielen von ihnen bin ich nie persönlich begegnet, aber wir haben unser Leben über Jahre hinweg mitverfolgt. Ich habe oft das Gefühl, mein wahres Leben spiele sich im Computer ab, während die Zeit, die ich wieder in Orkney verbringe, und die Leute, die ich hier treffe, nur eine vorübergehende Unterbrechung darstellen. Ich kenne Leute auf Twitter, denen ich nie begegnet bin, besser als manche, mit denen ich bei der Arbeit monatelang zusammengesessen oder die Schule besucht habe. Ich bin schon häufig umgezogen, aber das Internet ist mein Zuhause.

Ich verwende jetzt eine GPS-App auf meinem Handy, um meine täglichen Inselwanderungen über Schafspfade und entlang der Wasserlinien nachzuvollziehen. Ich lege eine Karte von der Insel an, auf der ich die Linien festhalte, denen ich folge. Auf Satellitenkarten übertragen, wird eine Geschichte daraus. Die GPS-Aufzeichnungen zeigen, wie sich meine Wanderungen verändern. Anfangs schreite ich ordentlich aus, bewältige große Distanzen entlang der Küstenpfade und markiere mein Gebiet. Nach einigen Wochen werde ich langsamer, entdeckungsfreudiger und erkunde kleinere Gebiete mit größerer Genauigkeit: Ich steige in einen Felseinschnitt hinab und suche in Gezeitentümpeln nach Schätzen.

Ich vergleiche die Küstenlinie mit der topografischen Karte in meiner Tasche, mit Google Maps auf meinem Handy und meiner eigenen Wahrnehmung und bestimme so meinen Standort, sodass ich den Einlässen und Ausbuchtungen rund um den North Hill die richtigen Namen zuordnen kann. Der Pow of Keldie sieht aus, als wäre es eine gute Stelle, um dort bei Ebbe zu schwimmen; die Mad Geo ist dunkel und eindringlich. Für mich existieren diese Orte – »The Sneck«, »Eerival« – sowohl digital wie real unter meinen Füßen.

Früher tauchten Orkney und die Shetlandinseln auf Landkarten oft in einem Kästchen an der Seite auf, im Osten von Großbritannien statt im Norden. Heute erstreckt sich Google Maps rund um den Globus. Spätnachts kehre ich immer wieder zur Wikipedia-Seite und dem Satellitenbild der Sule-Schäre zurück, knapp hinter dem Horizont, wenn man vom Außenfeld nach Westen blickt. Dort brüten im Frühjahr Tausende Papageientaucher und Basstölpel. In diesem Teil des Internets scheint es starke Strömungen zu geben, die mich wieder und wieder hierhertreiben.

Dank der Himmelskarten-App kann ich mein Handy

in den Nachthimmel halten und die Sterne und Planeten benennen, die in dieser Richtung zu sehen sind. Eines Abends erkundigt sich ein Freund, was das für ein leuchtender Stern sei, und als ich erwidere, dass es vermutlich kein Stern, sondern der Jupiter ist, gibt mir die App recht und stärkt mein Vertrauen in meine bescheidenen astronomischen Kenntnisse. Das Programm zeigt den Horizont an wie eine Wasserwaage, es bietet digitale Schwerkraft selbst in der dunkelsten, windigsten Nacht. Dort unten, auf der anderen Seite der Welt, befindet sich die Internationale Raumstation, die an diesem Abend nur für die Menschen auf der südlichen Erdhalbkugel zu sehen ist. Astronauten an Bord schicken Fotos von ihrer Aussicht zurück auf die Erde, und als Antwort posten Leute langzeitbelichtete Aufnahmen von der vorüberziehenden Raumstation, eine Lichtspur quer über die Kontinente.

Eines Morgens erhalte ich einen Tipp auf Facebook, dass an der Westküste von Orkney Orkas gesichtet worden seien, die in nördlicher Richtung Delfine jagen. Ich gehe hinaus auf den North Hill, um nach ihnen Ausschau zu halten. Ausreichend warm eingepackt bin ich ganz Auge. Ich kann keine Wale entdecken, dafür sehe ich gerade noch, wie ein riesiges Schiff am Horizont verschwindet. Ich halte es für einen Öltanker auf dem Weg zu einer der Plattformen in der Nordsee, doch als ich später im Cottage auf der Internetseite von *Marine Traffic* nachsehe, ist es der russische Frachter *Kuzma Minin*, der nach Kandalakscha in Nordrussland unterwegs ist. Die Flugradar-Webseite verrät mir, dass der Kondensstreifen, der sich in einer klaren Morgendämmerung hoch über Westray über den Himmel erstreckt, ein Nachtflug der Lufthansa von Los Angeles nach Frankfurt ist.

Je mehr Zeit ich mir nehme, um Dinge anzuschauen, desto lohnenswerter und komplexer erscheinen sie mir. Langzeitbelichtete Fotografien leuchten übernatürlich. Ich fühle mich allwissend mit all diesen geöffneten Tabs in meinem Browser, während ich zusehe, wie die Wege der globalen Transportlogistik tanzen und sich kreuzen, ohne jemals zusammenzustoßen, wie bei einem Schwarm Stärlingen.

Man hat Seevögel gefangen und mit Satellitensendern bestückt, GPS-Datensammlern, mit denen zum ersten Mal festgestellt wurde, wie weit die Vögel auf ihrer Futtersuche tatsächlich fliegen. Ein Eissturmvogel, den Yvan und Juliet auf Copinsay markiert hatten, war bis nach Norwegen geflogen, ehe er zu seinem Nest zurückkehrte. Den Weg der Wachtelkönige verfolgte man mit Solarsendern bis nach Afrika, wo diese aufhörten zu senden, als die Vögel ihr Ziel erreichten und im dichten Laubwerk Schutz fanden, sodass die Sender vom Tageslicht abgeschnitten waren. Mum hat in diesem Sommer beim Kajakfahren in Scapa Flow einen Riesenhai gesehen, von denen es heißt, dass sie in unseren Gewässern zunehmend häufiger auftauchen. Im Bemühen, diese Geschichten zu quantifizieren, versahen Wissenschaftler zwanzig Riesenhaie vor der Westküste von Schottland mit Ortungsgeräten, und wir können ihre Bewegungen fast in Echtzeit im Internet verfolgen.

Ich spüre keiner geheimnisvollen oder gefährdeten Art nach: Ich erkunde mich selbst in einer Art semi-wissenschaftlichen Untersuchung, einer Tiefseestudie der Seele. Mein Last.fm registriert jeden Song, den ich höre, überarbeitet unentwegt die Listen mit meinen Lieblingskünstlern und schlägt mir neue vor. Facebook führt eine Rangliste der Freunde, mit denen ich kommuniziere. Ich buhle um Retweets und meinen Facebook-Edgerank. Ich befinde mich in einem ständiger Veränderung unterworfenen Prozess der Selbstdefinition, zähle, plane und markiere fasziniert meine täglichen Aktivitäten und Aktionsradien, sammle endlose Daten. Ich habe meine Schlafrhythmen aufgezeichnet und meine Träume analysiert. Ich lade mir einen Zykluskalender herunter und sehe zu, wie er sich mit dem Mond synchronisiert und in einem anderen Browser-Fenster dessen Zu- und Abnahme anzeigt.

Mit meinem Handy nehme ich eines Abends bei Sturm von meinem Schlafzimmerfenster im Rose Cottage aus das Getöse von Wind und Regen auf. Laut meiner Schallmessungs-App weist der Geräuschpegel des Sturms im Schnitt 68 Dezibel auf, was in etwa dem Niveau einer lauten Unterhaltung entspricht und das Einschlafen erschwert. Ich erinnere mich an diese Geräusche aus meinem Kinderzimmer auf dem Bauernhof. Erinnere mich, wie ich in Nachtclubs Leuten ins Ohr schreien musste, um die Musik zu übertönen. Heute Nacht sind der Wind und mein Telefon meine Gefährten.

Ich nehme bei Fowl Craig das Geräusch der Brandung auf, die Graugänse, die manchmal so geheimnisvoll schreien und mitten in der Nacht aufsteigen, die Windgeräusche in den Telefonleitungen und das vertraute Brummen des Propellerflugzeugs. Ich stelle meine Aufnahmen ins Internet – zwanzig Sekunden währende sensorische Postings von meinem Inselleben, als wären es Gedichte.

Manchmal jedoch macht mich das Internet – und dieser ganze Verbindungshype – nur noch einsamer. Bei Gesprächen auf Skype schafft der auf den Bildschirm statt auf die Kamera gerichtete Blick eine unstete Dissoziation, eine Art Beinah-Augenkontakt. Wenn wir uns im echten Leben begegnen, sind wir unsicher, blinzeln und warten zu lange mit unseren Antworten. Wir verbringen zu viel Zeit im Internet, das echte Leben ist nur ein weiteres Bildschirmfenster. Welchen Sinn hat es hinauszugehen, um sich wild lebende Tiere anzusehen, wenn ich mir auf YouTube eine Natursendung anschauen kann, während ich mit einer Heizdecke im Bett liege.

Nachts greife ich im Halbschlaf in haltloser Angst nach meinem Handy. Das Internet ist immer noch ein Ort, an dem ich Trost suche. Früher postete ich dort online, wenn ich getrunken hatte. In letzter Zeit habe ich an verschiedenen Stellen im Netz Spuren gelöscht, die ich vor Jahren betrunken und unter Verwendung unterschiedlicher Identitäten hinterlassen hatte. Ich hatte im Internet mein Herz ausgeschüttet wie Rotwein.

Hinter dem Begriff »Cross-Addiction« steht die Vorstellung, dass Alkoholiker ihr Suchtverhalten in Ermangelung von Alkohol auf etwas anderes übertragen. Gewöhnlich sind dies Dinge wie Essen, Sport, Shopping oder Glücksspiel. Bei mir sind es Coca-Cola, Rauchen, Beziehungen und das Internet. Manchmal bin ich mit der einen Zigarette noch nicht fertig, da sehne ich mich schon nach der nächsten. Ich kann mich so sehr auf neue Freunde fixieren und in ihre Internetprofile eintauchen, dass ich meine Persönlichkeit am liebsten mit ihrer auslöschen würde.

Da ist eine Leere in mir. Ich habe den Alkohol verloren und suche verzweifelt nach etwas, mit dem ich mich wieder füllen kann. Kaffee oder Sex, Schreiben, Liebe, neue Klamotten oder Beifall aus dem Netz? Ich lese nach, wie diese kleinen Piepser, Benachrichtungen und Vibrationen das Gehirn beeinflussen und verändern, indem sie kleine Dosen von Dopamin freisetzen, einen Schuss Adrenalin. Auf der Suche nach diesem winzigen Kick kreise ich um vertraute Webseiten wie ein Zugvogel, der Flüssen und Autobahnen folgt. Die rote Anzeige über das Eintreffen einer Nachricht, auf die ich gewartet habe, schenkt mir einen Hauch des Gefühls, den der erste Schluck Bier verschafft oder kaltes Wasser, wenn man völlig ausgetrocknet ist, oder ein weiches Bett, wenn man völlig erschöpft ist, oder wenn man aufhört zu schwimmen, weil man bereit ist zu ertrinken.

Ich habe zwanzig Tabs geöffnet, jeder davon eine endlose Reise, ein nicht zu Ende geführter Gedanke. Ich kann nicht einschlafen: in meinem Kopf sind noch zu viele Tabs geöffnet. Dieser Durst scheint unstillbar zu sein. Ich lese alte E-Mails Dutzende Male durch, auf der Suche nach etwas, das nicht mehr da ist. Ich will das Richtige finden, mit dem ich dieses Loch füllen kann, doch es entzieht sich mir immer wieder, bleibt stets am Rand meines Bewusstseins, im äußersten Augenwinkel, es ist das, was man gerade aufheben wollte, bis einem einfällt, dass man vergessen hat, was es war – die Insel knapp jenseits des Horizonts.

In dieser Leere vermisse ich den Alkohol. Ich vermisse das Trinken, wie ich meinen Freund vermisst habe. Vielleicht sind die Anonymen Alkoholiker wie diese fundamentalen christlichen Camps in den USA, in denen Schwule versuchen, heterosexuell zu werden. Vielleicht ist es grausam und unnatürlich, mich von meinem Weg als Alkoholikerin abzubringen. Ich kann mich nicht erinnern, dass in meiner Kindheit zu Hause exzessiv getrunken wurde, auch wenn ich weiß, dass Dad in High-Phasen mehr trank. Doch sobald ich als Teenager mit dem Trinken anfing, tat ich es mit einer gefährlichen Dringlichkeit. Mein Weg zur Alkoholikerin war bereits vorgezeichnet, und jetzt tut es weh, mich zu zwingen, etwas anderes zu sein.

Zumindest gibt Alkohol eine quantifizierbare Antwort auf die unspezifische Frage: Er füllt die Leere. Ohne ihn bin ich gezwungen herauszufinden, wie die Frage lautet – und genau da schlagen sie bei AA vor, mit ihrem Zwölf-Schritte-Programm einzusetzen. Erster Schritt: »Wir gaben zu, dass wir dem Alkohol gegenüber machtlos sind – und unser Leben nicht mehr meistern konnten.« Ich war ihn vor einiger Zeit gegangen, als ich mich in das Behandlungszentrum begab, hatte jedoch gezögert, auch die restlichen Schritte zu gehen.

Im Entzug habe ich gelernt, Gefühle zu erkennen und mich zu bemühen zu verstehen, was bestimmte Verhaltensweisen bezwecken wollen und was sie tatsächlich bewirken. Ich nehme Abstand von meiner gedankenlosen Mausklickerei und stelle fest, dass ich mich fast nicht mehr existent fühle, wenn meine Wege nicht mehr aufgezeichnet werden, weil mein Handy-Akku zur Neige geht. Ich will in der Lage sein, die Vorteile dieser ganzen Technologie zu nutzen, sie aber unter Kontrolle halten und mich nicht von ihr aufsaugen lassen. Ich bin mir meiner Suchtgefährdung und meiner obsessiven Neigungen durchaus bewusst.

Ich nutze Technik, um mich vom Rande des Ozeans ins Zentrum von etwas zu befördern. Ich versuche, meine Umgebung zu verstehen. Mit meinen digitalen Hilfsmitteln kann ich die Flugzeuge, die Vögel und die Sterne besser quantifizieren und nachverfolgen. Ich versuche, von Papay aus eine Verbindung zur Außenwelt und zu meinem alten Leben herzustellen. Ich mache ein Foto vom Sonnenuntergang über Westray und poste es auf Facebook. Über Inseln hinweg wird meine Haut in Nullen und Einsen umgewandelt, meine persönlichen Daten zu Satelliten hinaufgebeamt, durch Glasfaserkabel unter dem Meer hindurchgejagt und als elektrische Signale durch Kupferkabel – zu euch.

# 20

# SCHWIMMEN IM MEER

In der ersten Wochen unserer Beziehung war er noch verzaubert von den spontanen, rauschhaften Aspekten meines Charakters, die uns später auseinandertrieben. Eines späten Abends schoben und zogen wir uns gegenseitig über die drei Meter hohe Mauer des Innenstadt-Freibads, ganz in der Nähe meiner damaligen Wohnung – die Kratzer und blauen Flecken entdeckten wir am nächsten Tag –, und landeten leise auf dem gekachelten Beckenrand. Das Wasser war wohlig warm in der kühlen Nacht, wir schwammen ein paar Bahnen im Angesicht des Mondes und der Überwachungskameras, splitternackt, bis auf unsere Mützen. Ich besitze immer noch einige Fotos, das Blitzlicht leuchtet auf unserer bleichen Haut.

Jetzt, wo ich zurück in Orkney bin, gehe ich wieder meiner Leidenschaft für das Schwimmen im Freien nach. Ich habe mich einer exzentrischen Gruppe mit dem Namen »Orkney Polar Bears« angeschlossen, die das ganze Jahr über jeden Samstagmorgen an unterschiedlichen Stellen rund um die Insel im Meer schwimmen geht.

Ich bereite mich darauf vor, indem ich Haferbrei esse und aggressiven Rap höre. Wir geben ein seltsames Bild ab, wenn wir neben unseren Autos Schwimmzeug, Wollmütze und Gänsehaut anlegen. Als Gruppe ins Meer zu gehen, gibt einem die Motivation, die man allein nicht hätte. Jeder begibt sich mit einer anderen Technik ins Wasser – einige rennen enthusiastisch hinein, andere wagen sich mehrmals bis zu den Oberschenkeln vor und treten dann wieder den Rückweg an.

Die Badeausflüge sind eine gute Gelegenheit, die wechselnden Jahreszeiten und verschiedenen Gegenden von Orkney zu erleben, die Auswahl der jeweiligen Stelle erfolgt nach Analyse der Gezeiten und Windrichtung. Es liegt in der Natur von Inseln, dass selbst ein relativ kleiner Flecken über kilometerlange Küstenstreifen verfügt, die häufig menschenleer und für mich Neuland sind. Wir sind auf Mainland an der Brücke neben der Hauptstraße geschwommen, wo uns vorüberfahrende Lastwagen zuhupten; an einem abgelegenen Sandstrand, an den man nur gelangte, wenn man einen langen Feldweg voller Schlaglöcher hinunterfuhr und dann über Zäune kletterte, wo wir von Brennnesseln gestochen wurden; in Gezeitentümpeln und im Hafen.

Häufig schwimmen wir zu Schiffswracks hinaus, zu den Blockschiffen aus dem Zweiten Weltkrieg, die verstreut um Orkneys Küste liegen; von Nahem ragen die rostigen Rümpfe über uns auf. Wir sehen das Land aus einer anderen Perspektive und begegnen Vögeln: Einmal bin ich ganz nah an eine Gryllteiste herangeschwommen, und ich habe Küstenseeschwalben neben mir tauchen sehen.

Es ist völlig anders, als in einem beheizten und gechlorten Becken zu schwimmen. Manchmal kommen neugierige Seehunde heran und begleiten uns. Eine Mitschwimmerin tauchte hinunter und kam mit einer Hand voll Muscheln herauf, die sie mit nach Hause nahm und zum Mittagessen kochte. Wir schwimmen über Sand, Kiesel, Seetang und Schlick, mit den Vögeln und Fischen und bei jedem Wetter.

Wir schwimmen bei Regen, für den die Scheibenwischer auf höchster Stufe laufen müssen, und beeilen uns, ins Wasser zu kommen, wo es trockener ist. Wir werden von den Bugwellen vorbeifahrender Boote in die Höhe gehoben. Das Wasser ist jedes Mal anders: manchmal dunkel und samtig, manchmal vollkommen glatt und glasklar. Wir schwimmen, wenn das Sonnenlicht die Oberfläche sprenkelt und unter Wasser die Luftblasen leuchten lässt.

Am 1. Maifeiertag, der am selben Tag begangen wird wie Beltane, für die Kelten der Beginn des Sommers, treffen wir uns bei Sonnenaufgang – um fünf Uhr vierzehn – am östlichsten Strand von Mainland, wo wir sehen, wie hinter dem Horizont die Sonne aufsteigt. Das Meer ist schwarz und suppig, als wir hineingehen, doch die emporsteigende Sonne lässt unsere lachenden, kreischenden Gesichter leuchten und verfängt sich in den plätschernden Wellen.

Wir schwimmen an der Nordküste von Mainland, als die Sonne um 00.09 Uhr den höchsten Punkt der Ekliptik erreicht und der Mittsommerhimmel nach wie vor hell erleuchtet ist. Am nächsten Morgen rieche ich nach Sommersonnwendfeuer und schmecke nach Meersalz. Der Kompassnadel und den Wendepunkten des Jahres folgend, finden wir uns zum *Lammasfest,* einer uralten Feier der ersten Ernte, in der Dämmerung an der Westküste ein. Es ist ein verhangener Abend ohne Sonnenuntergang und unheimlich dort unten in dem zerklüfteten Küsteneinschnitt, wo wir auf Seetang ausrutschen und der Nebel meine Mitschwimmer fast verschleiert. Ich war auf Papay, als die Gruppe zur Wintersonnwende nach Anbruch der Dunkelheit mit Stirnlampen schwimmen ging und ihnen ein Licht am Strand den Weg zurück zur Küste wies. Es fühlt sich an wie ein Ritual, diese Feiern von Sonnenwenden und Tagundnachtgleichen, gelenkt vom Kompass und den Kalendern von Mond, Sonne und Gezeiten.

Erst als ich wieder in Orkney war und diese Dinge bewusster wahrnahm, wurde mir klar, dass der Tag nach meinem letzten Glas Alkohol – mein erster Tag als Abstinenzlerin – die Tagundnachtgleiche am 20. März war. Seitdem markiert jede Sonnenwende und jede Tagundnachtgleiche ein weiteres Vierteljahr ohne Alkohol. Mir gefällt das: Auf diese Weise werden meine kleinen Entscheidungen und mein individuelles Verhalten in die Ordnung des Sonnensystems eingebunden. Die Badeausflüge sind eine Art zu feiern.

Es ist jedes Mal atemberaubend kalt. Die Wassertemperatur steigt im Laufe des Sommers auf eine Durchschnittstemperatur von »kalten« dreizehn Grad im September und sinkt, wenn die Lufttemperaturen unter die des Wassers fallen, auf »extrem kalte« vier Grad im Februar ab.

Beim ersten Mal fühlte es sich an, als würde meine Haut verbrennen, doch mit jedem Samstag wird es ein bisschen einfacher. Der Körper stellt sich darauf ein, auch wenn ich der Schwächling des Clubs bin und mich bereits am Strand abtrockne, wenn die anderen noch munter um den Anleger kraulen. Es ist eine lustige Truppe, wir lassen beim Schwimmen die Köpfe oben zum Schwatzen.

Ich will mich selbst mit Gewalt wachrütteln: Nach Zentralheizung und Computerbildschirmen hat das Gefühl der Kälte, das Eintauchen in die aufgewühlten Fluten etwas anziehend Körperliches. Ich will den Frust darüber wegfegen, dass ich auf dieser Insel festsitze und nicht mehr über das Ventil verfüge, mich betrinken zu können. Das Kältebad hat Suchtpotenzial. Der Moment selbst ist beinahe unangenehm, und doch stelle ich fest, dass ich mich danach sehne; ich willige ein, es wieder zu tun, plane meinen nächsten Ausflug, beäuge Lochs, Buchten und Staubecken. Ich will in Bombenkratern schwimmen.

Bei meinen ersten Badeausflügen erreiche ich jedes Mal einen Punkt, an dem mein Körper in Panik gerät. Ich stelle mir vor zu ertrinken, und das Wissen um die Tiefe unter mir beschleunigt meinen Herzschlag. Ich muss so schnell wie möglich ans Ufer. Wenn ich dann an der Slipanlage aus dem Wasser steige, die Leiter des Anlegers erklimme oder mit den Wellen an den Strand gespült werde, fühle ich mich gerettet: wiedergeboren und sehr lebendig.

Die Leute schreiben dem Wildschwimmen alle möglichen gesundheitlichen Vorteile zu – eine verbesserte Blutzirkulation und die Stärkung des Immunsystems –, während die Outdoor Swimming Society empfiehlt, »sich den Verjüngungseffekt des Schwimmens im kalten Wasser zu eigen zu machen«, ich hingegen tue es hauptsächlich wegen des »Rauschs der Kälte«, der Begeisterung und der Endorphine wegen, die selbst ein kurzes Eintauchen mit sich bringen. Anschließend erledige ich meine Samstagsaufgaben – der erste Halt ist am Supermarkt – mit einem irren Lächeln und knallroter, salziger Haut. Andere »Eisbären« berichten, sie gingen mit mehr Energie ins Wochenende, aber eine Mitstreiterin vertraute mir an, dass sie einfach genieße, von den anderen Leuten für verrückt gehalten zu werden. Es ist ein unkonventionelles Hobby und ein allwöchentliches Abenteuer.

Als ich nach Papay zog, beschloss ich, als einziger Außenposten des Polar Bear Clubs samstagvormittags um zehn Uhr schwimmen zu gehen, zur gleichen Zeit wie die »Eisbären« auf Mainland. Mit dem Fahrrad fahre ich die fünfhundert Meter bis zur Bucht von North Wick, dort lasse ich mein Rad in den Dünen liegen, ziehe mich aus und renne in die Morgensonne auf dem türkisfarbenen Wasser. Das Wasser in North und South Wick leuchtet aquamarinblau, weil es klar und seicht und der Meeresboden dort sandig ist, doch die tropische Farbe vermag über die Kälte nicht hinwegzutäuschen.

Während ich meine Kleider ablege und am Strand zurücklasse, muss ich daran denken, wie ich mich in der Wohnung eines Fremden in London nackt ausgezogen hatte. Ich erinnere mich an diesen Frust und die Wut. Das ist alles, was ich bin. Darauf hast du mich reduziert. Ich empfinde heute nicht mehr so viel Schmerz, aber ich bin immer noch derselbe Mensch: nackt und bloß.

Es gibt Dinge, die man über das Meer nur herausfinden kann, wenn man hineingeht. Die Wellen befördern Steine, im Wasser treiben große Kiesel, die mühelos umhergeschleudert werden. Aus der Robbenperspektive sehe ich zu, wie eine Möwe herabstößt und auf dem Wasser landet. Sie scheint mich nicht bemerkt zu haben. Eines Morgens spiegelt sich der Himmel im glatten Wasser, und ich schwimme in den Wolken.

Ich vermisse die Ermutigung der Gruppe, wenn ich allein schwimme. An einem kalten Samstagmorgen radle ich zum Strand hinunter, schaue den Wellen eine Weile zu, ziehe meine Hose aus und spüre den kalten Nordwind, Nieselregen und Gischt spritzen mir gegen die Beine, ich kann mich einfach nicht überwinden, ins Wasser zu gehen. Ich habe meine Grenze erreicht.

Interessiert an unserer menschlichen Gegenwart strecken Robben die Köpfe aus dem Wasser, wenn wir schwimmen, und betrachten uns mit vertrautem Blick. Wir sind Spiegelbilder, wir befinden uns beide am Rand unserer Welten, von denen wir nur einen kleinen Bereich miteinander teilen können. Auf meinen Spaziergängen bin ich sicher, dass mir dasselbe Paar über die Insel folgt. Ein Tier ist so damit beschäftigt, mich zu beobachten, dass es anscheinend vom Meer überrascht wird, und ich kann im klaren Wasser sehen, wie es, einer brechenden Welle hilflos ausgeliefert, um sich schlägt.

Ich bin nicht die Erste, die einen Seehund für ihren Freund hält. »Selkie« ist das orkadische Wort für Seehund, doch es steht auch in Verbindung mit den Geschichten über Seehunde, die Menschengestalt annehmen können. Selkies, heißt es, verwandeln sich beim Ablegen ihrer Robbenhaut in wunderschöne nackte Menschen, die im Mondlicht am Strand tanzen, wie es George Mackay Brown in »Taugenichts und DichterTraum« beschreibt: »Dort im Sand tanzen schimmernde Gestalten, Männer und Frauen: Fremdlinge! Die Felsen waren übersät mit Seehundfellen.« Ging das Fell eines Seehunds verloren oder wurde gestohlen, konnten sich die Selkies nicht mehr zurückverwandeln. Es gibt Geschichten über Männer, die ein solches Fell versteckten und ein Seehundmädchen zur Frau nahmen, das sich jedoch immer dem Meer zugehörig fühlen würde.

Manche behaupten, die Selkies seien eine Erfindung einsamer Seeleute als Rechtfertigung dafür, dass sie sich in das Klagelied eines Seehundes verliebt hatten, aber es gab viele, die daran glaubten. 1890 wurde in Deerness, in Osten von Mainland, eine Meerjungfrau gesehen und »Hunderte von Augenzeugen schworen, dass ihre Begegnung tatsächlich stattgefunden hatte«.

Beim Schwimmen im Meer überschreite ich die normalen Grenzen. Ich bin nicht mehr an Land, sondern Teil des Wassers, aus dem sämtliche Ozeane der Welt bestehen und das unter mir und um mich herum auf- und nieder wogt. Nackt am Strand bin ich ein Selkie, der sein Fell abgestreift hat.

Ich habe ein Zitat in mein Tagebuch geschrieben, dessen Quelle ich nicht finden kann: »Schwimm nackt, wann immer du kannst, ob im Sommer oder im Winter, und du wirst ewig leben.« Schwimmen wird als Stärkungs- und Heilmittel schon lange verordnet. Nach meinen Badeausflügen auf Papay gehe ich unter die Dusche und gleiche den Kältereiz mit beruhigender Hitze aus. Ich vollziehe meine eigene Form der Hydrotherapie, die früher bei der Behandlung von Alkoholikern angewendet wurde, häufig gegen ihren Willen. Die Alkoholsucht des Gründers der Anonymen Alkoholiker, Bill W., wurde in den frühen 1930er-Jahren mit Hydrotherapie behandelt. Die alkoholsüchtige und für geisteskrank erklärte Schauspielerin Frances Farmer sperrte man nach ihrer Zwangseinweisung mit anderen verrückten Frauen in einen Käfig und bespritzte sie mit heißem und kaltem Wasser.

Mums Religionsgemeinschaft nimmt an den Stränden von Orkney Taufen vor. Dabei führen zwei ältere Gemeindemitglieder die neuen Konvertiten ins kalte Meer, wo sie sie, an den Armen gepackt, untertauchen, als Symbol ihrer Neugeburt als Nachfolger Jesu'. Lächelnd und zitternd kommen sie durchnässt zurück, um ein neues Leben anzufangen, wie sie hoffen. Das kalte Wasser ist eine Art Läuterung. Es erfrischt wie das erste Glas Alkohol, es verheißt Veränderung und Flucht wie ein Rausch oder das Ertrinken. Ich bin so durstig und voller Sehnsucht.

Nach einer durchfeierten Nacht in einem besetzten Lagerhaus in Ostlondon befanden Gloria und ich, total high und mit riesigen Pupillen, dass wir unbedingt im Morgengrauen im Ladies' Pond in Hampstead Heath schwimmen müssten. Wir waren klebrig vom Raven und total übermüdet und glaubten, das kalte Wasser würde uns erfrischen oder sogar läutern. Die Sonne ging gerade auf, und die U-Bahnen nahmen ihren Betrieb auf, als wir uns auf den Weg nach Norden machten. Am Teich trafen wir eine Gruppe älterer Frauen, von denen uns eine erzählte, dass sie das ganze Jahr über jeden Morgen in dem Naturgewässer schwimmen gehe und dass es sie glücklich und gesund erhalte.

In letzter Zeit bemerke ich bei mir eine allmähliche Umprogrammierung. Wenn ich früher unter Stress stand, war mein erster Impuls zu trinken, in den Pub oder in einen Schnapsladen zu gehen. Ein Umzugstag vor einigen Jahren beendete einen monatelangen Versuch, trocken zu werden. Heute kämpfe ich mitunter nicht nur gegen diesen Drang, sondern auch gegen einen neuen. Schon im vergangenen Sommer, wenn ich nach einem frustrierenden Tag im Büro der Vogelschutzgesellschaft endlich freihatte, war mein erster Gedanke nicht »Jetzt ein Glas Bier«, sondern »Ab ins Meer«. Schwimmen löst meine Anspannung und erfrischt und verändert mich. Ich entdecke neue Prioritäten und Freizeitvergnügen. Ich hatte gewusst, dass das möglich war, doch es dauert eine

Weile, bis die Gefühle den Verstand einholen. Ich werde stärker.

Die Motivation ist dieselbe, aber der Umgang mit meinen Gefühlen ändert sich. Früher pflegte ich meine Neurotransmitter freitagabends mit einer heißen Clubnacht durcheinanderzubringen. Jetzt schockiere ich meine Sinne samstagmorgens im beißend kalten Meer, wenn ich meine warme Haut in eisiges Wasser werfe und mir derart einen Rausch verschaffe.

## 21

# DER HOLM

Wenn ich auf Google Maps nachschaue, wo sich die unbewohnte Insel Holm of Papay befindet, geht das Satellitenfoto an dieser Stelle in das ursprüngliche tiefe Blau des Ozeans über. Beim Holm endet das Internet, er liegt jenseits des Reichs der digitalen Kartografen: HIC SVUNT CYBER DRACONES.

Großbritannien ist eine Insel am Rand des europäischen Festlands, Orkney ein Archipel am Rande Großbritanniens, Westray ist eine Insel am Rande von Orkney, Papay eine Insel am Rand von Westray, und der Holm von Papay liegt noch weiter abseits. Dorthin verzieht man sich, wenn einem das Leben auf Papay zu hektisch wird.

Holme (die im Englischen »Homes« ausgesprochen werden) gibt es rund um Orkney. Der Name geht zurück auf den altnordischen Begriff *Hólmr*, der »kleines Eiland« bedeutet und sich auf Schären vor der Küste einer größeren Insel bezieht. Der Holm von Papay ist unser »Inselableger«, den wir im Osten immer im Blick haben; ein Keil mit einem steinernen Kammergrab, nur durch wenige hundert Meter azurblauen Wassers von Papay getrennt. Bei Ebbe kommen zwischen den beiden Inseln Felsen zum Vorschein; womöglich waren sie noch verbunden, als vor über fünftausend Jahren Menschen in den Häusern am Knap of Howar lebten.

An einem hellen, ruhigen Morgen erhalte ich einen Anruf von Neil, der die Holland Farm bewirtschaftet – einen Hof im Zentrum von Papay, der vom siebzehnten bis zum neunzehnten Jahrhundert Sitz der *Lairds* war. Er teilt mir mit, dass er einen Schafbock zum Holm hinüberbringen will und ich mitkommen kann. Mit meinem Fahrrad sause ich hinunter zum alten Fähranleger.

Der kleine gehörnte Schafbock wird von einem Anhänger in das kleine Boot umgeladen. Ihm bleiben nur wenige Wochen, um seine einzige Aufgabe im Jahr zu erfüllen: etwa zwanzig der auf dem Holm befindlichen Schafe zu decken, die im Frühjahr lammen sollen. Die Überfahrt in dem kleinen Boot mit vier Leuten, einem Schafbock und einem Hütehund dauert keine zehn Minuten. Da es heute nicht windig ist, kann ich bis auf den Grund sehen: Das Wasser ist klar, die Oberfläche ruhig.

Wie auf Copinsay überkommt mich beim Betreten der Insel, auf der wir die einzigen Menschen sind, eine Mischung aus Begeisterung und Furcht. Die Vögel und Seehunde wirken größer und stärker. Ich mache einen großen Bogen um einen Eissturmvogel, für den Fall, dass er mich bespucken will. Es gibt versteckte Felseinschnitte, die nach North Ronaldsay weisen, ihre Geheimnisse sind nur für die seltenen Besucher oder vom Meer aus zu sehen. Im

Ufergras liegt ein totes Seehundbaby, doch als ich näherkomme, bewegt es sich, und mir wird klar, dass es nicht tot ist, sondern ein Bad in der sich rarmachenden Wintersonne nimmt. Etwa achtzig »Holmie«-Schafe leben das ganze Jahr über auf der Schäre und ernähren sich vor allem im Winter, wenn das Gras knapp ist, unter anderem auch von Seetang. Diese Tiere sind extrem robust, sonst würden sie den Winter hier ohne jedes zusätzliche Futter nicht überleben. Auf unserem Bauernhof waren mir die ähnlich gearteten Hochlandschafe am liebsten gewesen, die trittsicherer und eigenwilliger waren als die stämmigen, fügsamen Texel- oder Suffolk-Schafe. Ab und an begriff eines der Hochlandschafe, wie man über Zäune sprang, und verdrückte sich von den Lämmerweiden hinauf zum Außenfeld, manchmal zwängten sich die Lämmer durch den Stacheldraht und liefen gleich hinterher. Einmal im Jahr findet auf Papay der »Holmie-Tag« statt, eines der letzten Überbleibsel der Allmendewirtschaft in Orkney, an dem Inselbewohner zum Holm hinüberfahren, um beim Fangen und Scheren der Schafe zu helfen.

Es gibt keine Anzeichen dafür, dass der Holm jemals bewohnt war, und doch brachten die Menschen früher ihre Toten hierher. Es gibt drei Kammergräber, von denen das größte, der Südcairn, vollständig ausgegraben und erhalten ist und heute von Historic Scotland betreut wird.

Vom Rose Cottage aus habe ich das Kammergrab täglich vor Augen; es fühlt sich seltsam an, nun auf ihm zu stehen, während die Sonne meinen Schatten auf die Insel wirft. Ich öffne eine metallene Luke und steige eine Leiter hinab in das Hügelgrab. Mit der für Besucher bereitliegenden Taschenlampe krieche ich durch den langen Gang und schaue in die zehn kleinen Zellen, die von ihm abzweigen. In den Stein sind Muster eingeritzt, die wie Augenbrauen aussehen und den »Augen« des Westray Wife ähneln.

Von einer Freundin erfahre ich, dass das Kammergrab – genau wie das Grab von Maeshowe auf Mainland – auf den Sonnenuntergang am Tag der Wintersonnwende ausgerichtet ist. In Maeshowe fällt das Licht der untergehenden Sonne am Tag der Sonnenwende und an den Tagen davor und danach direkt in den Eingang – sofern es nicht bewölkt ist, wie so oft um diese Jahreszeit. Es gibt Webcams dort, und so sehe ich mir an einem Nachmittag um die Wintersonnwende im Internet an, wie das goldene Licht auf die hintere Wand fällt.

Ich hatte mit der verwegenen Idee gespielt, den Bauern Neil oder Douglas, den Fischer, zu überreden, mich zur Wintersonnwende zum Holm hinüberzubringen und über Nacht dort zu lassen – für den Sonnenaufgang und den Sonnenuntergang –, damit ich feststellen könnte, ob auch dieses Grab nach der Sonne ausgerichtet ist. Ich hielt mich für mutig und nicht abergläubisch, sodass mich nichts davon abhalten würde, eine Nacht in dem Grab zu verbringen, aber nun, nach den wenigen Minuten, die ich dort unten verbracht hatte, wollte ich nur noch raus: Das Grab ist kalt, feucht, dunkel und furchteinflößend. Auf keinen Fall würde ich dort eine Nacht verbringen.

Ich klettere aus der Grabkammer und gehe zum südöstlichen Ende des Holms, jenem Teil, der nicht auf Google Maps zu finden ist, und habe das Gefühl, entkommen zu sein. Ich befinde mich jenseits des Internets.

Diese Orte in extremen Lagen ziehen mich an. Entweder sehne ich mich nach einem Leben in der Innenstadt oder ich will auf gänzlich abgelegene Inseln ziehen, auf Toteninseln. In einem Pub in Hackney spielten Gloria und ich einmal Poolbillard mit zwei Typen, die uns in ihre Wohnung auf der gegenüberliegenden Straßenseite einluden, wo sie noch Bier hatten. Ihre Wohnung war eine Obdachlosenunterkunft. Wenige Tage später waren wir mit einer Band in einem Luxushotel und schlichen uns in den frühen Morgenstunden in die Sauna, wo wir uns Mineralwasser auf die heiße Haut spritzten, bis die Minibar leer war. Ich wünsche mir grandiosen Erfolg oder in Schönheit zu scheitern.

Manchmal bin ich wütend: Es ist ungerecht, dass ein so gewissenhafter Mensch wie ich, mit so viel Glück, Möglichkeiten und Unterstützung, im Entzug landet. Doch aus einem anderen Blickwinkel betrachtet, ist es alles andere als überraschend. Extreme waren für mich normal. Ich bin mit einer Geisteskrankheit aufgewachsen: unvorhersehbaren, von ungewöhnlichem, wildem Verhalten geprägten Zuständen, gefolgt von Tiefphasen völliger Zurückgezogenheit. Ich erinnere nur flüchtige Eindrücke: wie ich zu meinen Eltern hinaufschaue, die am oberen Ende der Treppe miteinander kämpfen und ringen, wie mich ein Nachbar aus dem Haus holt und Dad wochen- oder monatelang verschwunden war, als ich wiederkam.

Ich wurde in dramatische Szenen hineingeboren, wuchs in einer Landschaft aus Schiffbrüchen und heulenden Stürmen auf, mit Geburt und Tod von Tieren, religiösen Visionen, am Rand des Chaos, wo jederzeit etwas Aufregendes geschehen konnte, und gleichzeitig die Gefahr bestand, dass etwas schiefging. Ein Teil von mir findet diese wilden Schwankungen, wenn schon nicht normal, dann wenigstens wünschenswert, und ich habe gelernt, mit Extremen zu rechnen und sie sogar zu suchen. Die Alternative, das Gleichgewicht, wirkt schal und limitiert. Ich suche die starken Empfindungen, ich will mich lebendiger fühlen.

Am Rand des Holms drehe ich mich mehrmals um die eigene Achse – die Inseln am Horizont wirbeln in einem verschwommenen Panorama um mich herum. Ich gerate immer wieder in oder außer Reichweite der Mobilfunknetze und Satellitenbilder, während ich versuche, einen Schritt schneller zu sein als die kurze Spanne meiner Aufmerksamkeit, ich rotiere wie die Scheinwerferstrahlen des Leuchtturms, an dessen Fuß ich einmal gelegen habe, oder die Rotorblätter des Hubschraubers am Tag meiner Geburt.

Mir bleibt nicht viel Zeit, ehe Neil – mit leichterer Fracht ohne den Schafbock – nach Papay zurückkehren will, um seine restlichen Arbeiten zu erledigen, also gehe ich über den Holm zurück zum Boot. Nach und nach lerne ich auf Winterspaziergängen und solchen Erkundungsausflügen, mich selbst besser zu verstehen. Ich erkenne Muster und dringe zu den Wurzeln meiner Begierden vor. Doch um einen Weg nach vorn zu finden, werde ich Hilfe brauchen.

Von Dee hörte ich das erste Mal, als sie mir in einer E-Mail ihre Unterstützung anbot, als ebenfalls trockene Alkoholikerin in Orkney. Damals wusste ich noch nicht, dass ich auf ihrer Insel ins Leben zurückfinden würde: Sie und ihr Mann Mo waren vier Jahre zuvor nach Papay gezogen und hatten seitdem ein heruntergekommenes Bauernhaus in ein behagliches Heim verwandelt. Ich hatte niemanden gebeten, mein Sponsor zu werden. Ich war nur an jemandem interessiert, der meine Voreingenommenheit teilte und nicht von Jesus sprach.

Ehe ich das erste AA-Treffen besuchte, vier oder fünf Jahre bevor ich ins Behandlungszentrum ging, verbrachte ich viel Zeit damit, im Internet Material zu lesen, das die Organisation kritisierte: alternative Therapien, die einem erlaubten, in Maßen zu trinken, und Artikel in atheistischen Foren. Ich war den strikten und religiösen Aspekten des Entzugsprogramms gegenüber misstrauisch, wollte umfassend informiert sein und, wenn möglich, eine Ausrede finden, um nicht daran teilzunehmen.

Das grundlegende Paradox von AA/NA und des Behandlungszentrums liegt darin, dass das, was wir aus unserem Leben tilgen wollen – das, was wir wie besessen aufgetrieben und konsumiert haben –, zu genau jenem Gegenstand wird, den wir den ganzen Tag diskutieren, analysieren und in dessen Erinnerung wir schwelgen.

Viele würden behaupten, damit werde einfach nur eine Art der Fixierung gegen eine andere ausgetauscht.

Wenn ich wehleidiger Stimmung bin, habe ich Angst, dass es mir unmöglich sein wird, die Welt der Sucht jemals zu verlassen, dass man mich für alle Zeiten über den Alkohol – genauer gesagt über *die Abwesenheit von Alkohol* – definieren wird. Ich will den Neuankömmlingen nicht ewig erzählen, was ich zu mir genommen habe, zu welchen Handlungen ich dadurch getrieben wurde und wie ich es wieder losgeworden bin. Ich will mit meiner Befreiung etwas anderes anfangen.

Im Behandlungszentrum hatte ich manchmal Angst vor dem, was der Entzug aus mir machte. Unentwegt mit mir selbst beschäftigt und voller Selbstzweifel, hörte ich mich Plattitüden von mir geben, vor denen mir früher gegraust hatte. Funktionierte mein moralischer Kompass nicht mehr? Wir hörten Leuten zu, die ihre schrecklichen Handlungen und Verbrechen mit uns »teilten«, die sie unter Drogeneinfluss begangen hatten, und lobten sie dafür, dass sie so »ehrlich« waren. Ich war den ganzen Tag mit Exknackis, Junkies und Crackheads zusammen und nickte nur, wenn sich ein AA-Freund vor mir brüstete, seine Familie wäre in Bangladesch so gut vernetzt, dass sein Bruder buchstäblich mit Mord und Totschlag ungestraft davongekommen sei.

Ich hatte viele Vorurteile gegen die Anonymen Alkoholiker: dass man mich in irgendeiner Weise einer Gehirnwäsche unterziehen und ich die geistige Kontrolle verlieren würde; dass ich, wenn ich mich sonntagmorgens in ein

AA-Treffen setzte, genauso gut in die Kirche gehen könnte; dass das »Blaue Buch« in Wirklichkeit eine Bibel sei und dass ich anfangen würde, den Psycho-Slang in meine Alltagssprache einzubauen – »Groll«, »Inventur machen«, »Rückfall«, »Dienst«, »Trockenrausch«, »höhere Macht«.

Doch bei den Treffen hörte ich, wie die Menschen um mich herum sagten, sie seien Atheisten und nutzten das Programm. Menschen, die durchaus noch Persönlichkeit, Sinn für Humor und ein kritisches Bewusstsein besaßen. Menschen, die etwas mit ihrem Leben anfingen. Ein AA-Freund verhalf mir zu der nützlichen Sichtweise, den Jargon als eine Art internationales »Esperanto« anzusehen, eine Art Steno für komplexe Vorstellungen und Erfahrungen, damit wir alle wissen, worüber wir reden.

Ich habe die ersten Teile des Programms – erfolgreich – absolviert. Ich blieb trocken, einen Tag nach dem anderen, Stunde um Stunde, Minute für Minute, aber es gelang mir nicht, darüber hinauszugehen und meinen neuen Zustand der Abstinenz zu akzeptieren und damit zufrieden zu sein. Auch wenn ich AA gegenüber Zweifel habe, ringe ich mit mir und brauche Hilfe, deshalb bin ich bereit, es zu versuchen.

Es scheint mir wie ein glücklicher Zufall, dass ich mich auf einer winzigen Insel befinde, zusammen mit einer Frau, die seit Jahrzehnten trocken ist, also bitte ich Dee nervös, während meiner Zeit auf Papay die Zwölf Schritte mit mir zu gehen. Wir beginnen mit der Lektüre des Blauen Buches. Ich kann nicht genau sagen, ob ich die Kontrolle übernehme oder abgebe.

Zur Zeit der Wintersonnwende wird es bestenfalls dämmrig, doch in dem, was man Abendlicht nennen könnte, laufe ich bei schneidendem Wind und heftigem Regen die Küste entlang zum Knap of Howar. Bei dem steinzeitlichen Gemäuer stelle ich mich unter und bewundere – als Trockenmauerfachfrau – die geschwungenen Wände, die seit fünftausend Jahren überdauern. Ich stelle mir vor, hier zu leben. Es gibt eine Herdstelle wie im Rose Cottage und einen Mahlstein zum Zerkleinern von Samen und Getreide für Brot. Ich könnte mich wohlfühlen unter einem mit Tierfellen bedeckten Dach aus Walrippen.

Obwohl die Sonne von grauen Stratuswolken verdeckt wird, hatte ich das Gefühl, zur Sonnenwende – wenn der Gang in Maeshowe erleuchtet wird – hierherkommen zu müssen, um auf irgendeine Weise ein weiteres Vierteljahr ohne Alkohol zu feiern. Es fühlt sich ein wenig albern an, mir zu wünschen, dass etwas geschehen würde, doch um 15.15 Uhr, genau zum Sonnenuntergang, springt jenseits des Papa Sund, auf dem der Wind das Wasser in zitternden Wellen gegen die Fließrichtung treibt, am Flughafen von Westray die Pistenbeleuchtung an: acht helle Sterne im Dämmerlicht.

Aus dem Innern des Steinzeithauses beobachte ich, wie das Flugzeug von Westray herüberkommt, zwei weiße Lichter an den Flügelspitzen, ein rotes am Heck, und von der Pistenbeleuchtung auf die Start- und Landebahn von Papay gelotst wird, einer Neuerung, die bedeutet, dass die Flüge auch im Winter in die Abendstunden ausgedehnt werden können. Die Leute kommen von weit her, um unsere alten Monumente zu bewundern, doch dies sind unsere täglichen Wunder. Meine neolithischen Träumereien sind damit zwar beendet, aber dafür bin ich nun von einer neuen Ehrfurcht erfüllt: für das Transportwesen und die geschickten Piloten, die die Flugzeuge mitten im Winter bei stärkstem Wind hinabsteuern, hin zu den Lichtern der Heimat.

## 22

# PERSÖNLICHE GEOLOGIE

Ich habe versucht, mich an mein letztes Glas Alkohol zu erinnern, vor fast zwei Jahren, am Wochenende bevor ich mit der Entgiftung begann. Es muss der Rest im Glas von jemand anderem gewesen sein, das ich am Ende eines Pubabends in Südlondon abgriff, während ich verzweifelt herumtaumelte. Dann stieg ich in ein Taxi, das ich mir nicht leisten konnte, floh an einer Ampel in der Nähe meiner Wohnung aus dem Fahrzeug und versteckte mich mit klopfendem Herzen in den Gassen einer Siedlung in Bethnal Green. So war der Abend nicht geplant gewesen. Aber das war er nie.

Im Blauen Buch wird der Konflikt »des Alkoholikers« gut beschrieben: »Dieser Zwiespalt wird noch verstärkt durch das, was er bei seinen Sauftouren anstellt. Gewisse Episoden, an die er sich schwach erinnert, ekeln ihn an, wenn er wieder zur Besinnung kommt.« Die Erinnerungen werden im Unterbewusstsein vergraben. Er steht »unter ständiger Angst und Spannung«, was ihn zum »Nochmehrtrinken« treibt.

Die Nacht hatte ihre Geheimnisse. Es geschahen wunderbare und schreckliche Dinge, ich begegnete Menschen zum ersten oder wiederholten Male, aber im nüchternen Tageslicht, am Arbeitsplatz, erschien es mir unmöglich, dass ich das war. Mitunter gefiel mir diese gefährliche Seite an mir, doch als ich anfing zu trinken, um die Erinnerungen an die vergangene Nacht zu verdrängen, wusste ich, dass das Spiel aus war. Einsam und verzweifelt verlor ich mich in dem, was im Blauen Buch als »der tiefe Morast des Selbstmitleids« bezeichnet wird. Ich versank und wusste, dass der Alkohol mich besiegt hatte.

Es ist schwer, beim Gang über die Insel nicht über ihre Entstehung nachzudenken. Selbst kurze Küstenabschnitte weisen die unterschiedlichsten Gesteinsformationen auf: gefährlich aufgetürmte viereckige Felsplatten, zwischen denen sich Tümpel bilden; Abschnitte, die aussehen wie ein »verrücktes Straßenpflaster«; gewellte Gesteinsoberflächen. Wie Buchseiten sind die Gesteinsschichten an den Klippen zu erkennen. Die Schichten der einzelnen Inseln waren einst miteinander verbunden, als der Archipel noch eine durchgehende Landmasse bildete, doch das Meer und das Eis haben sie im Laufe von Jahrtausenden abgeschliffen. Brandungstore, Felsnadeln und Höhlen sind Belege für diese fortgesetzte Erosion.

Der größte Teil von Orkney besteht aus Caithness-Sandstein, grauem Sedimentgestein, das hier Schiefer genannt wird und im Zeitalter des Devon, vor 400 Millionen Jahren, entstand. Es lässt sich in glatte Stücke brechen und eignet sich gut zum Bau von Trockenmauern. Einige Gebiete – auf Hoy und Eday – bestehen aus rotem Orkney Sandstein, aus dem auch die St.-Magnus-Kathedrale in Kirkwall erbaut wurde.

Als sich die Meeresspiegel nach der letzten Eiszeit wieder stabilisierten, sahen die Inseln von Orkney bereits fast so aus wie heute, allerdings fehlten ihnen noch die Konturen, die das Meer ihnen im Laufe von Jahrtausenden eingravierte. An den geschützteren Küstenabschnitten ist die Landschaft sanft, doch an die ausgesetzten Küsten im Westen branden die über den Atlantik heranrauschenden Wellen mit voller Wucht, sodass Felsnadeln und hochaufragende Klippen entstanden wie jene am St. John's Head von Hoy, die sich 365 Meter aus dem Meer erheben.

Auf geologischen Karten von Orkney zieht sich eine Bruchlinie der Länge nach über Papay. Sie verläuft durch die Gegend um das Rose Cottage und spaltet den North Hill. Ich suche nach dieser Verwerfung, während ich auf der Insel bin, obwohl ich nicht genau weiß, wie sie aussehen müsste.

Ich beschäftige mich mit der Frage, warum ich zur Alkoholikerin geworden bin. Vielleicht wurde ich mit einer körperlichen Veranlagung geboren. Auf AA-Treffen habe ich wiederholt die Theorie gehört, Alkoholiker würden Alkohol auf ungewöhnliche Weise abbauen, wir hätten einen erhöhten Spiegel oder gar eine Überproduktion von Acetaldehyd, das beim Abbau von Alkohol entsteht:

Wir sind also allergisch gegen die Substanz, nach der es uns verlangt. Das ist eine verlockend einfache Erklärung, die allerdings bei den meisten Medizinern nicht mehr gebräuchlich ist.

Alternativ könnte ich auch eine genetische Veranlagung besitzen, obwohl es in meiner Familie meines Wissens keine anderen Alkoholiker gab. Ich könnte die Geisteskrankheit meines Vaters dafür verantwortlich machen, denn ich habe gelesen, dass bei Kindern von manisch-depressiven Eltern sämtliche Formen von Angststörungen gehäuft auftreten. Möglicherweise liegt die Ursache auch in einem bestimmten Ereignis begründet. Schädliche Kindheitserfahrungen werden ebenfalls mit einer gesteigerten Suchtgefährdung in Verbindung gebracht. Ich könnte erschütternde Erfahrungen verantwortlich machen – die Scheidung meiner Eltern oder Liebeskummer in der Pubertät. Dennoch war ich irritiert, als ich von Therapeuten gedrängt wurde, mich in meiner Kindheit umzusehen. Obwohl ich mit einem manisch-depressiven Vater aufwuchs, wurde ich immer geliebt, man hat mich nicht missbraucht, und ich fühlte mich nicht traumatisiert. Ich fand es zu einfach, mich von jeglicher Verantwortung freizusprechen und meinen Eltern die Schuld in die Schuhe zu schieben, die sich alle erdenkliche Mühe gegeben hatten. Im Großen und Ganzen hielt ich es einfach für eine Gewohnheit, die außer Kontrolle geraten war: Durch mein jahrelanges systematisches Trinken hatten sich meine Bremsen abgeschliffen, wie es die Wellen mit den Felsen tun, und zwar so sehr, dass sie nicht wieder repariert werden konnten.

An einem Tag, an dem der Südostwind kräftige Wellen gegen die Felsen von Fowl Craig peitscht, mache ich auf dem Hügel einen Spaziergang. Ich setze mich hin, um das Meer zu betrachten und über Dad nachzudenken. Ich finde ihn schwierig in letzter Zeit. Auch wenn er seit fünfzehn Jahren keinen Psychiater mehr aufgesucht hat und seit zehn Jahren keine Medikamente mehr nimmt, war er in den letzten Wochen ein wenig aufgewühlt, launenhaft und reizbar. Und zwar so sehr, dass Leute, die ihn seit Langem kennen, fürchten, er könnte auf dem Weg in eine manische Phase sein.

Kurz bevor er das letzte Mal zwangseingewiesen wurde, ich war damals noch ein Teenager, gab mir Dad einen Blankoscheck, mit dem ich in die Stadt gehen und mir etwas kaufen sollte – vermutlich ein Handy –, was toll war, aber unterschwellig auch besorgniserregend, weil ich inzwischen gelernt hatte, dass leichtfertige Geldausgaben ein Symptom der Manie waren. Es ist ein schmaler Grat zwischen impulsivem und gefährlichem Verhalten. Grandiose Vorstellungen und verrückte Geldausgaben sind so lange aufregend, bis sie es nicht mehr sind.

Jetzt hat er Facebook entdeckt, eine tolle Sache für isoliert lebende Landwirte, aber einiges von dem, was er postet – Schäkereien mit Frauen, provokante Bemerkungen an die Adresse von zurückhaltenden orkadischen Bauern –, ist mir peinlich. Es frustriert ihn, wenn andere Leute keine Kommentare abgeben oder darüber lachen. Das Royal College of Physicians beschreibt den Beginn einer manischen Phase als geprägt von »extremem Wohlgefühl,

Optimismus und Energie«, gekennzeichnet von »großspurigen Gedanken und Verhaltensweisen« und der Neigung, »sich über andere Leute zu ärgern, die diese optimistische Haltung nicht teilen«. In diesem aufgekratzten, geselligen Zustand findet er andere Leute verkrampft.

Trotzdem kann ich es ihm nachfühlen. Während eine Welle zerschellt und Schaum in meine Richtung spritzt, wird mir klar, dass ich weiß, wie er sich fühlt, *weil ich mich beim Trinken genauso gefühlt habe.* Manche Symptome der Manie ähneln der Trunkenheit: das Hochgefühl und der Optimismus, die rasenden Gedanken, die eingeschränkte Urteilskraft und die Impulsivität, das waghalsige Verhalten. Anfangs kann es Spaß machen – zu kommunizieren und Pläne zu schmieden, sich zuversichtlich zu fühlen und provokante Dinge zu sagen, die eine Reaktion heraufbeschwören. Ich war diejenige, die Unwillige auf die Tanzfläche zerrte, die mit dem Türsteher argumentierte, um in den Club eingelassen zu werden, und meinem Freund erklärte ich, dass ich nichts Unrechtes getan hatte, dass ich nur Spaß haben, die Grenzen austesten und richtig leben wollte.

Mir geht etwas durch den Kopf, worüber ich noch nie zuvor nachgedacht habe: Vielleicht war das Trinken für mich zumindest teilweise der Versuch gewesen, die manischen Zustände zu erreichen, die ich durch meinen Vater erlebt hatte. Es kommt mir so einfach vor, und im Gegensatz zu vielen anderen Erklärungen, die ich für meine Sucht angeboten bekam, leuchtet mir diese ein. Die Vorstellung, dass ich nicht geistesgestört, sondern lediglich meiner eigenen Manie nachgejagt bin, passt zu dem, was ich mithilfe des Alkohols gesucht habe, und zu den Gefühlen, die ich durch ihn zu erlangen hoffte. In gewisser Weise war meine Trunkenheit ein Versuch, meinem Dad nachzueifern und ihn sogar zu beeindrucken, auch wenn mir das nicht gelang: Ich war wild, frei und lebendig.

Mit dem Trinken verfolgte ich eine Vision davon, wie Menschen sich offener verhalten könnten, denn ich wollte zum Äußersten vordringen und Extreme austesten. Dabei ignorierte ich jedoch beharrlich Beschwerden und Probleme. Für andere Menschen, die nüchtern und normal sind, ist dieses Verhalten irritierend. Sie fühlen sich unwohl in deiner Nähe und sind unsicher, was du als Nächstes tun wirst. Du kannst nicht ununterbrochen tanzen.

Jeder Alkoholexzess ist ein manisch-depressiver Kreislauf im Kleinformat. Erregung und Hochstimmung schlagen um in unkontrollierbares, gefährliches Verhalten. Der Kater am nächsten Tag ist die unvermeidbare depressive Phase, die darauf folgt. Wenn man einige Zeit später wieder zu sich kommt, sieht man die Schäden und erodierten Beziehungen. Verloren in Selbstmitleid und Ichbezogenheit entschuldigt man sich und gelobt, sich beim nächsten Mal besser unter Kontrolle zu halten.

Aufgekratzt stehe ich von meinem Steinsitz auf: Ich habe beim Verständnis meines eigenen Verhaltens einen Durchbruch erreicht – angeregt von der Energie des Meeres und des Windes. Es ist nicht in der Praxis eines Therapeuten geschehen, oder indem ich gewissenhaft das Entzugsprogramm absolvierte oder mich mit Dee unterhielt, sondern hier draußen, beim Beobachten der Wellen. Ich habe mich über Hydrodynamik und die mathematischen Kriterien dafür informiert, dass eine Welle bricht, was geschieht, wenn die Wellenhöhe mehr als ein Siebtel der Wellenlänge erreicht. Man unterscheidet dabei zwischen Schwallbrechern, Sturzbrechern, partiellen Sturzbrechern sowie Reflexionsbrechern. Doch auch wenn sie auf unterschiedliche Weise brechen, können Wellen nur eine bestimmte Höhe erreichen, ehe sie abstürzen.

Ich hätte wissen müssen, dass es mit dem Trinken kein gutes Ende nehmen würde, als sich bei mir »Starrezustände« oder kleine Anfälle einstellten, die bei meinen Alkoholexzessen immer früher einsetzten.

Steife Handgelenke waren das erste Warnzeichen. Dann wurden meine Ellbogen starr, und ich konnte das Glas nur noch mit steifen Armen heben wie ein Roboter. Doch es spielte keine Rolle, wie es mir dabei ging, heben *musste* ich das Glas. Ich hatte Mühe, meine Zigaretten auszudrücken. Dann konnte ich nicht mehr reden oder schlucken und begann zu sabbern. Ich musste auf den Zehenspitzen wippen oder mich mit dem ganzen Körper förmlich gegen die Wand werfen, um die Spannung zu lösen, ansonsten fiel ich zusammengesackt vom Stuhl. Ich versuchte mich aufs Sofa zu ziehen. Das schon wieder. Und mir war völlig klar, dass ich in der Falle saß, dass ich von der Substanz, die mir schadete, und von der beschämenden Gewohnheit, mich allein zu betrinken, nicht mehr loskam.

Die Lähmungszustände stellten sich auch ein, wenn ich unter Leuten war. Ich schleppte mich dann mit steifen Beinen auf die Toilette, wo ich mit der geballten Faust die Tür verriegelte und so lange auf den Zehenspitzen wippte, bis ich wieder entspannt genug war, um auf die Party zurückzukehren, als wäre es völlig normal, zu erstarren und zu sabbern und anschließend weiterzutrinken. Ich wusste, dass es Warnzeichen waren, doch ich war lange Zeit nur darauf bedacht, die Anzeichen zum Verschwinden zu bringen, damit ich weitermachen konnte.

Mittlerweile habe ich mich über alkoholbedingte Neuropathie informiert – durch Alkoholkonsum und Vitaminmangel verursachte Nervenschädigungen –, aber schon damals wusste ich, obwohl ich mit dem Trinken weitermachte, dass der Alkohol meinem Gehirn Schaden zufügte. Der amerikanische Schriftsteller David Foster Wallace, der ebenfalls suchtkrank war, beschrieb die Ironie der Sucht mit der Formulierung, sie präsentiere sich als Lösung des von ihr geschaffenen Problems. Die Anfälle wissentlich herbeizuführen, war verrückt, aber ich hatte das Gefühl, in der Falle zu sitzen.

Auf dem Hügel hatte ich etwas entdeckt, das meiner Ansicht nach die Verwerfung sein könnte, ein kaum erkennbarer grober Einschnitt – doch in vielerlei Hinsicht spielt es keine Rolle, was die Ursache war oder wo die Verwerfung begann. Worauf es ankommt ist, dass ich das Problem erkenne, welches bei AA im Ersten Schritt so schön als

Machtlosigkeit und Unfähigkeit, das Leben zu meistern, zusammengefasst wird. Anschließend braucht es die Bereitschaft (Schritt Zwei und Drei), mit den Symptomen umzugehen und aufzubrechen in ein Leben ohne Alkohol (Schritt Vier bis Zwölf). Das Trinken abzustellen war nur der Anfang – es nimmt den körperlichen Aspekt in Angriff – und sorgte dafür, dass ich dem Drang aus dem Weg ging, der eingesetzt hatte, als ich mit dem Trinken begann. Die körperliche Entgiftung und Erholung liegt inzwischen lange zurück, aber der emotionale Aspekt – die Besessenheit – ist immer doch da.

Der Zweite Schritt besagt: »Wir kamen zu dem Glauben, dass eine Macht, größer als wir selbst, uns unsere geistige Gesundheit wiedergeben kann«. Für unser nächstes Treffen hat Dee mich gebeten, darüber nachzudenken, ob ich an die Existenz einer Macht glaube, die größer ist als ich selbst.

Widerstrebend denke ich an die Kräfte, die ich hier auf den Inseln erlebe: den Wind und das Meer. Und ich denke an Erosion und Korrosion. Die Kraft der Korrosion ist in Orkney ein gewaltiges Problem und auf dem winzigen Papay erst recht, weil das Salz über die ganze Insel geweht wird, sodass man es nach einem Sturm von den Fenstern kratzen kann. Alles, was aus Metall ist, ob Autos oder Fahrräder, rostet in null Komma nichts.

Ich denke an die Kraft des animalischen Instinkts, der die Wachtelkönige bis nach Afrika leitet und mich, mitten in der Nacht und stockbesoffen, zum Haus meines Liebsten. Ich denke an die Entrophie, jenes Konzept hinter dem unweigerlichen Übergang von Ordnung in Unordnung. Am Strand finde ich einige Glasstücke, die von einem Aschenbecher stammen mögen und so lange im Meer gelegen haben, dass sie inzwischen fast zu Kieseln geworden sind.

Trotz meines Unbehagens darüber, mich mit der Frage womöglich in zweifelhafte Ecken der Spiritualität zu begeben, die für mich so schwer zu fassen ist, komme ich zu dem Schluss, dass ich die Existenz einer Macht, die größer ist als ich selbst, akzeptieren kann. Damit meine ich nicht Gott, sondern die Dinge, die ich schon von klein auf kenne, die Kräfte, mit denen ich aufgewachsen bin und die stark genug sind, um Schiffe zu zerschmettern und Inseln zu formen.

Das Zwölf-Schritte-Programm besagt, dass Alkoholiker sich ändern müssen, um geheilt zu werden, und dass wir etwas brauchen, was manche eine »spirituelle Erfahrung« nennen, die auch als »gewaltige Gefühlsbewegung und Neuorientierung« beschrieben wird. Ich halte mir vor Augen, wie das Meer das Land verändern kann. Diese Wandlungen – das Bewegen von Sand und Gestein – finden normalerweise ganz allmählich statt, aber manchmal auch plötzlich und monumental. Am Morgen nach starken Ostwinden und hoher Flut befindet sich plötzlich ein Absatz am Strand, der vorher nicht da gewesen war. Das Meer hat über Nacht Tonnen von Sand abgetragen. Möglicherweise wurde er an einem anderen Küstenabschnitt wieder angetrieben oder aber hinausgeschwemmt, wo er auf dem Meeresgrund neue Gesteinsschichten bildet, aus denen neue Inseln entstehen könnten, wenn es Papay längst nicht mehr gibt.

Nachdem er jahrhundertelang ganz allmählich erodiert ist, wird der Stack o' Roo eines Tages – aus geologischer Sicht in allernächster Zukunft – von den gleichen Kräften, die ihn geformt haben, gefällt werden und ins Meer stürzen. Doch die fortschreitende Erosion wird neue Brandungstore aus den Klippen meißeln, die dann zu Felsnadeln und im Laufe der Zeit wieder unterhöhlt werden. Die Insel wird beständig kleiner, die Klippen werden immer kunstvoller ausgeformt. Das Leben wird schmerzhafter, aber interessanter – die Wunden und Verletzungen werden im Laufe der Zeit abgetragen wie Narben in der Küstenlinie.

Auf meinen allmorgendlichen Winterspaziergängen und wenn ich nachts vor Kälte im Cottage zittere, verschieben sich die alten Vorstellungen darüber, wer ich bin, wie ich wurde, was ich bin, und wo ich sein sollte. Eine Persönlichkeit wird durch ständig wiederholte Handlungen geformt, durch erlernte Verhaltensmuster und subtile Belobigungen. Eltern beeinflussen ihre Kinder unbewusst, eine irgendwie geartete Version ihrer selbst zu werden.

Ich denke in größeren Zeitspannen, in geologischen Maßstäben, erledige am Tag einfach nur so viel, wie ich kann, ohne es aufzuschieben, weil es vielleicht nicht ganz perfekt ist. Ich suche weder den schnellen Kick noch die sofortige Belohnung, sondern denke an die Gefühle anderer Menschen und an die Konsequenzen.

Eine Veränderung, die ich mir erlaube einzugestehen, ist, dass ich die kurzen Stunden des Rauschs vermisse und dass es schade ist, zu einem besonderen Anlass nicht mit einem Glas Champagner auf jemanden anstoßen, nicht mit einem Mann eine Flasche Wein teilen oder nach der Arbeit ein kaltes Glas Bier genießen zu können. Ich gestatte mir, das als Verlust zu empfinden. Doch diese Verluste sind sehr klein im Vergleich zu der Fähigkeit, einen Job, eine Beziehung oder einen irgendwie gearteten stabilen Geisteszustand beizubehalten. Ich habe auf jeden Fall gelernt, mir vor Augen zu führen, was mich erwartet, wenn ich wieder trinken würde: Chaos gefolgt von Depression.

Systematisches Trinken ist ein unzulängliches Heilmittel, ein wiederholter Fehler, eine Reise, die nie ans Ziel führt. Welche Ungezwungenheit und Hochgefühle es mir auch versprach, ich fand sie nicht mehr: Sie rannten davon, blieben wie Hether Blether immer gerade jenseits des Horizonts. Es war nie genug, bis ich es nicht mehr aushielt.

Ich habe gehört, dass Europa und Amerika immer weiter auseinanderdriften, weil bei Island Lava in den Spalt zwischen den Kontinentalplatten aufsteigt. Geologie spielt sich für mich nicht nur in großem Maßstab ab, sondern auch im Kleinen, in der Art und Weise etwa, wie Sand gemahlen wird. Die verschiedenen Strände in Orkney haben ganz unterschiedliche Sedimente; manche Gebiete bestehen aus ganzen Muscheln, andere aus zersplitterten Muschelteilen und wieder andere aus winzigen Sandkörnern. Im Nordosten von Papay gibt es eine Höhle, in der der Sand fast ausschließlich aus Eisen besteht, das von einem Schiffsunglück herrührt. Ich finde fossile Regentropfen, die zwei Milliarden Jahre alt sind, Souvenirs aus einer Zeit, als die Sonne noch weiter von der Erde entfernt war.

In großartigen Momenten, wenn ich high bin von frischer Luft und der Freiheit auf dem Hügel, studiere ich meine persönliche Geologie. Mein Körper ist ein Kontinent, auf den nachts Kräfte einwirken. Da ich unter Bruxismus leide, knirsche ich mit den Zähnen wie tektonische Platten. Wenn ich blinzle, flackert die Sonne, mein Atem treibt Wolken über den Himmel, und die Wellen rollen im Takt mit meinem Herzschlag an den Strand. Jedes Mal, wenn ich niese, blitzt es, und wenn ich einen Orgasmus habe, bebt die Erde. Die Landspitzen der Insel erheben sich aus dem Meer wie meine Glieder in der Badewanne, meine Sommersprossen sind bedeutende Wahrzeichen und meine Tränen Flüsse. Meine Liebhaber sind tektonische Platten und steinerne Kathedralen.

# 23

# TRIDUANA

Ich komme nicht oft in den Süden der Insel – ohne Auto ist mir die Fahrt zum Laden im Winter meist weit genug –, aber heute besuche ich zum ersten Mal den Loch of Tredwell. Als es zu morastig wird, lasse ich das Fahrrad stehen und gehe zu Fuß über die büscheligen »Streifen«, das sandige Land, das den Loch, die Bucht und das Meer miteinander verbindet. Es ist wieder ein anderer Lebensraum als die den Elementen ausgesetzte Heide auf dem North Hill, sumpfig, mit halb versunkenen Toren und Zaunpfählen, halb Land, halb Wasser.

Ich schrecke grasende Gänse auf, die davonfliegen und sich elegant zu einem V formieren. An einem einzigen Herbstwochenende wurden in Orkney über 21 000 brütende Graugänse gezählt: Es gibt jetzt offiziell mehr Gänse als Menschen auf den Inseln. Wenn im Winter die Zugvögel aus dem Norden dazukommen, erhöht sich die Zahl auf 76 000, was etwa der Hälfte der isländischen Grauganspopulation entspricht. Der Zustrom macht die Vögel zu einer Plage für die Bauern, denen sie das Gras wegfressen. Hundert Tiere wurden in den letzten Monaten geschossen.

Über eine kuppelförmige Landzunge, die in den Loch hineinragt, schreibt Jocelyn Rendall von der Holland Farm in ihrem Führer, sie sei »gekrönt mit einem faszinierenden Gewirr aus zerstörten Gebäuden«. Die kreisförmige kleine Halbinsel, die einst eine Insel war, ist eine frühe christliche Pilgerstätte mit den Überresten einer Kapelle, die etwa ins achte Jahrhundert zurückdatiert. Wie an vielen bedeutenden Orten wurde die Kapelle auf den Fundamenten eines wesentlich älteren Komplexes errichtet, dessen archäologische Überreste – eine Wand und eine Bank – der Eisenzeit zugerechnet werden. Als der Laird von Papay die Stätte 1879 erstmals freilegen ließ, entdeckte man auf der zum Loch hin gelegenen Seite unterirdische Gänge.

Ich sitze oben auf dem Hügel und rauche. Ich kann verstehen, warum dieser Ort über viele Jahrhunderte hinweg etwas Besonderes war. Wie beim Steinkreis von Brodgar auf Mainland hat man das Gefühl, sich im Herzen der Insel zu befinden, umgeben von einem Ring aus Loch, Land und Meer, mit einem wunderbaren Blick über den Holm und die dahinterliegenden Inseln. In Orkney ist das Land oft nur eine schmale Trennlinie zwischen Himmel und Wasser, das Meer oder einen Loch hat man dagegen fast immer vor Augen.

Auf Luftaufnahmen von der Landzunge sieht man die konzentrische Anlage und die Kapelle in der Mitte. An diesem Nachmittag spiegelt sich der dunkler werdende Himmel in den verschiedenen Gewässern – auf dem Loch kräuselt der Wind die Wasseroberfläche, das Meer wird von der hereinströmenden Flut aufgewühlt. Mit brummenden Propellern fliegt das kleine Flugzeug auf dem Rückweg nach Mainland über mich hinweg. Die Ruhe und Schönheit des Ortes sind beruhigend.

St. Tredwell, die auch als Triduana, eine »heilige Jungfrau« oder Nonne, bekannt war, wurde vom Piktenkönig Nechtan umworben, der ihre schönen Augen bewunderte. Als Antwort riss sich Triduana die Augen heraus und schickte sie ihm auf einen Dorn gespießt. Ich habe verschiedene Versionen der Geschichte gelesen, in einigen heißt es, der König habe versucht, Triduana zu vergewaltigen, und sie habe aus Selbsterhaltungstrieb gehandelt, andere erklären es zu einem Akt der Liebe.

Die Geschichte um St. Tredwell ist schwammig. Möglicherweise war sie eine heidnische Göttin, die als Heiligengestalt neu erfunden wurde. Papay wird mit ihr »in Verbindung gebracht« und gilt als der Ort, an dem sie begraben liegt. Wahrscheinlicher aber ist es, dass ihre Knochen beziehungsweise die Relikte, die mit ihr in Verbindung gebracht wurden, lange nach ihrem Tod hierherkamen, falls es sie überhaupt je gegeben hat.

Im nördlichen Schottland gibt es eine ganze Reihe von Brunnen und anderen Örtlichkeiten, die Triduana geweiht sind. Ein Buntglasfenster in der St.-Magnus-Kathedrale zeigt sie mit einem Heiligenschein und voller ruhiger Heiterkeit, von einem Licht durchströmt, das sie nicht mehr sehen konnte.

Im zwölften Jahrhundert hat sich die Kapelle am Loch

zu einem Pilgerort vor allem für Blinde und Menschen mit Augenleiden entwickelt. Die Pilger glaubten, dass sie auf Papay die erhoffte Heilung finden würden, und kamen aus ganz Orkney und von noch weiter angereist. In der Orkneyinga Saga findet sich ein Bericht über den Grafen Harald Maddadsson, der 1201 gefoltert wurde, indem man ihm »die Zunge herausschnitt und ein Messer ins Auge trieb«, und den man anschließend dorthin brachte, »wo St. Tredwell ruht und er sowohl seine Sprache als auch sein Augenlicht wiedererlangte«.

Noch fünfhundert Jahre später reisten die Gläubigen hierher. Der presbyterianische Pastor John Brand beschreibt im Jahr 1700 die »abergläubischen Leute«, die an diesen Ort pilgerten. »Jene, die fähig sind, zu gehen, umrunden den Loch so viele Male, wie es sie für eine Heilung erforderlich dünkt, ehe sie vom Wasser Gebrauch machen, und all das, ohne zu sprechen, weil sie glauben, das Sprechen würde der Heilung Abbruch tun.« Es heißt, die Pilger seien dreimal um den Loch gewandert, um dann ihre Augen im Heilwasser zu baden.

Meine Abneigung gegen Religion, insbesondere gegen die Kirche meiner Mutter, ließ mich zögern, mich auf die Zwölf Schritte einzulassen. Ich vermeide es, über Gott und Glauben nachzudenken oder zu reden, ich bekomme Herzklopfen davon und werde wütend. Bei AA sagen sie, dass es genau diese Art von »Groll« sei, die häufig zum Trinken führe. Auch wenn ich auf meinen kühlen, rationalen Verstand nicht verzichten will, möchte ich abstinent bleiben, deshalb muss ich mich diesen Gefühlen stellen, wie sie es mir im Behandlungszentrum gesagt hatten.

Früher war ich gläubig. Mein Bruder und ich sind von klein auf mit Mum zur Kirche gegangen. Es war nicht die konventionelle Church of Scotland, die es überall auf den Inseln gibt, mit schrumpfenden Gemeinden, außer bei Hochzeiten und Beerdigungen. Die Wahl, die Mum getroffen hatte, war allumfassend, daseinsfüllend.

Die Orkney Christian Fellowship traf sich in Schulen und Gemeindezentren. Es gab keine Kirchenlieder, sondern fromme Popsongs mit Gitarre, hoch erhobene Arme und Halleluja-Rufe. Ich erlebte charismatische Priester und theatralische Rettungen, lauschte einer Sprache, die geprägt war von Begriffen wie »wiedergeboren«, »Heiliger Geist«, »gerettet werden« und »Zeugnis ablegen«.

Man lehrte mich, dass die Menschen die Kirche seien, nicht das Gebäude. Dass wir Jesus in unser Herz bitten sollten. Dass es die Hölle und den Teufel wirklich gab. Mit zwölf nahm ich an einer Wochenendveranstaltung über »Liebeslehren« teil und erfuhr, dass Homosexualität und Masturbation falsch seien. Ich sprach in Zungen. Mit dreizehn litt ich an Kopfschmerzen, für die die Ärzte keine Ursache fanden. Mum fuhr mit mir nach Süden zur Konferenz eines evangelikalen Predigers aus den USA, wo ich Kranke und leidende Gläubige Schlange stehen sah, die, nachdem er sie an der Stirn berührt hatte, »erschlagen im Geist« zu Boden fielen.

Die Neuzugänge in Mums Kirche waren oft Menschen, die wie sie selbst nach Orkney gezogen waren und damit zu kämpfen hatten. Die Leiter der Gemeinde waren wohlmeinend, aber auch dominant und drückten anderen ihre Ansichten und ihre Art der Gottesverehrung auf.

Mit vierzehn begann ich, mir anzuhören, was andere Leute, darunter auch mein Vater, zu sagen hatten. Einflüsse außerhalb der Kirche wurden wichtiger für mich. Als Teenager wechselte ich von Religion zum Rock'n'Roll, von der Lektüre moderner amerikanischer Bibelübersetzungen zu toten Dichtern und Musikzeitschriften. Meine Kindheit bewegte sich zwischen der Freiheit des Bauernhofes und kirchlicher Disziplin.

Ich hörte auf, in die Kirche zu gehen. Ich war nicht länger gläubig. Ich schrie Mum an, dass ich nie die Tochter sein würde, die sie sich wünschte, dass ich niemals Jesus nachfolgen, sondern in die Hölle kommen würde. Arrogant und gehässig verglich ich Mums sonntägliche Erfahrungen in der Kirche, die in Verzückung erhobenen Arme und das Singen später oft mit meinen samstäglichen Clubnächten. »Aber«, pflegte ich theatralisch anzufügen, »ich weiß wenigstens, dass ich mir etwas vormache.«

Wenn man erst einmal getauft ist, gibt es kaum einen Weg zurück. Diese Art von Glauben entfremdet den Gläubigen von anderen Menschen – von Freunden und Familie.

Der Dritte Schritt besagt, dass wir den Beschluss fassen: »unseren Willen und unser Leben der Sorge Gottes – wie wir Ihn verstehen – anzuvertrauen«. Ich sträube mich, die Kontrolle abzugeben, und glaube auch nicht, dass das möglich ist. Schließlich müssen wir trotzdem weiter Entscheidungen treffen. Dennoch bittet mich Dee, den Ausdruck »anzuvertrauen« einfach aus einem anderen Blickwinkel zu betrachten. Man kann den »Gotteskram« von AA auch als alternative Denkweise sehen, die darauf abzielt, gesund zu werden. Süchtige müssen lernen, ihr Ego zu zügeln – jenen Intellekt, der uns das alles überhaupt eingebrockt hat. Meine Denkprozesse scheinen mir bislang nicht gutgetan zu haben, also ist es sicher den Versuch wert, es anders anzugehen.

In Wirklichkeit ist das Programm gar nicht so geheimnisvoll. Es ähnelt an vielen Stellen der kognitiven Verhaltenstherapie, mit Ratschlägen, wie man schädliche Denkmuster und Verhaltensweisen erkennen und versuchen kann, sie zu ändern, oder dem Vorschlag, einen Schritt zurücktreten und die Konsequenzen zu bedenken, bevor man handelt.

Ich kämpfe mit meinen Gedanken. Es ist, als wäre ich aus zwei völlig unterschiedlichen Hälften zusammengesetzt: jener Hälfte, die mich zum Entzug und den AA-Treffen gebracht hat und die seit zweiundzwanzig Monaten und zwanzig Tagen keinen Tropfen Alkohol mehr angerührt hat; und jener anderen Hälfte, die von einer Flasche Wein träumt und trotz allem das Gefühl hat, mein »wahres Ich« zu sein. Ich will nicht loslassen. In meinem Inneren werden Schlachten geschlagen.

Ich bin mit guter Sehkraft und wenig Glauben ausgestattet, aber als Zeichen der Bereitschaft, Neues auszuprobieren, vollziehe ich heute das Ritual der Pilger und umrunde den Loch entgegen dem Uhrzeigersinn. Der GPS-Tracker auf meinem Handy zeigt an, dass der Rundweg fünf Kilometer lang ist, für die ich achtundsiebzig Minuten brauchen werde. Ich ducke mich unter Elektrozäunen hindurch, klettere über Stacheldraht und balanciere über Trockenmauern. Der unebene Torfboden ist sumpfig, und das Wasser spritzt an meinen Gummistiefeln hoch. Auf halbem Weg setzt Regen ein, der mir vom Meer her ins Gesicht weht. Ich stelle mir vor, wie eine Kranke diese Wanderung absolviert, jemand der halb blind in Röcken und Unterröcken dreimal schweigend die Runde macht.

Indem ich nach Papay gekommen bin, tue ich es den verzweifelten Pilgern nach, die beschwerliche Reisen auf sich nahmen, um zu dieser heiligen Insel zu gelangen. Schon zur Wikingerzeit war Papay ein besonderer Ort, und in der Orkneyinga Saga wird beschrieben, wie man den Leib des Grafen Rognvald zum Begräbnis nach Papa Westray brachte.

Ist Triduana an den Ufern dieses Lochs entlanggeschritten? Ich frage mich, wie sie sich wohl gefühlt hat, eine wunderschöne junge Frau, deren Kraft und Glaube so stark waren, dass sie sich solche Gewalt antun konnte. Ihr Liebesdienst oder ihr keuscher Eifer hatten eine solche Überzeugungskraft, dass er einen Jahrhunderte währenden Kult schuf.

Der Frieden meiner beschwerlichen Wanderung entlang des Lochs wird von einer Kornweihe zerstört, die heranfegt und Enten und Sumpfvögel aufschreckt und in die Flucht treibt. Ich reibe die Narbe an meinem Hinterkopf. Vor meinem geistigen Auge sehe ich mich angeseilt auf einem Trampolin mitten in einem Rückwärtssalto verharren. Ich hänge fest: Ich bin hier auf Papay, aber im Geiste bin ich im Internet und in London, ich will genesen, verschließe mich aber einem »spirituellen Programm«.

Auch Menschen, die in der heutigen Zeit auf die Inseln kommen, sind häufig auf der Suche nach oder auf der Flucht vor etwas. Was erwarte ich mir von diesem Ritual? Bilde ich mir etwa ein, es würde mich zu einem besseren Menschen machen oder heilen, wenn ich hierherkomme und den Winter tapfer allein durchstehe? Hoffe ich auf ein Wunder? Wird Triduana mich von der Sucht befreien, wenn ich den Loch auf die vorgeschriebene Weise umrunde?

Wenn ich mich bewege, fühle ich mich wohl und bin in der Lage, psychisch wie physisch voranzukommen. Ich nutze das Wandern und Schwimmen, um meine aufgewühlten Gedanken zu beruhigen. Das Schwimmen im Meer trägt immer stärker dazu bei, die unspezifischen, schleichenden Ängste zu lindern, die ich häufig empfinde. Der Schock des kalten Wassers verjagt jeden geistigen Stress, weil mein Körper plötzlich ganz andere Sorgen hat. In dieser Hinsicht ist Schwimmen eine milde Form der Elektroschocks, die Dad erhalten hat.

Als ich die Runde vollendet habe, gehe ich die Umrisse der Landspitze ab, ehe ich den Mauern der beiden inneren

Kreise folge und dabei sicherstelle, dass mein GPS-Tracker die Umrisse genau registriert. In meinem Notizbuch habe ich mein eigenes »Gebet des Dritten Schrittes« notiert, das uns als Bestandteile des Zwölf-Schritte-Programms empfohlen wird. Die Beispiele, die ich gelesen habe, handeln alle von Gott oder mystischen Kräften, an die ich nicht wirklich glaube, daher geht mein Entwurf nur so weit, wie es mir gefällt. Ich nehme einen Stein von der Landspitze und beginne, mein Gebet laut vorzulesen. Die Vorstellung zu beten, ist mir regelrecht zuwider, trotzdem werde ich beim Sprechen immer sicherer und lauter. Ich vergegenwärtige mir die Vorstellung, »mich anzuvertrauen«, und werfe den Stein in den Loch, sehe den Wellen, die er verursacht, nach, bis sie verschwinden.

Ich bin durch die tiefste See traumgewandelt, habe mir die Finger an der Tastatur meines Laptops wundgeschrieben und mit den Zähnen geknirscht, aber im Augenblick bin ich entspannt. Diese Kapelle im Loch ist ein Rückzugsort, ein gut befestigter Ausguck. Ich muss an Triduanas Augen auf dem Dorn denken, an die Augen des letzten Riesenalks, der in Spiritus eingelegt im Zoologischen Museum von Kopenhagen für alle Zeiten vor sich hinstarrt.

Trotzdem hasse ich Mum und ihre Kirche nicht für das, was sie mich gelehrt haben, ebenso wenig wie ich die alten Pilger dafür hasse, dass sie geheilt werden wollten. In gewisser Weise bewundere ich ihren tiefen Glauben. Welchen Sinn hat Religion, wenn man nicht wirklich glaubt? Wenn die Interpretation der Bibel stimmt und alle unerlösten Seelen in die Hölle kommen, dann sollten es die Gläubigen auf den Straßen wirklich laut herausschreien.

Religion ist eine andere Art des Versuchs, zur Transzendenz vorzudringen, die Suche nach den gleichen intensiven Erfahrungen, den gleichen Orten der Geborgenheit, die andere in Raves, in Trunkenheit, in der Liebe, im Aberglauben oder in der Manie finden. Ohne diese Dinge ist das Leben schal. Daher würde ich Mum ihren Glauben, trotz seiner extremen Form, nicht nehmen wollen.

Der Loch ist wieder still, mein Stein zwischen den Relikten und eingestürzten Gängen versunken. Ich bin kein frommes achtzehnjähriges Keltenmädchen aus dem achten Jahrhundert mit einer Binde um die Augen, ich bin eine Heidin aus dem einundzwanzigsten Jahrhundert mit einem Schal um den Kopf, die in Gummistiefeln auf einem BMX-Rad sitzt. Ich muss mich beeilen: Meine Hände sind kalt, und der Laden hat freitags nur zwei Stunden geöffnet.

## 24

# FAIR ISLE

Auf Papay war Fair Isle für mich bislang ein Schemen am äußersten Rand meines Sichtfelds, knapp hinter dem Horizont. Über dem Küchentisch hängt die Reproduktion einer Karte von Orkney und Shetland aus dem Jahr 1654, auf der »The Faire Yle« als konturloser Umriss auf halber Strecke zwischen den beiden Inselgruppen zu sehen ist. Beim Seewetterbericht zählen Orkney und Shetland zum Seegebiet von Fair Isle, daher spitze ich abends beim Zubettgehen die Ohren, wenn der Name fällt: »Wind: Ost bis Nordost drehend, starker bis stürmischer Wind, 6–8 Beaufort. Seegang: rau oder sehr rau. Mit winterlichen Schauern. Sicht: gut, gelegentlich schlecht.«

Es gibt so viel Himmel hier in Orkney, dass ich zusehen kann, wie das ständig wechselnde Wetter heranzieht. Bei nördlichen Winden kommt es über den North Hill von Fair Isle. Auch wenn man für kurzfristige Wettervorhersagen am besten aus dem Fenster schaut, verfolge ich daneben eifrig die Wetterberichte im Internet. Außer der Wetterseite der BBC konsultiere ich die Northern Isles Weather-Webseite, die von Dave Wheeler auf Fair Isle betreut wird. Ich stelle ihn mir gern als abtrünnigen Meteorologen vor, der auf dieser entlegenen Insel hinterm Horizont völlig unabhängig agiert.

Auf der Hogmanay-Feier erfahre ich, dass einige Bewohner von Papay Nachfahren einer von Fair Isle herübergekommenen Familie Irvine sind und dass der Irvine's Geo jener Küsteneinschnitt ist, in dem sie mit ihrem Boot landeten. Anfang des neunzehnten Jahrhunderts waren die Lebensbedingungen auf Fair Isle so hart, dass dagegen selbst das Leben auf Papay verlockend wirkte. Die Familie packte ihre Habseligkeiten in ein kleines Boot und ruderte nach Süden, vermutlich ohne genau zu wissen, wo sie antreiben würde. Sie sollten ihre Heimat nie wiedersehen, außer an sehr klaren Tagen am Horizont.

Je häufiger die Insel erwähnt wird, desto größer wird mein Drang, sie zu besuchen, bis ich nicht mehr widerstehen kann. Am »Verrückten Freitag«, wie der letzte Freitag vor Weihnachten in den Pubs von Kirkwall genannt wird, an dem es mir vorkommt, als wären alle außer mir unterwegs, um sich auf irgendwelchen Partys vollaufen zu lassen, fasse ich den verwegenen Plan, Anfang Januar nach Fair Isle zu fahren. Ich werde die Nachtfähre von Kirkwall nach Lerwick in Shetland nehmen (Fair Isle gehört offiziell zu Shetland) und von dort auf die Insel fliegen. Als ich die Flüge buche, warnt man mich, dass ich dort möglicherweise länger bleiben muss, als geplant. Um diese Jahreszeit kommt es bei der Fähre und den Flugzeugen häufig zu wetterbedingten Verspätungen durch Nebel, Wind oder raue See.

Dreizehn Tage nach Weihnachten bin ich neben den angesammelten Postsäcken der einzige Passagier des Inselfliegers, der vom Flughafen Tingwall auf der Hauptinsel von Shetland nach Fair Isle übersetzt. Aus der Luft sehe ich Shetland-Schafe, die zu zweit gefährlich nah an den Klippenrändern grasen. Im Westen ragt der Inselblock von Foula auf. Wir fliegen ein ordentliches Stück über das Wasser, ehe sich am Horizont Fair Isle spektakulär aus dem Meer erhebt. Auf der Karte scheint es, was die Fläche angeht, große Ähnlichkeit mit Papay zu haben, laut Statistik umfasst Fair Isle 7,68 Quadratkilometer und Papay 9,18 Quadratkilometer, aber hier vor Ort wirkt die Insel durch ihre Höhe größer: Sie steigt bis zum Ward Hill auf 217 Meter an, wird von steilen Klippen umschlossen und ist mit hoch gelegenen, steinigen Grasmatten bedeckt.

Es ist ein ungewöhnlich milder Tag für die Jahreszeit, ich wandere hinauf zum North Lighthouse, von dem ein schmaler Pfad über einen schwindelerregenden Abgrund zu einem außer Betrieb genommenen Nebelhorn führt. Fair Isle hat etwa ebenso viele Einwohner wie Papay, ungefähr siebzig, die alle im Süden der Insel leben, vor allem in den weißen Cottages des National Trust for Scotland. In geduckter Haltung trotzen sie dem harschen Klima und dem allgegenwärtigen Meer. Während von Papay aus die umliegenden Inseln zu sehen sind, gibt es hier nichts als Ozean, und man fühlt sich abgelegener und dem Wetter mehr preisgegeben. Fair Isle ist nicht nur die entlegenste bewohnte Insel Großbritanniens (auch wenn Foula darauf ebenfalls Anspruch erhebt), sie ist neben Tiree auf den Hebriden auch der windigste Ort des Landes.

Die Insel ist völlig anders als die anderen Orte, an denen ich gewesen bin, abgesehen vielleicht von Rackwick auf Hoy, einem einsamen Dorf an einer Bucht zwischen hohen, klippengesäumten Hügeln. Wohin man sich auch dreht, bieten sich einem spektakuläre Ausblicke auf die Küste, geschwungene Linien, die von hoch aufragenden Klippen unterbrochen werden. Der an eine Skisprungschanze erinnernde Sheep Rock verleiht der Insel ein unverkennbares Profil; es kommt einem absurd vor, dass dort bis 1977 Schafe gehalten wurden, die mit Seilzügen nacheinander von den tief unten liegenden Booten hinaufgehievt und auf dem gleichen Weg wieder herabgelassen wurden.

Ein Vogelbeobachtungsstand ragt über einen Klippenrand hinaus, und ich schiebe mich hinein. An den Felsen tummeln sich viele Eissturmvögel, zur Brutzeit muss es hier von ihnen wimmeln. Eine Mantelmöwe hockt wie ein Piratenkönig auf der Spitze eines eisbergförmigen Riffs.

Fair Isle ist berühmt für sein Vogelobservatorium, das Ornithologen anlockt, die hier die brütenden Seevogelkolonien beobachten und im Frühling und im Herbst seltene Zugvögel entdecken. Da die Insel in dem großen Meeresgebiet auf der Flugstrecke zwischen Skandinavien, Island, den Faröern und dem restlichen Europa der einzige Flecken Land ist, zieht sie riesige Zugvogelschwärme an, weitverbreitete Arten ebenso wie ausgesprochen seltene

Exemplare. Die Täler sind voller Helgoland-Fallen, Trichterfallen zum Fangen und Beobachten von Vögeln.

Beim Übersteigen eines Mauertritts verliere ich das Gleichgewicht und plumpse ins Gras. Als ich mich ein bisschen erschrocken wieder aufrichte und über die Mauer schaue, sehe ich, wie ein Auto stehen bleibt. Der Fahrer steigt aus, zieht ein totes Schaf aus dem Kofferraum und stößt es mit dem Fuß über den Klippenrand in den Abgrund. Abgründe gibt es hier viele.

Da ich auf der Nachtfähre von Orkney nicht viel geschlafen habe, bringt mich das frühlingshafte Wetter auf die Idee, mich in meinen Regenmantel zu wickeln und in einer geschützten Senke ein Nickerchen zu machen, doch die von meinem steinernen Kissen aufsteigende Kälte erinnert mich daran, dass es Januar ist. Die wogende Nordsee, die das Schiff auf- und niedertanzen ließ, mein Magen und die Orkneyinga Saga hatten mich nicht schlafen lassen. Stattdessen las ich von alten nordischen Grafen, die im zehnten Jahrhundert durch dieselben Gewässer gesegelt waren, die mich gerade durchschüttelten, und fühlte mich im Raum und in der Geschichte verortet.

Zu den Zeiten, von denen die Sagas erzählen, hatte Fair Isle eine große strategische Bedeutung. Man errichtete ein Leuchtfeuer auf der Insel, das angezündet werden sollte, um den Grafen Paul in Orkney zu warnen, wenn sich das Schiff von Graf Rognvald aus Shetland näherte. Rognvald allerdings war schlauer und schickte eine Schiffsattrappe voraus: »Als man das Leuchtfeuer auf Fair Isle auflodern sah, ließ Thorstein Rognuson das Feuer auf

North Ronaldsay entzünden, und so wurde auf den Inseln ein Feuer nach dem anderen entfacht. Alle Bauern versammelten sich um den Grafen und bildeten eine stattliche Armee.«

Nach diesem Fehlalarm schickte Rognvald einen Spion nach Fair Isle. »Uni wählte drei junge Shetländer aus, die in einem Boot mit sechs Ruderplätzen, Proviant und Angeln mit ihm nach Fair Isle kommen sollten, und ruderte hinüber.« Dort gab sich Uni als Norweger aus, dem Graf Rognvald Unrecht getan habe, und bewarb sich um die Aufgabe, sich um das Leuchtfeuer von Fair Isle zu kümmern. Als Rognvalds echtes Schiff auftauchte, war Uni verschwunden und das Leuchtfeuer mit Wasser übergossen, sodass es nicht brannte. In dieser Nacht gelangte keine Warnung nach Orkney, und es versammelte sich auch keine Armee.

Als der Kapitän um sechs Uhr morgens mit dem Gong über Lautsprecher unsere Ankunft in Lerwick ankündigt, stelle ich mir vor, wie auf den Hügeln nacheinander die Leuchtfeuer aufscheinen wie unsere modernen Leuchttürme, Lichtpunkte in der dunklen See.

Dave Wheeler ist nicht nur Wettermann von Fair Isle, sondern auch Flughafenmanager, Kleinbauer und Standesbeamter, der das Register der Geburten, Todesfälle und Eheschließungen führt. Außerdem ist er professioneller Fotograf und unterrichtet in der Schule einen IT-Kurs (Schülerzahl: sechs, genau wie auf Papay). Als Dave in den frühen Siebzigern des letzten Jahrhunderts von Yorkshire auf die Insel kam, gelang es ihm, den Britischen Wetterdienst zu überzeugen, dass sie eine Messstation auf Fair Isle benötigten, um eine Lücke im Wetteraufzeichnungssystem zu schließen. »Du musst eine Nische finden«, erklärt er mit Blick auf das Inselleben und erzählt, dass er und seine Frau Jane Kühe mitgebracht hatten, die auf der Insel Seltenheitswert besaßen und deren Milch sie verkauften. Ich denke an meine Eltern, die in den Siebzigern nach Orkney gezogen waren, und an die Fotos von ihnen in Wollpullovern und mit anderen Frisuren.

Auch wenn ein Teil seiner Geräte zur Wetteraufzeichnung inzwischen automatisiert wurde, schickt Dave jeden Tag in regelmäßigen Abständen Berichte an den Britischen Wetterdienst, von sechs Uhr früh bis in die Nacht. Er zeigt mir die Messstation auf seinem kleinen Anwesen, »dem Acker«, im Schatten des Sheep Rock. Thermometer messen Luft-, Gras- und Bodentemperatur; auf einem Pfahl in zehn Metern Höhe befindet sich ein Windmesser, das Standardinstrument des britischen Vorhersagedienstes; und ein wunderschönes Gerät, das aussieht wie eine Kristallkugel, misst die Dauer des Sonnenscheins. Die Glaskugel ist eine Linse, erklärt Dave. Sie bündelt die Sonnenstrahlen, die dann auf einem Papierstreifen eine Spur einbrennen. Aus der Länge der Brennspur lässt sich die Sonnenscheindauer auf die Stunde genau ablesen. Die Streifen werden jeden Tag nach Sonnenuntergang gewechselt.

Ich sehe mir eine Fotoserie an, die Dave mit einer festinstallierten Webcam im Laufe weniger Monate vom gleichen Bildausschnitt und mit der gleichen Blende aufgenommen hat. Die Kamera macht jede Stunde eine Aufnahme, sodass die gewaltigen Veränderungen von Licht und Wetter, der Tage und der Jahreszeiten auf den Bildern gut zu erkennen sind. Ich sehe, wie sich das grüne Gras unter dem blauen Himmel am Ende des Winters in verwaschene Felder verwandelt. Morgens, wenn die Sonne den Sheep Rock von hinten anstrahlt, liegt dieser im Schatten, während abends jede Einzelheit des Felsmassivs zu erkennen ist. Ein Sonnenuntergang hüllt alles – Himmel, Klippen, Hügel – in Pink. Ich sehe grauen Himmel und Whiteouts. Einmal liegt der Sheep Rock im Nebel, ein anderes Mal ist die Kameralinse voller Regentropfen. An sehr sonnigen Tagen erscheint die Sonne als schwarzer Punkt, weil die Kamera das Licht gar nicht verarbeiten kann.

Der Wind sorgt dafür, dass ich die Insel nicht wie geplant am folgenden Tag verlassen kann. Wie man es mir vorhergesagt hatte, werden die Flüge gestrichen. Ich denke darüber nach, welchen Unterschied es macht, sich freiwillig dafür zu entscheiden, auf eine Insel zu kommen, oder dort festzusitzen, gestrandet zu sein. Als Teenager hatte ich geschrien: »Ich habe nicht darum gebeten, hier geboren zu werden«. Ich hasste es, dass meine Eltern mich überall hinfahren mussten und mir der Wind um die Ohren pfiff, sobald ich vor die Tür trat.

Ich verbrachte eine zusätzliche Nacht in der alten Unterkunft des Leuchtturmwärters im South Lighthouse. Der Leuchtturm wurde 1890 gebaut und 1998 automatisiert. Das Nebelhorn an der Vorderseite, das vierzig Kilometer weit zu hören war, wurde 2005 abgeschaltet. Die Rasenflächen rund um den Leuchtturm sehen aus, als würden sie von einem Platzwart gepflegt, doch in Wirklichkeit sorgen die salzige Luft und der peitschende Wind dafür, dass das Gras kurz bleibt.

Während ich die Küste entlangwandere, höre ich Auslandskorrespondenten der BBC zu und fühle mich wie ein Punkt im Ozean. Ich beschließe, zum Malcolm's Head hinaufzusteigen, von dem manche behaupten, dort soll das in der Sage beschriebene Leuchtfeuer gestanden haben – ein verwegener Plan bei diesem Sturm. In gebückter Haltung erklimme ich den Hügel, vermutlich schauen mir die Inselbewohner in den Häusern weiter unten amüsiert dabei zu. Wie eine Luftmatratze stemme ich mich gegen den Wind: Es raubt mir den Atem und laugt mich aus – eine echte Ganzkörpererfahrung. Der Wind ist so laut, dass man seine eigenen Gedanken nicht mehr versteht. Schaumfetzen wehen über die Klippen, mir ins Gesicht. Immer wenn ich denke, dass der Wind nachgelassen hat, kommt eine neue mächtige Bö.

Neben Vogelfreunden gehören zu den Besuchern des Leuchtturms auch »Insel-Sammler«, die darauf erpicht sind, so viele schottische Inseln abzuklappern wie nur möglich. Für die Volkszählung im Jahr 1861 definierte man Inseln als »jedes von Wasser umgebene Stück Land, das von Menschen bewohnt wird oder mit genügend Bewuchs, um ein oder zwei Schafe zu ernähren«. Hamish Haswell-Smith dagegen spricht in seinem Buch der Isle of Skye hochnäsig den Inselstatus ab, weil sie durch eine Brücke mit dem Festland verbunden ist. Nicht besser ergeht es den Orkneyinseln Burray und South Ronaldsay, die im Zweiten Weltkrieg durch die »Churchill Barriers« mit Mainland verbunden wurden, vier Dämmen, die deutsche U-Boote aufhalten sollten. Neben den »Insel-Sammlern« gibt es auch »Leuchtturm-Sammler« und »Marilyn-Sammler«: Leute, die vielleicht schon sämtliche Munros bestiegen haben, wie schottische Berge mit einer Höhe von über 915 Metern genannt werden, und die sich nun den Marilyns zuwenden, Hügeln von mehr als 150 Metern Höhe, zu denen auch der Ward Hill auf Fair Isle gehört.

Ein weiterer Grund, der Menschen nach Fair Isle bringt, ist die Erforschung der eigenen Familiengeschichte. In Kanada und den USA leben Tausende Nachkommen von Menschen aus Fair Isle mit Nachnamen wie Stout oder Irvine. Bei der Erwähnung meiner geplanten Reise erzählen mir mehrere orkadische Freunde, dass ihre Urgroßeltern ursprünglich von der Insel stammten. Mein Freund Rognvald Leslie zeigt mir ein Foto seines Urgroßvaters George, auf dem nicht nur dessen gepflegte, gut aussehende Erscheinung ins Auge sticht, sondern auch seine reichlich exotischen Züge, die ihn fast wie einen Mongolen, Inuit oder Samen aussehen lassen. Das mag ein Zufall sein, aber vielleicht fühlen sich die Leute von Fair Isle auch besonders anderen Menschen in Randlagen verbunden, robusten Leuten aus dem hohen Norden. Rognvald erzählt, dass sein Urgroßvater in einem Cottage namens Pund gelebt hatte, das, wie ich von Dave erfahre, eines der beiden verlassenen und zerfallenen Gebäude auf der Insel ist – in den meisten Fällen werden die Steine der verlassenen Häuser schnell für ein anderes Gebäude verwendet –, und er weist mir den Weg. Im Nebel durchkämme ich die eingefallenen Trümmer des Hauses, in dem jetzt Tierfutter gelagert wird, und die Außengebäude. Ich finde heraus, dass die Herzogin von Bedford im Pund gewohnt hat, wenn sie in den frühen Zwanzigerjahren des letzten Jahrhunderts zur Vogelbeobachtung auf die Insel kam, und ich kann es kaum abwarten, Rognvald von seinen aristokratischen Verbindungen zu erzählen.

Ich bin eine von wenigen Besuchern, die sich im Januar hierher verirren, daher wissen die Inselbewohner von mir, noch bevor ich ihnen begegne. Die Frau im Laden weiß, wo ich abgestiegen bin. Aber was habe ich im Januar auf Fair Isle verloren? Eine alleinstehende Frau ohne eine simple Erklärung? Die weder Vogelfreundin ist noch ihrer Familiengeschichte auf der Spur. Ich bin mir nicht sicher. Ich habe einfach bei Google Maps gescrollt, lese seit Ewigkeiten Wikipedia-Einträge, und jetzt bin ich hier. Meine Freizeit ist nicht länger mit Trinken und Ausgehen ausgefüllt, ich habe weder Kinder noch große Verantwortung, also tue ich stattdessen das hier: Ich besuche Orte im Norden, von denen einer abgelegener ist als der andere, und folge der Landkarte bis an den Rand. Es ist die Geschichte darüber, was passiert, wenn man mit dem Trinken aufhört. Es ist die Freiheit der Abstinenz.

Als ich trocken wurde und ich mich in die ungewisse Zukunft stürzte, hatte ich keine Ahnung, was geschehen würde. Ich wusste nicht, dass ich nach Orkney zurückkehren und mein heißester Wunsch darin bestehen würde, den rauen Ruf des Wachtelkönigs zu hören. Ich wusste nicht, dass ich anfangen würde, im Meer zu schwimmen und mein Schreiben ernster zu nehmen. Und ich wusste auch nicht, dass ich mich Anfang Januar, von Wind und Sprühnebel umtost, auf der entlegensten Insel des Landes wiederfinden würde, wo ich allein bei Sturm einen steilen Hügel erklomm. Aber ich musste mir die Chance geben, es herauszufinden.

Über die Herkunft des Namens »Fair Isle« herrscht Uneinigkeit. Er könnte von »fairway« (Fahrwasser) oder »thoroughfare« (Durchgangsroute) abgeleitet sein, für einen Ort auf halber Strecke zwischen Orkney und Shetland, nach dem sich navigieren lässt. Es kommt mir merkwürdig weitsichtig vor, dass Fair Isle genau so platziert ist, dass man die nächsten Orte – North Ronaldsay in Orkney und Sumburgh Head in Shetland – in etwa vierzig Kilometern Entfernung gerade noch am Horizont erahnen kann. Die Insel ist völlig abgelegen, aber dennoch nicht ganz isoliert. Der Leuchtturm von North Ronaldsay ist der höchste an Land befindliche Leuchtturm Großbritanniens, sodass man sein Leuchtfeuer auch auf Fair Isle sehen kann. Eine andere These besagt, dass die Insel einfach wegen ihrer Schönheit »Fair« genannt wurde.

Da Fair Isle für zahlreiche Schiffsunglücke berüchtigt ist, wurden auf der Insel verschiedene Methoden angewendet, um vor ihren gefährlichen Felsen zu warnen. Neben zwei Leuchttürmen und Nebelhörnern gibt es eine Nebelsignalstation, die 1885 erbaut, aber nur ein Jahr lang als Alternative zum Nebelhorn genutzt wurde, um vorüberfahrende Schiffe vor der Insel zu warnen. Bei dichtem Nebel oder Schnee feuerte man alle zehn Minuten eine Signalrakete ab, die 240 Meter über der Wasseroberfläche explodierte. Oben auf Malcolm's Head befindet sich neben der Stelle, an der das Leuchtfeuer der Wikinger gestanden haben soll, ein Wachturm aus dem frühen neunzehnten Jahrhundert, auf dem während der napoleonischen Kriege nach feindlichen Schiffen Ausschau gehalten wurde. Auf dem Ward Hill befinden sich die Überreste einer Radarstation aus dem Zweiten Weltkrieg sowie Hütten der Küstenwache, von denen mit bloßem Auge nach in Not geratenen Seefahrern Ausschau gehalten wurde.

Für die militärische Verteidigung spielt Fair Isle heute keine Rolle mehr, aber als Außenposten, der meilenweit vom Rest der Welt entfernt liegt, hat die Insel für meteorologische und ornithologische Beobachtungen weiterhin strategische Relevanz.

In meiner letzten Nacht auf Fair Isle wird die Erde etwa eine Stunde, nachdem ich eingeschlafen bin, relativ dicht von einem Asteroiden passiert. Der Asteroid 99942 Apophis sorgte einst für große Furcht, als man berechnete, dass er im Jahr 2029 mit 2,9-prozentiger Wahrscheinlichkeit auf die Erde prallen würde. Doch mit jedem Jahr wird die Simulation seiner Flugbahn durch die Astronomen genauer, und heute Nacht fliegt er in etwa dreizehn Millionen Kilometern Entfernung an uns vorbei. Es gibt dort draußen zehn weitere Asteroiden mit einem höheren Risikograd als Apophis, die von einer Anlage der NASA in Kalifornien mit leistungsstarken Teleskopen beobachtet werden.

Vor dem Fenster meines Zimmers im Leuchtturm fahren vier rotierende Lichtstrahlen alle dreißig Sekunden durch den Nebel, ein charakteristisches Kennzeichen. (Draußen auf dem Meer werden die Strahlen als Blinken wahrgenommen, und ich erkenne es zwei Tage später wieder, gegen neun Uhr abends auf dem Deck der Fähre, mit der ich nach Orkney zurückkehre.) Drinnen im Leuchtturm schlafe ich unter den Strahlen ein und träume von Warnsystemen: Leuchtfeuern, Signalraketen, Leuchttürmen, Satelliten und Teleskopen. Ich träume von den Gefahren und Kuriositäten, die wir vorherzusagen, zu berechnen und in den Griff zu kriegen versuchen, während sie über das Meer, den Himmel und durch den Weltraum auf uns und diese kleine Insel zukommen.

## 25

# FEUER

An der Wand des Behandlungszentrums hing neben den Arbeiten meiner AA-Freunde aus Kunsttherapiekursen – Regenbogen und inspirierenden Losungen – die Filzstiftzeichnung eines Hundes, dessen Schwanz in Flammen stand. Ich habe sie während der nicht enden wollenden Gruppentherapie-Sitzungen oft angeschaut. Sie sprach mich irgendwie an.

In meiner letzten Woche im Entzug kam ein Neuer zu uns. Es war, wie bei so vielen, seine zweite Runde, und ich stellte zu meiner Freude fest, dass er der Künstler war. Froh darüber, dass seine Arbeit jemandem gefiel, überließ er mir die Zeichnung als Abschiedsgeschenk. Der Hund mit dem brennenden Schwanz hängt jetzt im Rose Cottage an der Wand, als Erinnerung an jene zwölf Wochen und daran, dass dies meine letzte Chance war: Ich will das ganze System nicht noch einmal durchlaufen und mich ständig im Kreis drehen. Außerdem erinnert mich die Zeichnung daran, dass, sollte ich riechen, dass irgendetwas brennt, es wahrscheinlich ich selbst bin.

Auf Papay sieht man mit einiger Aufregung dem Eintreffen eines Müllschiffs entgegen. Sperrmüll wird für diese Gelegenheit aufbewahrt, damit er von der Insel weggebracht wird, statt ihn nach der alten Methode einfach über die Klippe zu werfen. In früheren Zeiten entsorgte man tote Schafe, indem man sie eine Felswand hinunterwarf – auf unserem Hof hinab in den Nebo Geo. Heute ist das verboten, und Dad hat am hinteren Ende eines Feldes einen Metallcontainer stehen, in dem die Leiber verwesen. Wenn ich dort vorbeigehe, steigt mir immer ein leichter Aasgeruch in die Nase.

Feuer sind eine weitere beliebte Methode der Müllentsorgung, die meisten Haushalte haben im Garten eine geschwärzte Stelle. An windstillen Tagen sieht man von den tief liegenden Inseln Rauch- und Flammensäulen aufsteigen und häufig auch an Sonntagen. Trotz unserer kleinen Einwohnerschar gibt es auf Papay drei verschiedene kirchliche Gruppierungen – Church of Scotland, Gospel Hall und Quaker –, die Feuer hingegen sind eine Verbindung zu etwas Vorchristlichem.

Papay hat eine eigene Feuerwehr, die aus geschätzten fünf Mitgliedern besteht, denen ein kleines Honorar gezahlt wird, doch der zeitliche Aufwand und die Übungen machen es schwer, eine komplette Mannschaft zusammenzustellen. In der Großstadt hatte ich mich daran gewöhnt, dass Feuerwerke von den örtlichen Behörden beaufsichtigt wurden, mit Sicherheitsbarrieren und Aufpassern in Signalwesten. Allerdings erinnere ich mich auch an die Feuer, die einmal in der Woche auf unserem Hof brannten, und an den Gestank der brennenden schwarzen Plastikfolien, die von den Silageballen stammten. Hier draußen beaufsichtigen wir unsere Feuer selbst.

Neben praktischen Anlässen gibt es auf Papay auch Feuer zu Feiern und speziellen Anlässen. Seit drei Jahren findet Mitte Februar ein Festival für zeitgenössische Kunst statt, die Papay Gyro Nights, die von Ortsansässigen und dem Künstlerpaar Ivanov und Tsz Chan auf die Beine gestellt werden, einem Paar, das vor fünf Jahren auf die Insel gezogen war und inzwischen eine auf Papay geborene Tochter hat. Dass hier ein Kunstfestival stattfindet, ist schon erstaunlich genug, noch erstaunlicher aber ist, dass es in der Nebensaison stattfindet, wenn die Stürme wüten und die Nächte dunkel und lang sind.

Die alte Tradition der »Night of the Gyros« wurde auf Papay bis ins frühe zwanzigste Jahrhundert immer beim ersten Vollmond im Februar begangen. Junge Burschen liefen hinaus in die Winternacht und wurden von älteren Jungen verfolgt, um ihnen »im Licht des Vollmonds mit einem Strang Tang das Fell zu gerben«. Die letzte bekannte Feier fand 1914 statt, und nun, einhundert Jahre später, wird die Tradition mit dem Kunstfestival auf moderne Art wiederbelebt. Der Schwerpunkt des Festivals liegt auf experimenteller Videokunst. Einige Künstler sind zusammen mit einer kleinen, aber begeisterten Gruppe internationaler Besucher und neugieriger Orkadier nach Papay gekommen. Das Hostel ist praktisch die ganze Woche ausgebucht, ein Novum um diese Jahreszeit, und die Frauen von der Insel kochen Essen für alle.

Es ist lustig mitanzusehen, wie Insulaner und Besucher, von Kindern bis zu alten Leuten, Bauern wie Performancekünstler im kalten Kelplager stehen und sich brav einen einstündigen Experimentalfilm ansehen, in dem maskierte Gestalten merkwürdige Rituale vollziehen. Das Publikum ist wesentlich gemischter und aufmerksamer, als es in einer Londoner Galerie der Fall wäre, auch wenn ich sehe, wie sich einige Leute mit der Ausrede, ihre Kinder seien müde, davonschleichen. Die Menschen auf Papay sind aufgeschlossen, sie spüren, dass, selbst wenn die Kunst nicht jedermanns Sache sein mag, sie etwas in Gang setzt und Leute auf die Insel bringt.

Ein norwegischer Künstler ist die ganze Woche damit beschäftigt, in- und außerhalb eines verlassenen Bauernhauses in der Nähe vom Rose Cottage eine »kinetische Skulptur« zu errichten. Ich beobachte ihn durch mein Teleskop, sehe, wie er sich müht, im Wind ein Leintuch aufzuhängen. Ein Anthropologe aus Minnesota hält einen Vortrag, bei dem sein Projektor auf dem Rückgrat eines riesigen Pottwals steht. Ein Frog King aus Hongkong baut sein Nest in der Schule.

Ich erinnere mich, dass manche Kunstgalerien in Ostlondon jeden ersten Donnerstag im Monat länger geöffnet hatten und die Leute zwischen ihnen hin und her pendelten, wobei es ebenso sehr um die kostenlosen Getränke wie um die Kunst ging. Mädchen mit übertrieben großen Schleifen auf dem Kopf und Jungen in Altmännerjacketts tranken auf der Straße Lagerbier aus Dosen. Aufstrebende Künstler bevölkerten diese Nächte, sie zeigten Fotos voller

Großstadtromantik, schwiegen sich aber darüber aus, wie sie ihre Tage verbrachten und ihre Miete bezahlten.

Eines Abends zerstörte ich unabsichtlich ein Kunstwerk. Raffinierte Folien-»Stücke« baumelten an Stahldrähten über der Lobby der Galerie, als wären es Kronleuchter, und neugierig und betrunken, wie ich war, beugte ich mich über die Brüstung und zog eines von ihnen herauf. Ein Wachmann kam und tippte mir auf die Schulter, sodass ich den Draht sofort wieder losließ. Der Draht riss und das Kunstwerk stürzte zu Boden. Der Krach war sagenhaft.

Für das Gyro Nights Festival wird ein Architektenwettbewerb ausgeschrieben und der beste Entwurf für ein Feuer gesucht – ein »entflammbares Herzstück« –, das dann errichtet und während des Festivals abgebrannt werden soll; die Beiträge kommen aus aller Welt. Die Architekturstudenten schauen sich Papay auf Google Maps an, um den besten Platz für ihr Feuer ausfindig zu machen – eine Konstruktion mit dem Ziel der eigenen Destruktion. Ein Lagerfeuer ist eine Art kontrolliertes Chaos. Am ersten Abend des Festivals veranstalten wir einen Fackelzug, bei dem wir vom Laden den Hügel hinab bis zum alten Fähranleger ziehen, wo wir mit unseren brennenden Holzfackeln ein Feuer anzünden.

Der Aufenthalt auf dieser Insel, auf der es keine Lichtverschmutzung gibt, macht mir wieder klar, wie dunkel es werden kann. In der Mitte des Winters ziehe ich um halb vier Uhr nachmittags die Vorhänge zu. Früher leuchteten viermal im Jahr überall in Orkney die Hügel im orangeroten Schein der Feuer zur Erinnerung an uralte Feste wie Yule, Beltane, Johnsmas und Hallowmas. Im siebten Jahrhundert führte man Vieh und Pferde, Kranke und Gebrechliche »mit der Sonne« um die Feuer, weil man den Flammen reinigende oder belebende Kräfte zuschrieb. Damals wurden Heidekraut und Torf verbrannt, heute sind es eher Holzpaletten oder alte Zaunpfähle. Die Feuer erhellen die Winternächte und verbreiten Hochstimmung und Hoffnung.

Vollmond und Neumond – auch der Vollmond beim Gyro Nights Festival – sind im Winter auch jene Zeiten, in denen man nach *Spoots* Ausschau halten kann, wie die Geraden Scheidenmuscheln oder Messermuscheln hier genannt werden; lange schmale Schalentiere, die man bei Ebbe fangen kann, ohne dafür ein Boot zu benötigen.

Tim zeigt mir bei Neumond am Strand die beste Stelle, wo die Ebbe den »Spoot Sand« freilegt. Wir gehen rückwärts, damit wir die verräterischen Wasserbläschen sehen, die im Sand entstehen, wenn die Scheidenmuscheln, die waagerecht unter der Oberfläche liegen und sich von unseren dröhnenden Schritten gestört fühlen, tiefer eingraben. Sobald ich ein Wasserbläschen entdecke, grabe ich zunächst mit einer Schaufel, dann mit meinen behandschuhten Händen drauflos. Ich spüre, wie das Schalentier von mir fortdrängt, es ist ein Kampf Frau gegen Muschel, aber sie entkommt mir nicht und wandert in meinen Eimer. Noch am selben Abend werden die Muscheln mit etwas Knoblauch gebraten und zu Spaghetti gegessen – ein kleines Mahl, aber so befriedigend wie schon lange nichts mehr, das ich mir mit Spaß und ohne Geld beschafft habe.

Ich bin seit genau dreiundzwanzig Monaten trocken. Ich weiß noch, dass der 21. Februar Saids »Trockenheitsgeburtstag« war, den wir uns im Behandlungszentrum einmal in der Woche gegenseitig nennen mussten. Said war einer der wenigen anderen, die den dreimonatigen Entzug durchstanden, ohne sich »Stoff zu beschaffen«, doch ich habe seit mehr als einem Jahr nichts mehr von ihm gehört. Meine letzte SMS vor einigen Monaten blieb unbeantwortet. Ich versuche es noch einmal. Ich habe kein gutes Gefühl.

Ich simse noch jemandem, mit dem ich mich im Zentrum angefreundet hatte, einem lustigen, zerbrechlichen Mädchen mit Glitzersteinen auf den Fingernägeln und weit mehr Problemen als nur Alkohol, darunter auch Magersucht und Beziehungen mit gewalttätigen Männern. Sie wurde auf halber Strecke aus dem Programm geworfen, nachdem sie zugegeben hatte, abends in einem verzweifelten Moment verschreibungspflichtige Schmerzmittel ihres Freundes geschluckt zu haben. Bei dieser Regel gab es null Toleranz. Ich traf sie später bei AA-Treffen wieder. Sie hing abermals an der Flasche, schaffte es jeweils, ein paar Wochen trocken zu bleiben, doch dann folgte ein Rückfall auf den nächsten. Sie antwortet mir, dass sie in einer geschlossenen Abteilung sitze, nachdem man sie wegen Hausfriedensbruch verhaftet hat.

Auch eine andere Frau, der ich während des Entzugs begegnete, geht mir nicht aus dem Kopf. Sie war aus einer stationären Einrichtung zu uns gekommen, in der sie mit ihrem kleinen Sohn, einem Säugling, gelebt hatte. Sie war seit neun Monaten vom Heroin weg, zeigte sich aber sehr aufrichtig, was ihre Gefühle anging: »Ich fühle mich nicht wohl in meiner Haut«, »Ich will immer noch Drogen nehmen.« Sie sagte nicht einfach nur das, was man von ihr hören wollte, sondern erzählte ohne Scham von ihrem »Sugar Daddy«, nannte die Gruppen langweilig und quälte sich durch das Programm.

Als sie von einer Pension in ein städtisches Übergangswohnheim ziehen wollte, bot ich ihr an, beim Tragen zu helfen, war aber nicht überrascht, als sie zur vereinbarten Zeit nicht am Treffpunkt auftauchte und auch telefonisch nicht erreichbar war. Nach diesem Wochenende kam sie nicht mehr ins Zentrum zurück, und ich bin mir ziemlich sicher, dass sie ihr altes Leben wieder aufgenommen hat, als Prostituierte arbeitet, Heroin nimmt und dass man ihr ihren Sohn weggenommen hat.

Ich glaube, manche Leute sind einfach zu weit abgedriftet, als dass irgendeine Hilfe auf der Welt sie noch dazu bringen könnte, clean zu werden, und die Tücken des Alltags werden immer frustrierend bleiben. Ich muss an diese Frau denken, weil ich, auch wenn ich mich viel besser auf die Abstinenz eingestellt habe, genau weiß, wie sie sich gefühlt hat: gefangen und unzufrieden. Aber ich weiß auch, dass sie dort draußen jetzt nicht glücklich ist.

Während ich an diese Menschen – meine Freunde – zurückdenke und mir vorstelle, wie sie wieder in die Sucht abgleiten, wird mir mit zunehmender Gewissheit klar, dass es für mich weder ein Zurück geben kann noch geben wird.

Es ist eine stille, sternenklare Nacht, und der Geruch von Paraffin liegt in der Luft. Während uns der Frog King den Hügel hinunter zur Feuerstelle führt, schießt mir der Gedanke durch den Kopf, dass das hier noch mehr Spaß machen würde, wenn ich etwas trinken könnte. Es fühlt sich immer noch merkwürdig an, bei festlichen Anlässen nüchtern zu bleiben. Alkohol hatte es mir ermöglicht, im Hier und Jetzt zu sein. Er nahm mir die Anspannung und brachte mich in Schwung. Nach ein paar Gläsern war ich lebhafter und zuversichtlicher.

Trotzdem schüttle ich den Kopf, als mir jemand einen Flachmann anbietet. Ich lächle. Der Mensch mit dem Whisky hat keine Ahnung. Das kommt für mich nicht mehr infrage. Für diejenigen von uns, bei denen es so weit kam, dass wir als Süchtige im Entzug landeten, ist es eine Realität, dass uns – womöglich erschreckend schnell – der Wahnsinn, das Gefängnis oder der Tod erwartet, wenn wir den Alkohol- und Drogenkonsum nicht einstellen. Ich muss neue Möglichkeiten finden, mich zu amüsieren und zu feiern.

Durch den Rauch erspähe ich den norwegischen Künstler, und er lächelt mir zu. Wir waren uns am Vortag am Strand begegnet. Er trug eine Plastiktüte mit sechs verschiedenen Arten von Seetang bei sich. Er ist etwa in meinem Alter, hat meine Körpergröße und ebenfalls lange blonde Haare. Er kommt mir ein bisschen vor wie eine männliche Ausgabe meiner selbst – ein Künstlernomade, den es für kurze Zeit auf diese Insel gespült hat.

Ich empfinde oft noch genauso wie früher. Ich will Kontakt aufnehmen und kommunizieren, weil wir nur im Hier und Jetzt wirklich lebendig sind. Ich will immer noch Extreme austesten, also muss ich Wege finden, dieses Bedürfnis nüchtern zu erfüllen. Ich muss mutig sein. Ich frage mich, ob ich auch ohne Alkohol noch frech sein oder flirten kann. Wenn mir das gelingt, kann mich womöglich nichts mehr aufhalten. In den letzten Monaten haben mich die Angst und mein angeschlagenes Selbstbewusstsein ausgebremst, aber so etwas braucht Zeit. Ich lerne allmählich, in nüchternem Zustand Dinge zu sagen, für die sich andere erst betrinken müssen, um sie auszusprechen.

Als ich noch trank, wollte ich spannende Dinge erleben, aber ich war faul und einfallslos, denn ich ging davon aus, dass der Akt des Betrinkens ausreichen würde, um etwas geschehen zu lassen. Für jede Nacht, in der ich jemand Neues kennenlernte und bei ihm oder ihr zu Hause landete, wo wir Klamotten anprobierten und uns über unsere Lieblingsschriftsteller unterhielten, gab es weit mehr Nächte, in denen ich um drei Uhr morgens allein und ohne Jacke durch die Gegend taumelte und einen Nachtbus suchte, der mich nach Hause bringen würde.

Jemand bietet mir am Feuer an, mich nach Hause zu

fahren, doch ich lehne ab: Ich unterhalte mich gerade mit dem norwegischen Bildhauer. Er berührt meinen Arm. Die Plejaden sind zu sehen, und ich schlage ihm vor, unter den Sternen die Küste entlangzulaufen. Als wir North Wick passieren, erzähle ich ihm von den Selkies und dass sie die Seelen ertrunkener Menschen seien, dazu verdammt, für immer durch das Meer zu schwimmen.

Im Rose Cottage mache ich Feuer, wir setzen uns zu beiden Seiten und unterhalten uns über Seetang, Familien und Kunst. Ich ziehe meine Schuhe aus und stelle die Füße auf die Kante seines Stuhls, und er legt die Hand auf meinen Knöchel, während er weiterredet, und schaut mich an. Erleichtert und froh spürt mein Körper diesem Kontakt nach. Die Berührung lindert Monate der Einsamkeit. Urplötzlich gibt sie mir die Gewissheit, dass Sex nicht nur heute Nacht, sondern auch in Zukunft möglich ist, auch wenn er die Insel morgen früh verlassen und nach Skandinavien zurückkehren wird. Das Leben öffnet sich und dehnt sich vor mir aus, voller funkelnder Möglichkeiten. Er streichelt meinen anderen Knöchel, und das Gespräch gerät ins Stocken.

Ich will Kühnheit entwickeln – Unerschrockenheit und Mut. Ich sehe mir an, wie die Menschen früher mit Dingen umgegangen sind, wie sie mit alten Festen und Feiern den Wechsel der Jahreszeiten begingen. Ich suche nach neuen Zaubern, um die Stimmung im späten Winter aufzuhellen, wenn der Wind sich so schnell dreht, dass er mir aus jeder Richtung ins Gesicht zu wehen scheint, egal, wohin ich gehe. Ich versuche, diese Zeit auf der Insel einzusaugen, weil ich weiß, dass ich sie vermissen werde. Ich habe ohnehin schon zu viel Zeit vergeudet.

Ich erfahre, dass 1952 auf Mainland ein ganzer Hügel Feuer gefangen hat. Die Flammen wälzten sich mit dem Wind voran und erhellten die Nacht. Um diese Jahreszeit tauchen Mischwesen auf und gesellen sich unter die Menschen, Ahnengestalten kehren von den Toten zurück, wir wühlen nach Weichtieren und bringen den dunklen Himmel mit Feuer zum Leuchten. Es sind Zeiten, in denen die Menschen zusammenkommen und sich gegenseitig aufheitern müssen, indem sie die Vergangenheit verbrennen.

# 26

# UNTER WASSER

Es gibt gewisse Dinge, an die ich mich erinnere. Einer unserer Kater verschwand, als er auf dem Außenfeld Hasen jagte, und tauchte Monate später wieder auf, doppelt so groß, mit Narben und nur noch der Hälfte seiner Schnurrhaare im Gesicht spazierte er selbstbewusst in sein altes Zuhause und jagte uns einen Schrecken ein. Ich erinnere mich, dass Dad einmal barfuß von Stromness nach Hause gelaufen war, elf Kilometer querfeldein, über Felder und Zäune, dabei Stück für Stück seine Habseligkeiten verlor und frühmorgens zur Tür hereinstürmte, als wir noch in den Betten lagen, und über einen schwarzen Bullen wetterte.

Wenn die Ärzte mich fragen, sage ich, dass es in meiner Familie weder Herzkrankheiten noch Diabetes oder Krebs gab. Geisteskrankheit steht auf einem anderen Blatt. Sie gibt es auf beiden Seiten. Mums Dad war ebenfalls manisch-depressiv, und erst vor Kurzem habe ich erfahren, dass eine Urgroßmutter väterlicherseits Selbstmord begangen hatte. Es gab Zeiten, in denen ich überzeugt war, dass ich feststellen würde, ebenfalls bipolar zu sein, wenn ich mit dem Trinken aufhören würde, dass ich mich damit einfach nur selbst behandelte. Wenn ich verrückt werden sollte, wäre das alles andere als eine Überraschung.

Manche Aspekte meiner Kindheit kamen mir erst ungewöhnlich vor, nachdem ich Orkney verlassen hatte und mich zurückerinnerte. Als Teenager sammelten wir am Ufer Strandschnecken und verkauften sie eimerweise nach Gewicht an einen örtlichen Schalentierhändler, der sie nach Spanien verschickte oder an Fischfarmen, wo sie das Wasser säubern sollten. Ich erinnere mich an Sommertage oben auf dem Torfhügel im Herzen von Mainland, wo jedem Bauernhof ein bestimmter Abschnitt zugewiesen war, auf dem Torf gestochen werden durfte als Brennmaterial für den Winter. Während Mum und Dad arbeiteten, die Spaten einstachen und Soden aus dem tausend Jahre alten Moor herausschnitten, krabbelte ich, die Augen auf Bodenhöhe, zwischen Wollgras und übers Wasser gleitenden Insekten herum.

Tom und ich fanden einen Berg von Quallen, die in einen Küsteneinschnitt in der Nähe des Hofes gespült worden waren. Es waren so viele, dass sie die Felsen bedeckten und wir voller Sorge durch sie hindurchwateten. Eines nach dem anderen packten wir uns die kühlen, gelatineartigen Tiere auf die Arme, von denen manche zerfielen, und trugen sie zum Ufer zurück, wo wir sie wieder ins Wasser setzten. Diese Quallenart – Ohrenquallen – brennt zwar nicht, ruft aber leichte Vergiftungserscheinungen hervor, sodass unsere nackten Arme und Hände knallrot waren und kribbelten, doch das kümmerte uns nicht: Wir waren Kinder bei einem Katastropheneinsatz und rannten mit Armladungen durchsichtig-pinkfarbener Wabbelmasse über die glitschigen Kiesel.

Zu diesen Massen-»Strandungen« kommt es, wenn die Strömung einen ganzen Schwarm ans Ufer treibt, was häufig im Frühjahr geschieht. Quallen können sich aktiv nur nach oben und unten bewegen, daher werden sie in horizontaler Richtung von Strömungen und Gezeiten vorwärtsgetrieben. Die Namen der Quallen und Medusen, die an den Küsten Großbritanniens zu finden sind, klingen poetisch: Blaue Nesselqualle, Kompassqualle, Segelqualle, Mondqualle, Gelbe Haarqualle, Leuchtqualle oder Portugiesische Galeere. Ohrenquallen, *Aurelia aurita*, sind durchsichtig mit einem Hauch Rosa und blauen Ringen im Innern – ihren Geschlechtsorganen. Quallen sind Silhouetten kaum vorhandener Wesen, die schwebend und unwirklich in der Strömung treiben.

Voller Staunen habe ich mir einige Unterwasseraufnahmen angesehen. Seltsame, wunderschöne Geschöpfe und leuchtende Farben lassen auf die Tropen schließen, doch die Bilder wurden allesamt in den Gewässern von Orkney aufgenommen, im Flachen, nicht weit vom Ufer. Einheimische Schnorchler finden und fotografieren alle möglichen Arten von Fischen, Schalentieren, Anemonen und Quallen. Sie entdecken Seeigel, Schwämme, Seesterne und Meeresschnecken.

Meine Freundin Anne von der RSPB kommt von Mainland nach Papay, um mir das Schnorcheln beizubringen. In der Bucht von North Wick ziehen wir an einer steinigen Stelle unsere Neoprenanzüge und -stiefel an, Handschuhe, Kapuzen, Schwimmflossen und Tauchermasken und gleiten wie etwas tapsige Seehunde ins Wasser.

Bei meinem ersten Schnorchelausflug wirken mehrere neue Eindrücke auf mich ein. Da ist zunächst das Gefühl, von einem Neoprenanzug geschützt im Wasser zu sein und durch den Schnorchel zu atmen, die zweite und noch einprägsamere Erfahrung jedoch ist es, mich dicht über dem Meeresboden umzuschauen und unter Wasser sehen zu können, was mir sonst verborgen bleibt. Auch wenn die hohe Flut und der starke Wind heute keine idealen Schnorchelbedingungen bieten, reicht der Ausflug, um eine Vorstellung von der »anderen Welt« zu gewinnen, in die einzudringen mir Anne begeistert ausmalt.

Anne lässt mir eine Schnorchelausrüstung da, und nach dem nächsten Vollmond mache ich mich bei Ebbe auf den Weg, um es allein zu versuchen. Während ich zum Meer hinunterlaufe, sorge ich mich, dass mir kalt werden oder ich hinaustreiben könnte, und ich entscheide mich für eine geschützte Stelle in einem Abschnitt der Bucht, der als »Weelie's Taing« bekannt und wie eine Lagune ringsum von Felsen umgeben ist. Auf dem Bauch krieche ich ins flache Wasser und merke schon nach kurzer Zeit, dass ich mit dem Schnorchel mühelos atmen kann und der Neoprenanzug mich warm hält. Ich beginne, mich zu entspannen und die Sache zu genießen.

Ich muss mich nicht vorwärtsbewegen, ich treibe einfach auf dem Bauch dahin, betrachte die Dinge um mich herum, bewege mich wie eine Leiche mit der Strömung. Ich vergesse, dass ich an der Oberfläche treibe, und habe das Gefühl, mich tief unten am Meeresboden zu befinden. Mit den Händen ziehe ich mich über Felsen und zerteile Seetang auf der Suche nach versunkenen Schätzen. Einsiedlerkrebse verschwinden in ihre Schale, wenn ich auftauche. Ich sehe rote Seeanemonen und die Eier des Gefleckten Ruderwurms – winzige Klumpen aus flaschengrünen, geleeartigen Strängen, die an den Felsen kleben. Ich entdecke ein rostendes Teil von einem Schiff, das vom Kessel der *Bellavista* stammen könnte.

Normalerweise sehen wir Seetang bei Ebbe am Strand und Quallen, die tot angespült wurden, aber unter Wasser werden sie lebendig. Als ich in etwas tieferes Wasser vordringe, umgeben mich Algen und Seetang in leuchtenden Grün-, Braun- und Rottönen, die aufgerichtet hin- und herschwanken. Es ist, als wäre ich in einem üppigen Wald.

Ich erkunde eine ganz und gar fremde Umgebung, als würde ich mich im Weltall befinden. Es erinnert mich an den Kitzel, den ich empfand, als ich in der Großstadt das erste Mal einen dunklen Club unter den Eisenbahngleisen besuchte und die aufwendig gestylten Grufties und gepiercten Metaller sah; an die Begeisterung, mich unter diesen exotischen, tätowierten Gestalten zu bewegen und dass es so einfach war, eine Welt zu betreten, die ich nur aus Filmen und Musikvideos kannte. Unter Wasser fühlt es sich an, als wäre ich durch den Spiegel getreten.

Ich strecke den Kopf aus dem Wasser, und mein Magen macht einen Satz, als mir klar wird, dass ich abgetrieben bin. Es ist nicht leicht, unter Wasser Zeit, Entfernung und Richtungen einzuschätzen. Ich weiß nicht, wie lange ich schon unterwegs bin. Durch die Lichtbrechung wirken Objekte im Wasser größer und näher. Geräusche pflanzen sich schneller fort. Diese Verzerrungen erschweren die Orientierung zusätzlich. Ich versuche, eine Muschel aufzuheben und stelle fest, dass meine Hand unbeholfen durchs Wasser fährt.

Es dauert nicht lange, bis diese Welt zu meiner neuen Wirklichkeit wird. Der schwankende Seetang spiegelt sich an der Unterseite der Wasseroberfläche, die meinen neuen Himmel bildet. Es ist ein grauer, verhangener Tag, und als ich oben die Maske abnehme, will ich sofort wieder hinunter – dort ist es heller und weiter. Als ich mich schließlich aufrichte, fühle ich mich in meinem Neoprenanzug unbesiegbar, ich kann durch Brennnesseln laufen und Lochs durchqueren. Zu Hause pelle ich ihn ab wie eine Selkiehaut.

Anne postet ständige neue Bilder von Seeigeln, Seeskorpionen, Seehasen und siebenarmigen Seesternen. Sie hofft darauf, einen Oktopus zu entdecken oder sogar das erste Seepferdchen in Orkney seit einhundertfünfzig Jahren. Sie schnorchelt oft in Scapa Flow und erzählt, sie sei manchmal von so vielen schwimmenden und auf dem Meeresboden kreuchenden Geschöpfen umgeben, dass sie sich vorkomme wie in einem Aquarium. Ich kann gar nicht genug lernen und sehen. Das Meer besitzt mehr Tiefe als das Land, und selbst ein kleiner Bereich an der Oberfläche besteht aus vielen Schichten; die Möglichkeit, in ihn vorzudringen, lässt Orkney um ein Vielfaches größer erscheinen. »In Orkney befinden sich die Wälder unter Wasser«, sagt mein »Eisbären«-Freund Sam zu mir.

Es gibt etwa eine Million Meereslebewesen und Hunderttausende Arten, die noch gar nicht entdeckt wurden. Wenn in Orkney ein seltener Vogel gesichtet wird, eilen die Leute hin, um ihn zu sehen, doch über das Leben im Meer ist bis heute vieles noch völlig unbekannt. Die Regierung ist noch damit beschäftigt, Regelungen zur Einrichtung von Meeresschutzgebieten auszuarbeiten, und ständig kommen neue Entdeckungen hinzu. Vor Kurzem wurde bei einer Erkundung in den Gewässern östlich von Mainland eine verblüffende »gesichts- und gehirnlose fischartige Kreatur« entdeckt.

Der Fischer Douglas fährt fast das ganze Jahr über tagtäglich mit seinem Kutter, der *Dawn Harvest*, aufs Meer hinaus, wo er rund um die Insel Fischreusen zum Fang von Hummern und Krabben auslegt und einholt, die er an die Fabrik für Schalentiere in Westray verkauft. Früher gab es drei Hummerfischer, die rund um Papay ihrer Arbeit nachgingen, und davor besaßen auch die meisten Kleinbauern ein kleines Boot, mit dem sie Fische für den Eigenbedarf fingen und ihr mageres Einkommen ein wenig aufbesserten.

Draußen auf dem Meer hat Douglas nicht nur Zwergwale, Glattwale und Orkas gesehen, sondern auch Mondfische – riesige, runde Geschöpfe, so groß wie ein Traktorrad, deren Rückenflosse aus dem Wasser ragt. Er erzählt mir von Fischern in Westray, die eine in Angelschnüre verhedderte tropische Schildkröte aus dem Wasser gezogen hatten. Er berichtet von Basstölpeln, die mit Plastikhalsbändern durch die Gegend fliegen, weil sie durch die Plastikringe der Sixpacks von Getränkedosen geschlüpft waren. Einmal hatte er eine Lumme heraufgezogen, die auf dem Meeresboden in eine Fischreuse eingedrungen war, fünfundfünfzig Meter unter der Wasseroberfläche.

Anne hat noch nie einen Oktopus gesehen, aber Douglas bestätigt, dass es in den Gewässern von Orkney welche gibt. Sie dringen auf der Jagd nach Krabben in Reusen ein, injizieren ein Gift in die Tiere, das ihr Fleisch in den Schalen auflöst. Die Oktopusse sind schlau genug, die Krabben auszulutschen, bevor Douglas bei seinem Fang eintrifft, sie lassen ihm leere Schalen übrig und machen sich auf und davon.

Im letzten Sommer habe ich in einem der wenigen Wälder von Orkney mithilfe eines Spezialdetektors, der Ultraschalllaute in für Menschen hörbare Töne umwandelt, nach Fledermäusen gesucht. Es gibt mehr Dimensionen, als ich angenommen hatte: Frequenzen, die wir normalerweise nicht hören, Lebenswelten, in denen wir nicht atmen können. Es ist aufregend, sie für kurze Zeit zu betreten.

Ich habe gelesen, dass wir möglicherweise mehr als nur fünf Sinne besitzen, beispielsweise Hitzesensoren in der Haut, die spüren, dass etwas heiß ist, ohne tatsächlich damit in Berührung zu kommen, oder die Fähigkeit zu erkennen, dass wir kopfüberhängen.

Als ich nach Papay kam, reizte mich die Vorstellung, dass ich die ganze Insel und alle ihre Bewohner kennenlernen könnte, indem ich dort wohnte und die Insel in alle Himmelsrichtungen erkundete. Kleine Inseln sind leichter zu erfassen als Großstädte, und ich traute mir zu, alles mitzubekommen. Doch dann stoße ich auf das »Küsten-Paradoxon«, das erklärt, warum es unmöglich ist, die genaue Länge einer Küste zu ermitteln. Je kleiner der Maßstab, mit dem gemessen wird, desto länger wird die Küste: Küstenlinien sind fraktal, sie bestehen aus unzähligen, immer kleiner werdenden Einlässen, Rissen, Landzungen und Hügeln, die in der Größe von vielen hundert Kilometern bis zu wenigen Millimetern variieren. Das erklärt auch die enormen Abweichungen bei den Schätzungen der Küstenlänge von Orkney und warum es immer mehr zu entdecken gibt, je länger ich mich auf Papay aufhalte. Ich bin begeistert und entmutigt.

Bei den Anonymen Alkoholikern erzählen Leute, die schon länger trocken sind, die guten Aspekte ihres neuen Lebens seien Dinge, die sie sich nicht hatten vorstellen können und die sie Neulingen auch nicht erklären könnten. Sie sagen, das, was man sich zu wünschen glaube, sei womöglich gar nicht das, was man sich tatsächlich wünsche.

Ich habe mich nie als rustikalen »Outdoor«-Menschen gesehen und weigere mich, einer zu werden. Aber die Dinge, die ich erlebe, ziehen mich immer wieder in ihren Bann. Es gibt begeisternde, strahlende Momente: die wenigen Sekunden, die ein silbernes Kornweihenmännchen eines Nachmittags neben meinem Auto herfliegt; die Tümmler, die rund um unser kleines Boot auftauchen; der herrliche Anblick einer Viehherde, die nach einem Winter im Stall ins Grüne entlassen wird und vor Freude mit himmelwärts gereckten Schwänzen durch die Gegend springt.

Ich befinde mich im freien Fall, doch an diesen Dingen halte ich mich fest. Vielleicht ist es das, was geschieht. Ich habe die Drogen aufgegeben, glaube nicht an Gott, und meine Liebe ist gescheitert, also suche ich mein Glück und meine Höhenflüge jetzt in der Welt um mich herum.

Schnorcheln ist eine völlig neue Erfahrung. Ich betrete ein neues Ökosystem, das meine Gedanken und Sinne stimuliert und mich aus trauriger Routine reißt. Ich fühle mich hinterher so beschwingt und erfrischt, dass ich anderen von dieser seltsamen Welt erzählen will, die so selten zu sehen ist, obwohl sie sich dicht neben unserem Alltagsleben befindet, mit ihren Geheimnissen unter Anlegestegen und am Rand von Autoparkplätzen.

Ich bin nicht verrückt geworden. Dad nimmt keine Medikamente mehr, um seine Bipolarität in Schach zu halten, und war dennoch seit Jahren nicht mehr ernsthaft krank. Er hat einen Weg gefunden, um selbst damit fertigzuwerden, die Trigger zu erkennen, die Verschiebungen und die Gestalt des Meeresbodens zu kennen.

Seit ich trocken wurde, fühle ich mich mitunter überrascht und beglückt vom ganz normalen Leben. Sie kann einem vorkommen wie eine Halluzination, diese erstaunliche Wirklichkeit. Während ich in Neopren gehüllt auf dem Bauch im flachen Wasser treibe und durch einen Schlauch atme, habe ich das Gefühl, eine Tür geöffnet zu haben, die sich zwar schon immer in meinem Haus befunden hat, von mir aber nie bemerkt wurde. Das Leben kann größer und reicher sein, als ich gedacht habe.

## 27

# STRANDUNGEN

1952 stürmte es in Orkney so sehr, dass es die Hühnerställe davonwehte. Siebzigtausend Hühner kamen um, und die Geflügelwirtschaft auf der Insel fand ein rigoroses Ende. In einem Bericht über den Sturm heißt es: »Losgerissene Kühe flogen wie Drachen durch die Luft«.

In der Grundschule dürfen die Kleinsten an stürmischen Tagen nicht zum Spielen nach draußen auf den Schulhof. Während der Sturmtage Anfang Dezember letzten Jahres landete die Hälfte einer von Dads Futtertraufen – ein Stahltrog von fast zwei Metern Durchmesser – fünf Felder weiter, nachdem sie über Zäune und Trockenmauern geflogen war. Die alte Kühltruhe, hinter der ich so gern Schutz gesucht hatte, wurde über das Feld geweht und hätte fast den Wohnwagen getroffen; die Unterstände für die Einkaufswagen vor dem Tesco-Markt in Kirkwall bogen sich durch und knickten ein.

Dank des Golfstroms herrscht auf Orkney ein relativ gemäßigtes Klima, mit milderen Temperaturen als an anderen Orten auf dem gleichen Breitengrad, doch der

Wind ist unser hervorstechendstes Wettermerkmal und für Neuankömmlinge das, womit sie am schlechtesten fertigwerden. Die Bauern führen einen häufig aussichtslosen Kampf gegen den Wind. Dad säte auf einem Feld frisches Gras aus, aber die ersten Sturmböen rissen es wieder aus.

Der Wind und die Salzluft sind der Hauptgrund dafür, dass es in Orkney kaum und auf unserem Hof überhaupt keine Bäume gibt. Die Leute stellen erst gar keine zerbrechlichen Vogelhäuschen oder Treibhäuser auf, weil sie mit der ersten Bö ohnehin verschwinden würden, und auch Schirme sieht man selten. Dieses Jahr hat man den Weihnachtsbaum auf Papay einbetoniert – der letzte wurde fortgeblasen.

Ich mag den Wind, weil ich in ihm aufgewachsen bin: Er versetzt mich in Aufregung, genau wie die Kälber auf den Weiden, die bei stürmischem Wetter herumtollen. Er verleiht mir Energie wie ein Feuer. Ich erinnere mich an Stromausfälle, flackernde Lichter und Fernsehbildschirme, Fackeln, Kerzen und schulfreie Tage. Bei Sturm aus Osten schlagen die Wellen und die Gischt über die Klippen von Fowl Craig. Ich mache einen kurzen Spaziergang und komme mit schmerzenden Ohren zurück, überspannt und erregt. Eine kleine Scheune wird ein Stück nach hinten versetzt; aufsteigender Wasserdunst fängt das Licht ein. Die Wetterfahne auf meinem Haus hat aufgegeben und wirbelt einfach nur noch im Kreis.

Mit der ursprünglichen Beaufort-Skala wurde nicht die Windgeschwindigkeit angegeben, sondern der Effekt beschrieben, den der Wind auf Segelschiffe hatte, angefangen bei »gerade ausreichend für etwas Fahrt« bis hin zu Wind, »dem kein Segeltuch standhalten kann«. In diesem Winter erlebe ich in den Winden der Nördlichen Inseln Abenteuer nach der Beaufort-Skala. Auf Papay und auf dem Außenfeld sind wir dem Atlantik komplett ausgesetzt und in nächster Nähe der vorüberziehenden Tiefdruckgebiete. Wind ist hier nicht nur eine durch Luftdruckveränderungen in der Atmosphäre verursachte Luftbewegung, sondern eine Art zu leben.

Für heute Abend sind Ostwinde vorhergesagt, die Sturmstärke erreichen sollen. Ich schaue auf den Wetterseiten im Internet nach – beim Britischen Wetterdienst und bei Dave Wheeler – und bin fasziniert von der steil ansteigenden Kurve der Windgeschwindigkeitsanzeige und von dem rot eingefärbten Gebiet, das auf Orkney zutreibt. Der Fährbetrieb von Kirkwall nach Papay wurde eingestellt, aber das Nachmittagsflugzeug kommt noch. Ich sehe zu, wie es bei der Landung mit leichtem Schwanken in den Wind eintaucht.

Drinnen am Feuer kann ich spüren, wie der Luftdruck abfällt und der Wind zunimmt. Um das Cottage heult und pfeift es in den verschiedensten Tonlagen, als würde sich ein Orchester einspielen. Ich gehe für ein paar Sekunden hinaus, um das Vogelhäuschen hereinzuholen, und als ich zurückkomme, ist mein Gesicht salzig von der Gischt.

Normalerweise hört man von Orkadiern nicht mehr als »es bläst ein bisschen«, aber heute Abend befinden alle, die im Internet unterwegs sind, dass es »mächtig bläst«. Heute Abend verrammeln die Leute ihre Hühnerställe, weil sie davon ausgehen, dass Mülltonnen und Trampoline durch die Stadt fliegen werden. Ich rede mit Dad, der im Wohnwagen auf dem Hof ist und über Nacht dortbleiben will, »für den Fall, dass sich das Dach ablöst«.

Auf dem Höhepunkt des Sturms, um fünf Uhr morgens, geht im Wohnwagen das Fenster zu Bruch. Im Innern entsteht eine Windhose, die sämtliche Papiere durcheinanderwirbelt. Dinge, die Dad schon besessen hat, als wir noch im Bauernhaus wohnten – Bilder und Möbel – wackeln und stürzen um. Es stürmt im Innern seines Hauses. Dad öffnet die Tür, um den Luftdruck zu verringern, und schafft es, das Fenster mit einer Sperrholzplatte abzudecken. Eine Übergangslösung.

Am übernächsten Vormittag, als der Sturm sich gelegt hat, herrscht auf Papay mit Neugierde vermischte Sorge. Was hat er angerichtet? Ich bin noch da, aber meine Treibholzkiste, die vor dem Haus stand, hat es versetzt. Den Deckel meiner Komposttonne hole ich von einem Feld auf der gegenüberliegenden Straßenseite.

Ich laufe die Ostküste ab, um zu sehen, ob irgendetwas Gutes angespült wurde. Die Kombination aus Ostwinden und Hochwasser war ungewöhnlich. Die Variablen Wind, Luftdruck, Tidenstand, Strömung und Regen hatten sich zusammengetan, um am Ufer große Schäden anzurichten.

Einige Sanddünen waren durchbrochen und die Wellen bis auf die Straße getrieben worden. Inzwischen hat sich das Wasser wieder zurückgezogen, aber auf der Fahrbahn liegen immer noch Steine, Seetang und anderer Unrat verstreut. In North Wick türmen sich riesige Haufen von Seetang, wo zwei Tage zuvor noch keine gewesen waren. Und was vorher als sanft geneigter Hang von den Dünen zum Strand hinabgeführt hatte, ist nun eine Steilstufe. Tonnen von Sand wurden verschoben und Felsen freigelegt.

Drüben auf North Ronaldsay wurden mehr als zwei Kilometer der berühmten Trockenmauer weggespült, mit der die Schafe am Strand gehalten werden, wo sie Seetang fressen – der größte Sturmschaden der letzten fünfundsiebzig Jahre. Auf Shapinsay wurde eine erstaunliche Vielzahl von Fischen – Froschdorsche, Lengfische, junger Kabeljau, Seelachse, Kuckuckslippfische und Gefleckte Lippfische – auf einen Bootsanleger gespült, wo sie auch blieben, als sich die Fluten zurückzogen.

Als ich meinen Spaziergang fortsetze, entdecke ich beim alten Kelplager einen Heuler, der bei der Tür neben einem Betonblock kauert. Ich bleibe stehen, und wir starren uns einen Moment lang an, ehe er mich anfaucht. Nicht weit entfernt schwimmen einige ausgewachsene Robben, ich wünschte, sie würden das Junge zu sich locken.

Ich rufe Tim an, den Wildtierexperten der Insel. Sehr wahrscheinlich wurde der Heuler von seiner Mutter getrennt und von der nahe gelegenen unbewohnten Insel Faray angespült, wo Kegelrobben ihre Jungen aufziehen. Es könnte sein erster Schwimmversuch gewesen sein. Er hat immer noch das weiße Babyfell, aber auch ziemlich scharfe Zähne, was bedeutet, dass er sich im Meer zu verteidigen weiß.

Am nächsten Morgen ist der Heuler immer noch da, aber Tim schafft es, ihn auf einem Sack ins Wasser zu ziehen. Er schwimmt beherzt davon, um in der Wildnis sein Glück zu versuchen.

Vor ein paar Jahren geriet ich im Suff mit einer Frau in Streit, die ich besser in Ruhe gelassen hätte. Sie warf mir vor, eine »gestrandete Existenz« zu sein. Es tat weh, denn zu diesem Zeitpunkt war das mehr oder weniger zutreffend. Ich war arbeitslos, lebte in einem winzigen Zimmer in Ostlondon, wurde von niemandem mehr eingeladen, hatte Liebeskummer und trank. Meine einst so vielversprechenden Zukunftsaussichten, die mich nach London gebracht hatten, verwandelten sich in Bitterkeit und Frustration. Meine Optionen schwanden, ich wusste nicht, wohin ich mich wenden sollte, und suchte Trost in sexuellen Begegnungen und obsessiven Erinnerungen. Mein Leben war außer Kontrolle geraten.

Als ich nach Orkney zurückkehrte, fühlte ich mich anfangs wie die gestrandeten Quallen, die schlapp auf den Felsen lagen, wo sie jeder sehen konnte. Ich war angeschwemmt worden, ohne Auftrieb, ramponiert und vom Sturm gebeutelt.

Ich denke an all die Dinge, die ich verloren habe: meinen Kompass, den gestohlenen Laptop, zwei Schuhe –

einen im Kanal, den anderen in der Tür eines fahrenden Autos –, meinen Freund. Aber ich vergegenwärtige mir auch das, was ich am Meer gefunden habe: das Fischerboot, die Robbe, den »Amber«. Diese Dinge waren auch ramponiert und gestrandet, und doch waren sie längst nicht immer nutzlos. Sie bargen Geschichten.

Während meiner Zeit auf Papay taucht am Strand von North Ronaldsay an einem Sonntagmorgen ein höchst ungewöhnliches Tier auf: ein Walross. Die riesigen Atlantischen Walrosse sind normalerweise eher in Grönland und im nördlichen Norwegen zu finden, in Orkney wurde seit 1986 keines mehr gesichtet. Sämtliche Inselbewohner ziehen los, um sich das Tier anzusehen; massig und mit Stoßzähnen bewehrt wirft es sich brav am Strand in Pose, während Wildtierfans und Fotografen den nächsten Flug buchen. Bei Einbruch der Dunkelheit hat sich das Walross wieder ins Wasser gehievt und ist nach Norden davongeschwommen. Wenige Tage später wird das Tier, das an seiner Markierung gut zu erkennen ist, an der Küste von Norwegen gesichtet.

Bei meinen Sammelaktionen am Strand gewöhne ich mir an, alles zu bemerken und anzusteuern, was zwischen den Steinen, in Gezeitentümpeln oder im Sand vergraben irgendwie anders aussieht. Meist ist es ein Stück Plastik – eine Trinkflasche, ein einzelner Flipflop, eine Chipstüte aus dem Jahr 1993 oder Bruchstücke einer Fischsteige. Diese Abfälle sind so zahlreich und unvergänglich, dass sie für die Vögel und Meerestiere eine echte Bedrohung darstellen. Doch die Vorstellung von »Müll« ist subjektiv.

Anne verwendet vom Meer geglättete Glasscherben für ihre Schmuckstücke; ich heize mit Treibholz.

Heute fällt mir im Gewirr aus Seetang etwas auf. Ich ziehe eine winzige Porzellanfigur heraus – sie würde in eine Streichholzschachtel passen –, ohne Kopf, Hände oder Füße. Ein gruseliger Fund. Ich spüle sie in einem Gezeitentümpel ab. Sie ist weiß und nackt, mit ausladendem Bauch und Hintern.

Während eines Sturm im Jahr 1868 lief ein Schiff namens *Lessing* auf dem Weg von Bremerhaven nach New York auf die Felsen des Klavers Geo vor Fair Isle. Alle 465 Passagiere, Emigranten, die hofften, in den Vereinigten Staaten ein neues Leben anfangen zu können, und die Mannschaft wurden von den Inselbewohnern sicher an Land geholt, das Schiff hingegen brach im Meer auseinander, und seine Ladung, zu der auch Porzellanpuppen gehörten, verschwand. Eine im Shetland Museum ausgestellte Figurine aus dem Wrack sieht meinem Fund verblüffend ähnlich.

Mir gefällt der Gedanke, dass meine Figur, die jetzt zusammen mit dem Westray Wife in meiner Tasche steckt, aus dem Wrack stammt. Womöglich hatte sie jahrelang im Meeresboden vergraben gelegen, aber eine perfekte Kombination aus verstrichener Zeit, stürmischer See, Ostwinden und Hochwasser brachte sie in diesem Winter an diese Stelle nach Papay, damit ich sie finde.

Es gibt einen Kreislauf. Die Dinge, die wir ins Meer hineinwerfen, kommen zu uns zurück – Teile des zertrümmerten Autos werden wieder an Land gespült –, da der Ozean jedoch tiefer liegt als alles andere, landen sie alle dennoch am Ende wieder im Meer. Ich frage mich, ob ich den Schuh, den ich in London im Kanal verloren habe, vielleicht irgendwann an einem Ufer in Orkney wiederfinden werde. Als meine Zeit auf Papay zu Ende geht, bin ich losgelöst und in der Schwebe wie die Quallen. Ich frage mich, was als Nächstes kommen wird, trete einen Schritt zurück und lasse zu, dass mir das Unerwartete vor die Füße treibt.

Ich habe die Luft angehalten. Die Zähne zusammengebissen. Habe Tag für Tag die Küste abgegrast, nur um für einen Moment Ruhe zu finden. Ich fahre mit der Zunge über die abgeplatzte Ecke des Zahns, mit dem ich früher Bierflaschen geöffnet habe. Auch wenn sie jetzt glatter ist, wird diese Stelle nie mehr verschwinden. Ich reibe über die Narbe an meinem Hinterkopf. Tief in der Nacht denke ich immer noch an meinen Exfreund und daran, dass ich mich nicht schnell genug geändert habe, um unsere Beziehung zu retten. Er lebt jetzt in Amerika, mit seiner Freundin, und ich habe gehört, dass sie ein Baby haben.

Die Leute sagen gern, dass ich »gut« aussehe, aber es gibt Nachtstunden, in denen mein Herz eine offene Wunde ist und ich mich frage, ob der Schmerz jemals aufhören wird, immer wieder frisch aufzubrechen. Ich kann die Verwerfung nicht glätten. In diesen Zeiten bietet sich Alkohol als Lösung an. »Trocken zu werden« ist kein Moment, nach dem alles besser wird, sondern ein andauernder, langsamer Prozess des Wiederaufbaus, mit regelmäßigen Rückschritten, Schwankungen und Versuchungen.

Auf einem Morgenspaziergang nach einer schlechten Nacht finde ich auf der Ostseite von Papay zwischen den Felsen eine Plastikflasche. Ich hebe sie auf: eine finnische Wodkaflasche, aus Skandinavien angetrieben, darin eine Menge, die etwa ein Schnapsglas füllen würde. Ich öffne die Flasche und atme ihn tief ein, den dumpfen Geruch von Teeniepartys, Plastikbechern in dunklen Diskos und in irgendwelchen Gassen geleerten Flaschen. Ein Impuls, der tief in mir an etwas zerrt, etwas Starkem, drängt mich, sie auszutrinken, samt Salzwasser und Matrosenspucke. Manchmal denke ich, es wäre einfach *lustig*, zu sagen: »Scheiß drauf. Scheiß doch auf alles.« Wenn ich höre, dass sich jemand »zu Tode getrunken hat«, findet ein Teil von mir diese Vorstellung reizvoll: Er hat es sich selbst angetan, er war frei. Der Wodkageruch macht mich schwindelig. Er kommt mir so perfekt vor, dieser Schluck des Vergessens, den mir das Meer geschickt hat.

Doch alles, was ich im vergangenen Jahr für mich gefunden habe, zerrt noch stärker an mir: die klaren Augen und die Sternschnuppen, die frischen Morgen, an denen ich mich beim Aufwachen besser fühle statt schlechter. Die Stärke, die ich empfinde, wenn ich wieder einen Tag beende, ohne mich betrunken zu haben, sie bedeutet wahre Freiheit. Ich schraube den Deckel wieder auf, lasse die Flasche fallen und lache laut und wild in die Wellen. Ist das alles, was du zu bieten hast, Nordsee? Damit werde ich fertig. Ich werde mit allem fertig, was du mir zuwirfst.

Ich gehe weiter. Das Flugzeug fliegt über mich hinweg. Für die Passagiere bin ich eine einsame Gestalt in Ölzeug, die Morgen für Morgen irgendwo, im Norden von Nirgendwo, die Küste entlangläuft. Aber hier unten, tief in meinem Innern, fühle ich mich stark und entschlossen. Ich wurde aus dem Meer gerettet, ich sehe die Schönheit der Brecher, die mich fast hinabgezogen hätten, und trinke voller Dankbarkeit die kalte Luft.

# 28

# ERNEUERBARES

Das Außenfeld liegt ein wenig versteckt, direkt an der Küste hinter einem flachen Hügel, und ist von kaum einem Haus an der Straße einsehbar. Das ist einer der Gründe, warum es als »bevorzugter Standort« für den Bau einer riesigen Transformatoren-Station zur Versorgung der Wellen- und Gezeitenkraftwerke ausgewählt wurde, die vor der Westküste von Mainland auf dem Meeresboden verankert werden sollen.

Die starken Winde, die hohen Wellen und der gewaltige Tidenhub der Inseln sind eine natürliche Ressource. Aufgrund unserer Lage zwischen Atlantik und Nordsee und der Art, wie sich das Wasser zwischen den Inseln bewegt, gibt es rings um Orkney starke, schnelle Strömungen: Unsere Gewässer sind reich an Energie.

Die Nutzung dieser natürlichen Kräfte zur Energiegewinnung hat auf den Inseln eine lange Tradition: Schon im neunzehnten Jahrhundert und davor nutzte man Wassermühlen zum Mahlen von Korn. Auf Papay wurde das Getreide bis circa 1930 mit einer »Windfege« gereinigt, deren Flügel vom Wind angetrieben wurden. Die Inselbewohner haben das Meer im Laufe der Jahrhunderte auf verschiedene Weise genutzt, um ihren Lebensunterhalt zu verdienen: mit Fischerei und Walfang, im Transport- und Freizeitwesen und in der Offshore-Ölindustrie. Die erneuerbaren Energien sind eine weitere Möglichkeit, vor Ort vorhandene Ressourcen, Fähigkeiten, Kenntnisse und Ausrüstungen zu nutzen.

Die schottische Regierung verfolgt das ehrgeizige Ziel, den gesamten schottischen Energieverbrauch bis zum Jahr 2020 mit Strom aus erneuerbaren Energiequellen abzudecken. In einer Welt, in der die fossilen Energieträger zur Neige gehen und der CO2-Ausstoß reduziert werden soll, bietet das als »globales Zentrum« für diese Technologien gerühmte Orkney Hoffnung.

Seit zehn Jahren preisen örtliche Gemeindevertreter, Geschäftsleute und angereiste Politiker den ökonomischen Nutzen der erneuerbaren Energie für Orkney, so wie er in den vergangenen vierzig Jahren aus der Ölindustrie und aus Flotta gezogen wurde. Der Ausbau wird riesige infrastrukturelle Veränderungen erfordern, derzeit werden neue Piers gebaut, um die expandierende Industrie zu unterstützen und es großen Versorgungsschiffen zu ermöglichen, hier anzulegen.

Auf Orkney befindet sich das Europäische Zentrum für Marine Energie (EMEC), in dem Forscher neue Technologien entwickeln und prüfen. Vor der Westküste von Mainland werden Anlagen zur Nutzung von Wellen- und Gezeitenenergie getestet. Das Wellenkraftwerk Pelamis, benannt nach der Seeschlange, besitzt mit Hydraulikflüssigkeit gefüllte Pumpen, die aus Wellenbewegungen Energie gewinnen, während »Austern« genannte Anlagen unter hohem Druck stehendes Wasser verwenden, um Generatoren anzutreiben.

An Land waren es vor allem die Windkrafträder, mit denen die Inseln jetzt gesprenkelt sind, die mir als eine der größten Veränderungen ins Auge stachen, als ich von London hierher zurückkehrte. Auf Orkney befinden sich inzwischen 25 Prozent aller kleineren Windräder Großbritanniens, fast jeder Hof hat ein eigenes Windrad. Es sind die Menhire unserer Zeit, sie schlagen vertikale Breschen in Orkneys horizontale Landschaft und sind in einer speziell entwickelten grauen Farbe gestrichen, um vor dem trüben schottischen Himmel möglichst unauffällig zu wirken.

Scharen von Vertretern der Energiekonzerne haben Dad in seinem Wohnwagen aufgesucht und oben auf dem Außenfeld geologische, ökologische und technische Untersuchungen angestellt. Sie zeigen ihm ihre Karten und lassen Andeutungen über große Geldsummen durch die Luft schwirren, während sie ihm ihre Pläne erläutern.

Der Meeresboden rund um Orkney ist Teil des Kronguts. Nach einem Ausschreibungsverfahren hat die Liegenschaftsverwaltung des Kronguts mehrere Parzellen an verschiedene Energiekonzerne verpachtet, mit der Auflage, dass sie bis 2020 in der Lage sein müssen, 1,2 Gigawatt

Strom zu produzieren – genug für 750 000 Haushalte. In dreizehn verschiedenen Parzellen vor der Westküste von Mainland sollen auf dem Meeresgrund Wellenenergieanlagen verankert werden.

Riesige Kabel, so lautet der Vorschlag, sollen durch die Klippen getrieben und knapp unterhalb des Meeresspiegels herausgeführt werden, um die Trafostation mit den Energiegewinnungsanlagen zu verbinden. Die Station wird die Energie zunächst sammeln, um sie dann in das nationale Stromnetz einzuspeisen, und dient darüber hinaus als Zugang für die Installation und Wartung der Maschinen.

Mitte Januar fand ein Nachbar unterhalb unseres Hofs, neben den Gezeitentümpeln, in denen wir gern schwimmen, ein riesiges, mehrere Tonnen schweres Achteck aus Metall, das zwischen den Felsen klemmte. Es ist einer der »Donuts«, die von einer Entwicklungsfirma für regenerative Energien hergestellt und installiert wurden, um, an einem Fundament auf dem Meeresboden befestigt, auf der Wasseroberfläche zu treiben. Die Flöße bewegen sich auf und ab und nutzen die Wellenbewegungen, um Wasser unter Hochdruck an Land zu pumpen, wo es zur Stromgewinnung hydroelektrische Turbinen antreibt.

Zwar sind die Befestigungen dafür ausgelegt, großen Kräften standzuhalten, doch irgendetwas hatte an ihnen gerieben, sodass sie gerissen sind und die Donuts vom Meer fortgetrieben wurden.

Das große Problem ist, dass bisher noch keine Testanlagen gebaut wurden, die über einen längeren Zeitraum hinweg funktionieren. Immer wieder gehen die Millionensummen verschlingenden Anlagen kaputt, weil das Meer sie zertrümmert und verbiegt. Orkadier überrascht das wenig. Ich habe gesehen, dass das Meer genug Kraft hat, um einen Seehund durch die Luft zu wirbeln und an einem einzigen stürmischen Wochenende das Aussehen eines kilometerlangen Strandes zu verändern.

An Land macht man sich Sorgen, dass Bauteile der Windturbinen rosten und kaputtgehen könnten, weil sie der Kraft des Windes und der Korrosion, unter denen die Inseln schon immer zu leiden hatten, nicht standhalten. Und dass sie ersetzt werden müssen, ehe sie den erwarteten Gewinn abgeworfen oder womöglich nicht einmal ihre ursprünglichen Investitionskosten erwirtschaftet haben. Auf Papay wurde das gemeindeeigene Windkraftrad ironischerweise vom Wind umgeweht.

Diese gewaltigen technischen Pionierleistungen, vollbracht von den klügsten Köpfen der Wissenschaft, wurden von eben jenen Kräften zerstört, dem Reißen und Branden der Wellen, den Strömungen und Winden, die sie eigentlich bändigen sollten. Tonnenweise wurde der Meeresschrott wieder dorthin zurückgespült, woher er kam, zerschmettert und als jämmerlicher Anblick.

Die wilden Gewässer, die der Grund dafür sind, dass Orkney als günstiger Standort zur Gewinnung von regenerativer Energie durch Wellen und Gezeiten gilt, sind gleichzeitig die Kräfte, die es so schwierig machen. Der

Termin für den Ausbau der Kabelverbindungen, über die der Strom in das nationale Netz eingespeist werden soll, wird immer wieder verschoben, und die Zukunft der marinen Energie in Orkney, sofern sie über Testzwecke hinausgeht, ist weiter ungewiss.

Ich bin mit Extremen aufgewachsen und habe sie später auch selbst gesucht, um damit unbewusst Erfahrungen nachzueifern, an die ich keine Erinnerung hatte. Ich strebe immer noch nach gesteigerten Gefühlszuständen, aber ich tue es aus einer besseren Selbstkenntnis heraus. Ich will Geschichten erleben, aber ich muss es nüchtern tun. Ich entscheide mich für Stärke, Schönheit und Kunst. Wie die Energiegewinnungsanlagen suche ich nach einem Weg, die Kräfte zu bändigen und meine Ziele zu erreichen, ohne von der Energie, nach der ich strebe, zerstört zu werden.

Ein Grund, warum Alkohol süchtig macht, ist die Tatsache, dass er nicht ganz funktioniert. Es ist schwer, von etwas genug zu bekommen, das nur beinahe funktioniert. Alkohol hat mir vorübergehend Erleichterung verschafft, also bin ich ihr wieder und wieder nachgejagt, meiner Fata Morgana, und dadurch ging es mir schlechter. Alkohol war für mich zu einer Luftspiegelung geworden. Er war zwar keine Lösung, aber ich hoffte, dass er es sein würde, und kehrte immer wieder verzweifelt zu ihm zurück.

Wenn ich den Drang verspüre zu trinken, versuche ich, mir dieses falsche Versprechen genauer anzusehen.

Ich verspüre Unbehagen und will etwas, das mir Rauschgefühle und Leichtigkeit schenkt. Ich will etwas, das die scharfen Ränder weichzeichnet. Aber ich begreife jetzt, dass angespannte Zeiten notwendig und unvermeidbar sind, und im Grunde mag ich scharfe Ränder: Sie verhelfen mir zu meinen besten Einfällen. Ich bin am Rand aufgewachsen. Er ist meine Heimat.

Trinken löst keine Probleme. Sie sind hinterher immer noch da. In London versteckte ich mich vor meinem Leben und meiner Familie in Orkney, war am Zerbrechen, wollte entkommen. Doch als ich zurückkam, stellte ich mich allem, und jetzt versucht Orkney mich zu halten. Die Menschen sind freundlich und machen mir Angebote. Es gibt Geos, Landzungen und Inseln, die ich noch nicht besucht habe. Die Musik und die Stimmen, der Tonfall der Inseln lassen mir das Herz weit werden und wecken gleichzeitig den Wunsch, mit der nächsten Fähre von hier zu verschwinden.

Ich bin mir nicht sicher, was als Nächstes kommt. Vielleicht kehre ich nach diesem Winter auf Papay, wo ich hinter Trockenwänden gepicknickt habe, für eine Weile nach London zurück, um im vierzigsten Stock eines Hochhauses zu speisen. Ich bin von aktiver Alkoholsucht zu strikter Abstinenz gewechselt, von der Innenstadt zur entlegensten Insel. Ich suche reine Empfindungen, so wie ein Oktopus mit seiner gesamten Haut schmecken kann. Es fühlt sich gut an, allein und auf dem Weg zu sein.

Die Projektentwickler wollen vierzig Hektar Land kaufen, fünfundzwanzig von Dad – darunter den größten Teil des Außenfeldes –, den Rest von benachbarten Höfen. Zwei riesige Gebäude sind geplant, jedes mit einer Grundfläche von vier Hektar. Und selbst wenn die Bauern nicht verkaufen, ist die Entwicklung bedeutend genug, um möglicherweise eine Zwangsenteignung zu erwirken.

Ich bin in aufregenden Zeiten auf die Inseln zurückgekehrt. Im Großen und Ganzen befürworte ich die regenerative Energie. Sie ist eine neue Möglichkeit, das Land und unsere natürlichen Ressourcen zu nutzen, bietet den Inseln moderne Verdienstmöglichkeiten und reduziert den Verbrauch fossiler Brennstoffe, außerdem brächte sie einigen Bauern, die nicht mehr die Jüngsten sind, eine einmalige Finanzspritze. Doch bei der Vorstellung, dass dieser wunderschöne, fast unberührte Küstenstreifen, auf dem ich groß geworden und hinter Lämmern hergerannt bin, auf dem ich Vögel beobachtet und mit meinem Bruder Verstecken gespielt habe, in ein Industriegebiet verwandelt werden soll, wird mir schwummrig. Die computergenerierten Pläne zerren an meinen Erinnerungen und Gefühlen. Dad und die benachbarten Bauern hängen in der Luft.

Dinge verändern sich und entwickeln sich weiter. Für mich ging der Bauernhof meiner Kindheit verloren, als meine Mutter fortzog und das Haus verkauft wurde. Das Außenfeld könnte der Trafostation weichen, aber die Wellen würden dennoch unbeirrt weiter gegen die Klippen branden. Die Ingenieure, die die Kabel verlegen, werden das Zittern spüren. Der gleiche Wind, der durch die Fenster meines winzigen pinkfarbenen Häuschens pfeift, wird die Rotorblätter der Turbinen antreiben, die in endlosen Kreisen die Luft durchschneiden.

Es wird Frühling, die Lummen kehren zu den Klippen von Fowl Craig zurück, und der Vogelschutzwart wird bald eintreffen, also wird es Zeit, dass ich Papay verlasse. Ich entscheide mich dafür, nicht mit dem Flugzeug abzureisen, sondern langsamer, mit der Fähre, die hier »Dampfer« genannt wird.

Es ist nicht mehr lange hin bis zur Frühjahrs-Tagundnachtgleiche: Dann werde ich zwei Jahre trocken sein. Obwohl ich mich hauptsächlich auf meine eigenen Therapieformen verlasse – Wandern und Schwimmen –, habe ich angefangen, auch die letzten der Zwölf Schritte zu gehen, die zusammen ein Konzept für ein nachhaltiges Leben ergeben sollen. Der Neunte Schritt sieht vor, bei den Menschen, die wir verletzt haben, »alles wieder gut« zu machen. Ich schreibe einen Brief an meinen Exfreund, den ich nicht abschicken, sondern bei mir behalten werde, für den Fall, dass ich ihm noch einmal begegnen sollte. Ich erhalte eine Textnachricht von dem Mädchen, meiner AA-Freundin, die in der Psychiatrie war und mir berichtet, dass sie zum ersten Mal seit neunzig Tagen trocken ist – ein wichtiger Meilenstein bei AA – und einen Ausbildungsplatz als Lernkrankenschwester gefunden hat.

Die Kräfte, mit denen ich aufgewachsen bin, werden

auf unerwartete Weise nutzbar gemacht. Auch eine Genesung macht etwas nutzbar, was einmal als wertlos erachtet wurde. Ich mag gestrandet sein, aber ich kann mich regenerieren. In diesen beiden Jahren habe ich meine Energie darauf verwandt, nach schwer ausfindig zu machenden Wachtelkönigen, »Merry Dancers« und seltenen Wolken zu suchen; im kalten Meer zu schwimmen, nackt um Steinkreise zu rennen, zu verlassenen Inseln zu segeln, in winzigen Flugzeugen zu fliegen und nach Hause zu kommen.

Ich bin auf dem Weg zu meinem kleinen Neffen Joe, der, kurz nachdem ich abstinent wurde, zur Welt kam. Er wird mich niemals betrunken sehen. Ich fühle mich stark. Meine Erwartungen an mich sind größer, als ich es mir für andere wünsche. Nachts habe ich Visionen, perfekt heraufbeschworene Räume und Erinnerungen: jedes Fenster, aus dem ich jemals geraucht habe, und alle meine Lieblingssongs; sämtliche Partys, die ich je besucht und wieder vergessen habe; ein steinernes X, das ich einmal aus einem Flugzeug sah, gebaut, damit Schafe in jeder Himmelsrichtung Schutz vor dem Wind finden. Ich wache auf und erlebe einen Moment gesteigerten Bewusstseins, einen neuen Zustand, der mit »Wachsein« so viel zu tun hat wie Wachsein mit Schlafen.

Lasst Regen auf mich niedergehen. Schlagt mich mit Feuer. Ich fühle mich wie ein in Zeitlupe rasender Blitz. Ich bin einen Klafter tief und trage das Unbekannte in mir. Ich vibriere auf einer unsichtbaren Frequenz, und ich bin bereit, mutig zu sein. Vom oberen Salon der MS *Thorfinn* aus sehe ich Papay am Horizont verschwinden. Die letzten beiden Jahre breiten sich hinter mir aus und glitzern wie das Kielwasser der Fähre. Die Kräfte tosen in mir.

# DANKSAGUNG

Mein Dank für die vielfältige Unterstützung und Inspiration gilt Jeremy Allen, Fong Chau, Cate Finlayson, Amelia Green, Jenni Fagan, Henrik Hedinge, Katharine Hibbert, Karen Hinckley, Mira Manga, Sarah Perry, John Rogers, Dee Quintas, Dave Wheeler, Sam und dem gesamten Personal sowie den Freunden vom Island Day Programme, allen Leuten der RSPB in Orkney, dem Orkney Polar Bear Club, meinen Twitter- und Facebookfreunden und den Bewohnern von Papay.

Glücklicherweise hatte ich Leser, die dem Manuskript in verschiedenen Stadien weitergeholfen haben. Vielen Dank an Tristan Burke, Mathew Clayton, Patrick Hussey, Karen Hinckley, John McGill und Malachy Tallack. Dankbar bin ich auch für die Sorgfalt und die Begeisterung meines Agenten James MacDonald Lockhard von der Agentur Antony Harwood Ltd und meiner Lektorin Jenny Lord vom Canongate Verlag.

Besonderen Dank schulde ich Robin Turner, Jeff Barrett und Andrew Walsh, die einige frühen Teile dieses Materials auf der wunderbaren Internetseite *Caught by the River* veröffentlichten und mir Mut machten, es auszuarbeiten.

Während meines Aufenthalts auf Papay wurde ich durch ein Künstlerstipendium von Creative Scotland unterstützt, für das ich sehr dankbar bin.

Für meine Familie in Liebe. Dieses Buch ist für Euch: Jane, John, Dorothy, Tom, Peggy, Joseph und Stella.

# GLOSSAR

**Bonxie** – orkadischer Name für Raubmöwen (Skuas)
**Brae** – Erhebung in der Flanke eines Hügels, von der aus man ein ganzes Tal überblicken kann.
**Burn** – Bachlauf
**Byre** – Scheune
**Dykes** – uralte Trockenmauern oder Wälle zur Begrenzung der Felder
**Geo** – ein schmaler, tiefer Küsteneinschnitt, schluchtartige Felsspalte, Bucht
**Grimlins** – der Himmel im Mittsommer
**Groatie Buckies** – Kaurimuscheln
**Haar** – vom Meer kommender Nebel
**Hillyans** – ein sagenumwobenes Hügelvolk
**Irn-Bru** – ein koffeinhaltiger Softdrink aus Schottland
**Kye** – Rinder
**Laird** – ein schottischer Landbesitzer des niederen Adels
**Merry Dancers** – dt. Fröhliche Tänzer, Nordlichter
**Simmer Dim** – der Himmel im Mittsommer
**Spoot** – Gerade Scheidenmuschel (*Ensis arcuatus*)

**Steeves** – pyramidenförmig aufgetürmte Steinhaufen, die als Trockenhilfe für die Heugarben dienten.

**Tangles** – Seetang, wörtlich: Zotteln, Gewirr

**Trowie** – Troll

**Tullimentan** – funkelnd, glitzernd

**Yole** – kleines Boot

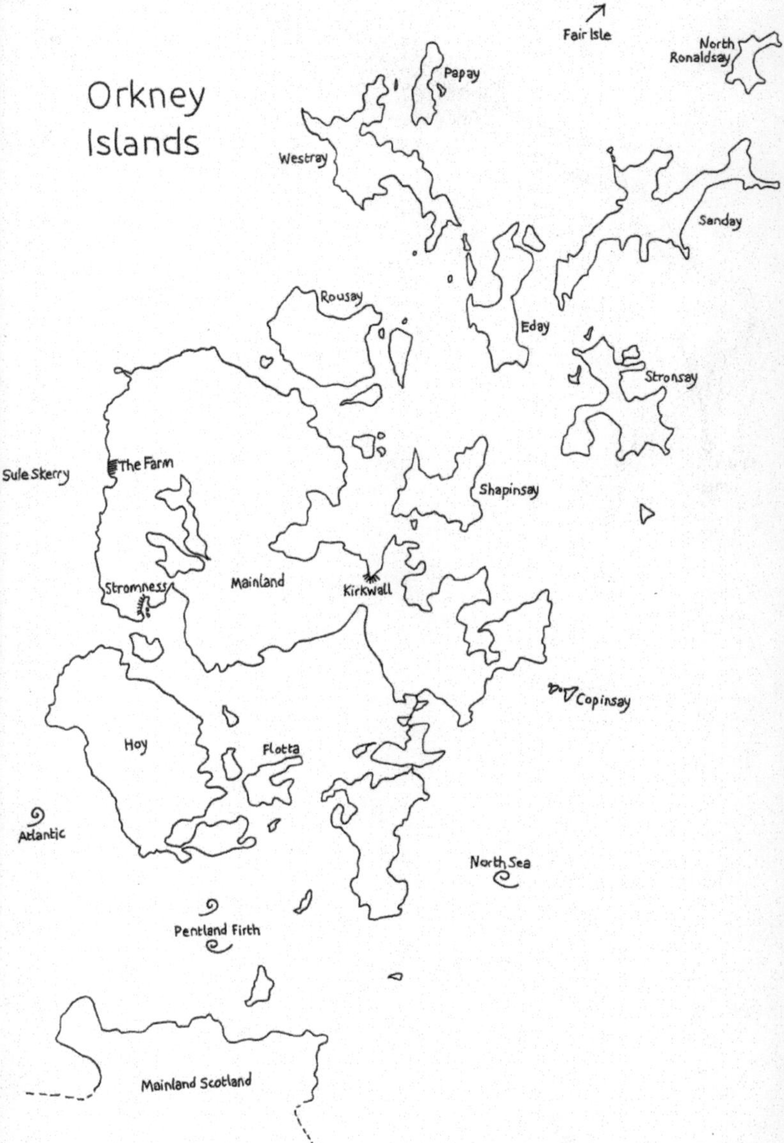
Orkney Islands
Fair Isle
North Ronaldsay
Papay
Westray
Sanday
Rousay
Eday
Stronsay
Sule Skerry
The Farm
Shapinsay
Mainland
Stromness
Kirkwall
Copinsay
Hoy
Flotta
Atlantic
North Sea
Pentland Firth
Mainland Scotland

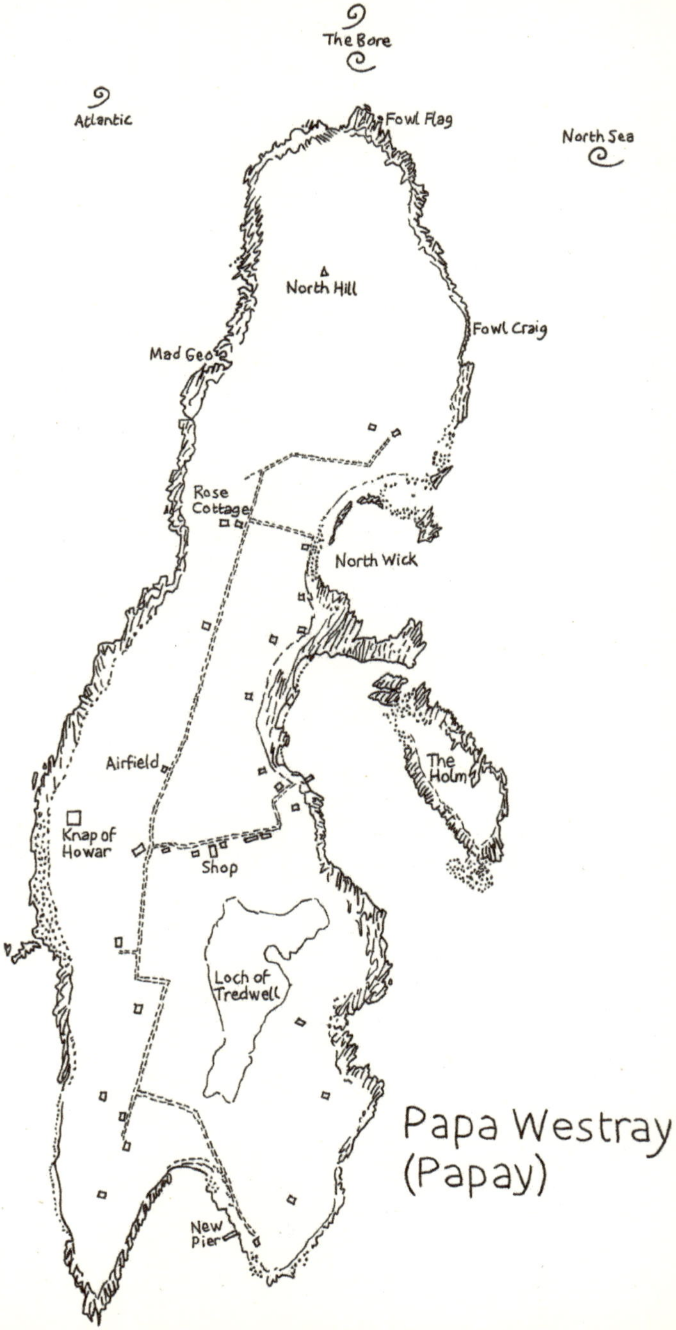
The Bore
Atlantic
Fowl Flag
North Sea
North Hill
Fowl Craig
Mad Geo
Rose Cottage
North Wick
The Holm
Airfield
Knap of Howar
Shop
Loch of Tredwell
New Pier
Papa Westray (Papay)